【东方文化集成】

《东方文化集成》为季羡林教授所倡导，由北京大学东方学研究院《东方文化集成》编委会组织撰写出版。

这是一项迎接二十一世纪东方文化复兴和再创辉煌的世界性文化工程。

俄国地理学会的中国边疆史地考察与研究（迄于1917年）

张艳璐 著

东方文化集成

中亚文化编

俄国地理学会的中国边疆史地考察与研究（迄于1917年）

线装书局

张艳璐 著

国家出版基金项目
NATIONAL PUBLICATION FOUNDATION

图书在版编目（CIP）数据

俄国地理学会的中国边疆史地考察与研究：迄于1917年 / 张艳璐著 . -- 北京 : 线装书局 , 2020.5
（东方文化集成 . 中亚文化编）
ISBN 978-7-5120-4021-2

Ⅰ . ①俄… Ⅱ . ①张… Ⅲ . ①疆界－历史地理－考证－中国－清代 Ⅳ . ① K928.649

中国版本图书馆 CIP 数据核字 (2020) 第 065570 号

东方文化集成

中亚文化编

俄国地理学会的中国边疆史地考察与研究（迄于1917年）

张艳璐 著

出 品 人：王利明
项目主持：李 媛
责任编辑：李春艳
出版发行：线装書局
　　地 址：北京市丰台区方庄日月天地大厦 B 座 17 层（100078）
　　电 话：010-58077126（发行部）010-58076938（总编室）
　　网 址：www.zgxzsj.com
经 销：新华书店
印 制：河北清静堂印刷有限公司
开 本：850mm×1168mm 1/32
印 张：10.25
字 数：215 千字
版 次：2020 年 5 月第 1 版第 1 次印刷

线装书局官方微信

定 价：42.00 元

《东方文化集成》编辑委员会

编委会声明

为铭记季羡林等多位已故前辈对《东方文化集成》的历史贡献，为表达对他们的怀念，编委会特决定，在编委和顾问名单中保留他们的名字，不做变动。

《东方文化集成》总序

季 羡 林

我们正处在一个新的“世纪末”中。所谓“世纪”和“世纪末”，本来是人为地创造出来的。非若大自然中的春、夏、秋、冬，秩序井然，不可更易，而且每岁皆然，决不失信。“世纪”则不同，没有耶稣，何来“世纪”？没有“世纪”，何来“世纪末”？道理极明白易懂。然而一旦创造了出来，它就产生了影响，就有了威力。上一个“世纪末”，19 世纪的“世纪末”，在西方文学艺术等意识形态领域中就出现过许多怪异现象，甚至有了“世纪末病”这样的名词，这是众所周知的事实，无待辩论与争论。

当前这一个“世纪末”怎样呢？

我看也不例外。世界上许多国家和地区都出现了政治方面天翻地覆的变化，不能不令人感到吃惊。就是在意识形态领域内，也不平静。文化或文明的辩论或争论就很突出。平常时候，人们非不关心文化问题，只是时机似乎没到，争论不算激烈。而今一到世纪之末，人们非常敏感起来，似乎是憬然醒悟，于是东西各国的文人学士讨论文化的兴趣突然浓烈起来，写的文章和开的会议突然多了起来。许多不同的意见，如悬河泄水，滔滔不绝，五光十色，纷然杂陈。这样就形成了所谓“文化热”。

在这一股难以抗御的“文化热”中，我以孤陋寡闻的“野狐”之身，虽无意随喜，却实已被卷入其中。我是一个有话不说辄如骨鲠在喉的人，在许多会议上，在许多文章中，大放厥词，多次谈到我对文化，特别是东方文化与西方文化的联系，以及东方文化在未来的新世纪中所起的作用和所占的地位等等的看法，颇引起了一些不同的反响。

为说明问题计，现无妨把我个人对文化和与文化有关的一些问题的看法简要加以阐述。我认为，在过去若干千年的人类历史上，民族和国家，不论大小久暂，几乎都在广义的文化方面做出了自己的贡献。这些贡献大小不同，性质不同，内容不同，影响不同，深浅不同，长短不同：但其为贡献则一也。人类的文化宝库是众多的民族或国家共同建造成的。使用一个文绉绉的术语，就是“文化多元主义”。主张世界上只有一个民族创造了文化，是法西斯分子的话，为我们所不能取。

文化有一个很突出的特点，就是，文化一旦产生，立即向外扩散，也就是我们常说的“文化交流”。文化决不独占山头，进行割据，从而称王称霸，自以为“老子天下第一”，世袭珍藏，把自己孤立起来。文化是“天下为公”的。不管肤色，不择远近，传播扩散。人类到了今天，之所以能随时进步，对大自然，对社会，对自己内心认识得越来越深入细致，为自己谋的福利越来越大，重要原因之一就是文化交流。

文化虽然千差万殊，各有各的特点，但却又能形成体系。特点相同、相似或相近的文化，组成了一个体系。据我个人的分法，纷纭复杂的文化，根据其共同之点，共可分为四个体系：中国文化体系，印度文化体系，阿拉伯伊斯兰文化体系，自古希腊、罗马一直到今天欧美的文化体系。再扩而大之，全人类文化又可以分为两大文化体系：前三者共同组成东方文化体系，后一者为西方文化体系。人类并没有创造出第三个大文化体系。

东西两大文化体系有其共同点，也有不同之处。既然同为文化，当然有其共同点，兹不具论。其不同之处则亦颇显著。其最基本的差异的根源，我认为就在于思维方式之不同。东方主综合，西方主分析，倘若仔细推究，这种差异在在有所表现，不论是在人文社会科学中，还是在理工学科中。我这个观点曾招致不少的争论。赞成者有之，否定者有之，想同我商榷者有之，持保留意见者亦有之。我总觉得，许多人（包括我自己在内）对东西方文化了解研究得都还不够深透，有的人连我的想法了解得也还不够全面，不够实事求是，却唯争论是尚，所以我一概置之不答。

有人也许认为，我和我们这种对文化和东西文化差异的看法，是当代或近代的产物。我自己过去就有过这种看法。实则不然。法国伊朗学者阿里·玛扎海里所著《丝绸之路》这一部巨著中有许多关于中国古代发明创造的论述，大多数为我们所不知。我在这里不详细介绍。我只引几段古代波斯人和阿拉伯人论述中国文化和希腊文化的话：

由扎希兹转载的一种萨珊王朝（226—Ca. 640年）的说法是："希腊人除了理论之外从未创造过任何东西。他们未传授过任何艺术。中国人则相反。他们确实传授了所有的工艺，但他们确实没有任何科学理论。"（329页）

羡林按：最后一句话不符合事实，中国也是有理论的。这就等于黑格尔说：中国没有哲学。完全是隔膜的外行话。

书中还说：在萨珊王朝之后，费尔多西、赛利比和比鲁尼等人都把丝绸织物、钢、砂浆、泥浆的发现一股脑儿地归于耶摩和耶摩赛德。但我们对于丝织物和钢刀的中国起源论坚信不疑。对于诸如泥浆——水泥等其余问题，它们有99%的可能性也是起源于中国。我们这样一来就可以理解安息——萨珊——阿拉伯——土库曼语中一句话的重大意义："希腊人只有一只眼睛，唯有中国人才有两只眼睛。"约萨法·巴尔巴罗于1471年和1474年在波斯就曾听到过这样的说法。他同时还听说过这样一句学问深奥的表达形式："希腊人仅懂得理论，唯有中国人才拥有技术。"（376页）

关于一只眼睛和两只眼睛的说法，我还要补充一点：其他人同样也介绍了另外一种说法，它无疑是起源于摩尼教：

"除了以他们的两只眼睛观察一切的中国人和仅以一只眼睛观察的希腊人之外，其他的所有民族都是瞎子。"（329页）

我之所以这样不厌其烦地引这许多话，绝不是因为外国人夸中国人有两只眼睛而沾沾自喜，睥睨一切。令我感兴趣的是，在这样漫长的时间以前，在波斯和阿拉伯地区就有了这样的说法。我们今天不能不佩服他们观察的细致与深刻，一下子就说到点子上。除了说中国没有理论我不能同意之外，别的意见我是完全同意的。在当时的世界上，确实只是中国和希腊有显著、突出、辉煌的文化。现在中国那一小撮言必称希腊的学者们或什么“者们”，可以憬然醒悟了。

但是这也还不是令我最感兴趣的问题。我最浓烈的兴奋点在于，正如我在上面所说的那样，畅谈东西文化之分，极富于近现代的摩登色彩。波斯和阿拉伯传说都证明：东西文化之分的说法，古已有之，于今为烈而已。其次，令我感到欣慰的是，文化的东西二分法，我并非始作俑者，古代的“老外”已先我言之矣。令我更感到欣慰的是我讲的东西方思维方式是东西文化的基础。波斯和阿拉伯古代的说法，我认为完全证实了我的看法。分析出理论，综合出技术，难道不是这样子吗？

时至今日，古希腊连那一只眼睛也早已闭上，欧洲国家继承并发扬了古希腊辉煌的文化，使欧洲文化光照寰宇。工业革命以后，技术也跟了上来，普天之下，莫非欧风。欧美人昏昏然陶醉于自己的胜利之中，以“天之骄子”自命，好像有了两三只眼睛。但他们完全忘记了历史，忽视了当前的危机。而中国呢，则在长时期内，由于内因和外因的缘故，似乎把两只眼睛都已闭上。古代灿烂文化不绝如缕。初则骄横自大，如清初诸帝那样，继则震于西方的船坚炮利，同样昏昏然拜倒在西方的什么裙下，一直到了今天，微有苏醒之意，正在奋发图强中。

从上面谈到的历史事实中，我得出了一个结论：上下五千年，纵横十万里，东西文化的变迁是“三十年河东，三十年河西”。这本来是两句老生常谈，是老百姓的话，并不是我的发明创造。我提出来说明东西文化的关系，国内外都有赞成者，国内外也有反对者，甚至激烈反对者。我窃以为这两句话只说明了一个事实。中国古代哲学讲变易，佛家讲无常，连辩证法也讲事物时时都在变化中。大自然、人类社会和人类内心，无不证明这两句话的正确。我不过捡来利用而已。《三国演义》开宗明义就说：“话说天下大势，分久必合，合久必分。”说的不也就是这个浅显的道理吗？

可是东西方都有人昧于这个浅显的道理。特别是在西方，颇有人在有意识或无意识中，觉得自己的辉煌文化会万岁千秋地辉煌下去的。中国追随者也大有人在。他们根本没有意识到，文化也像世间的万事万物一样，不会永驻的，也是有一个诞生、发展、成长、衰竭、消逝的过程的。

但是，中国有一句俗话：是非自在人心。人是能够辨是非，明事理的。以自己的文化自傲的西方人也不例外。在第一次世界大战以前，西方这种人简直如凤毛麟角。一战爆发，惊醒了某一些有识之士。事实上在一战爆发前，就有人有了预感。德国学者奥斯瓦尔德·斯宾格尔（Oswald Spengler）在1911年就预感到世界大战迫在眉睫。后来大战果然爆发。从1917年起，斯宾格尔就开始写《西方的没落》。书一出版，立即洛阳纸贵。他的基本想法是：文化都可以分为四个阶段：一，青春；二，生长；三，成熟；四，衰败。尽管他的推论方法，收集资料，还难免有主观唯心的色彩。但是，他毕竟有这一份勇气，有这一份睿智，敢预言当时如日中天的，他认为在世界历史上八个文化中唯一还有活力的文化也会“没落”。我们不能不对他表示敬意。美中不足的是，他还没有认识到东方文化和西方文化的存在和交流关系。（参阅齐世荣等译《西方的没落》上下册，商务印书馆，1995年）

在西方，继斯宾格尔而起的是英国历史学家汤因比（Arnold J. Toynbee，1889—1975年）。他自称是受到了前者的影响。二人同样反对“欧洲中心主义”，是他们有先见卓识之处。汤因比继承了斯宾格尔的意见，认为文化——他称之为“文明”——都有生长一直到灭亡的过程。他把人类历史上的文明分为21种，有时又分为26种。这些意见都表述在他的巨著《历史研究》中（1934—1961年），共12卷。他比斯宾格尔高明之处，是引入东方文化的讨论。到了70年代，他同日本社会活动家池田大作对话时，更进一步加以发挥，寄希望于东方文化。（参阅《展望二十一世纪》，国际文化出版公司，1985年）

我并不认为，斯宾格尔和汤因比——继他们之后欧美一些国家还有一批哲学家和历史学家、社会学家，赞成他们的意见，我在这里不具引——等的看法都百分之百正确。但在举世昏昏，特别是欧美人昏昏的情况下，唯独他们闪耀出一点灵光，是十分难能可贵的。他们的看法从大体上来看，我认为是正确的。如果借用上面提到的古代波斯和阿拉伯人的说法，我就想说：希腊人及其后代的那一只眼睛，后来逐渐变成了两只眼睛；可物极必反，现在快要闭上了。中国人的两只眼睛，闭上了一阵，现在又要睁开了。

闭上眼睛的欧美人士，绝大多数一点也不了解东方，而且压根儿也没有了解的愿望。我最近多次听人说到，西方至今还有人认为中国人还缠小脚，拖辫子，抽大烟，养小老婆。甚至连文人学士还有不知道鲁迅为何许人者。在这样地球越变越小，信息爆炸的时代，西方之“文明人”竟还如此昏聩，真不能不令人大为惊异。反观我们中国，情况恰恰相反。欧美的一切，我们几乎都加以崇拜。汉堡包、肯德基、比萨饼，甚至莫须有的加州牛肉面，只要加一个洋字，立即产生大魅力，群众趋之若鹜。连起名字，有的都带有点洋味。个人名字与店铺名字，莫不皆然。至于化妆品，外国进口的本来就多。中国自造的也多冠以洋名，以广招徕。爱国之士，无不痛心疾首，谴责这种崇洋媚外的风气和行为。然而，从一分为二的观点上来看，也有其有利的一面。孙子说：“知己知彼，百战不殆。”专就东西而论，现在的情况是，我们对西方几乎是了若指掌，而西方对东方则如上面所说的那样，是一团漆黑。将来一旦有事，哪一方面占有利条件和地位，昭如日月矣。

对西方的文化，鲁迅先生曾主张“拿来主义”。这个主义至今也没有过时。过去我们拿来，今天我们仍然拿来，只要拿得不过头，不把西方文化的糟粕和垃圾一并拿来，就是好事，就会对我们国家的建设有利。但是，根据我上面讲的情况，我觉得，今天，在拿来主义的同时，我们应该提倡“送去主义”，而且应该定为重点。为了全体人类的福利，为了全体人类的未来，我们有义务要送去的，但我们决不会把糟粕和垃圾送给西方。不管他们接受，还是不接受，我们总是要送的。《诗经·大雅》说：“投我以桃，报之以李。”西方文化给人类带来了一些好处。我们中国人，我们东方人，是懂得感恩图报的民族。我们决不会白吃白拿。

那么，报些什么东西呢？送去些什么东西呢？送去的一定是我们东方文化中的精华。送去要有针对性，针对的就是我在上面提到的那一个西方文化产生的“危机”。光说“危机”，过于抽象。具体地说，应该说是“弊端”。近几百年以来，西方文化产生的弊端颇多，举其大者，如环境污染、大气污染、臭氧层破坏、生态平衡破坏、物种灭绝、人口爆炸、新疾病丛生、淡水资源匮乏，等等。此等弊端，如不纠正，则人类前途岌岌可危。弊端产生的根源，与西方文化的分析的思维方式有紧密联系。西方对为人类提供生存所需的大自然分析不息，穷追不息，提出了“征服自然”的口号。“天何言哉!”然而“天”——大自然却是能惩罚的，惩罚的结果就产生了上述诸种弊端。

拯救之方，我认为是有的，这就是“改弦更张”、“改恶向善”，而这一点只有东方文化能做到。东方文化的基本思维方式是综合，表现在哲学上就是“天人合一”，张载的《西铭》是一篇表现“天人合一”思想最精辟的文章：“乾称父，坤称母，予兹藐焉，乃混然中处。故天地之塞吾其体，天地之帅吾其性。民吾同胞，物吾与也。”（下略）印度哲学中的“梵我一如”，也表达了同样的思想。总之，东方文化主张人与大自然是朋友，不是敌人，不能讲什么“征服”。只有在了解大自然，热爱大自然的条件下，才能伸手向大自然索取人类衣、食、住、行所需要的一切。也只有这样，人类的前途才有保障。

我们要送给西方的就是这种我们文化中的精华。这就是我们“送去主义”的重要内容。

我们的“李”送了出去，接受不接受呢？实际上，我们还没有正式地送，大规模地送。连我们东方人自己，其中当然包括中国人，还不知道，还不承认自己的这种宝贝，我们盲目追随西方，也同样向自然界开过战，我们也同样有那一些弊端，立即要求西方接受，不也太过分了吗？不过，倘若稍稍留意，人们就会发现，现在世界各国，不管出于什么动机，也不管是根据什么哲学，注意到上述弊端而又力求改变的人越来越多了。今年《日本经济新闻》刊载了高木韧生的文章，说 21 世纪科研重点将是“人类生存战略”。

这的确是见道之言。我体会，这里所说的“科研”包括文理两个方面。作者把科研提高到“人类生存”这个高度来看，不能不谓之有先见之明，应该受到我们大家的最高的赞扬。至于惊呼人口爆炸的文章，慨叹新疾病产生的议论，让人警惕环境污染、臭氧层破坏、生态平衡的破坏、淡水资源的匮乏等等的号召，几乎天天可见。人类变得聪明起来了，人类前途不是漆黑一片了。我想，世界各国每一个有心人，无不为之欢欣鼓舞。我这一个望九之年的耄耋老人，也为之手舞足蹈了。

我在上面刺刺不休说了那么多话，画龙点睛，不出一点：我曾在一次国际学术讨论会上说过一篇短话，题目叫做“只有东方文化能够拯救人类”。我在上面说的千言万语，其核心就是这一句短短的话。至于已经来到我们门前的21世纪究竟是什么样子？西方文化究竟如何演变？东方文化究竟能起什么具体的不是空洞的作用？人类的前途究竟何去何从？所有这一切问题，都有待于历史发展的进程来加以证明。从前我读过一个近视眼猜匾的笑话。现在新的一个世纪还没有来临，匾还没有挂出来，上面有什么字，我们还不能知道。不管自诩眼睛多么好，看得多么远，在这一块尚未挂出来的匾前，我们都是近视眼。

在这样的情况下，我认为，我们最重要的任务就是学习，就是了解。我们责怪西方不了解东方文化，不了解东方，不了解中国，难道我们自己就了解吗？如果是一个诚实的人，他就应该坦率地承认，我们中国人自己也并不全了解中国，并不全了解东方，并不全了解东方文化。实在说，这是一出无声的悲剧。

了解的唯一途径就是学习，而学习首先必须有资料。对我们知识分子来说，学习资料首先是文字，也就是书籍。环顾当今世界，在“欧洲中心论”还有市场的情况下，在西方某一些人还昏昏然没有睁开眼睛的时候，有关东方的书籍，极少极少。有之，亦多有偏见，不能客观。西方如此，东方也不例外。即使我们有学习的愿望，也是欲学无书。当然，东方各国的情况不尽相同，各国刊出书籍的多寡也不尽相同。但总之是很少的。有的小一点的国家，简直形同空白。有个别东方国家几乎毫无人知，它们的存在在一团迷雾中，若明若暗，似有似无。这也是一出无声的悲剧。

就是为了这个缘故，我们这一批人不自量力——或者更明确地说是认真"量"过了自己的"力"，倡议编纂这一套巨大空前的《东方文化集成》。虽然，我们目前的队伍，由于历史造成的原因，还不是太大；我们的基础还不是太雄厚；但是，我们相信主观能动性。我们想"挽狂澜于既倒"，我们决非徒托空言。世界人民、东方人民、中国人民的需要，是我们的动力。东方人民和西方人民的相互了解，是我们的愿望。东方人民和西方人民越来越变得聪明，是我们的追求。我们老、中、青三结合，而对著作的要求则是高水平的。我们希望，能通过这个活动，既提高了中国对东方文化的研究水平，又能培养出一批学有专长的人才，收得一举两得之效。

我们既反对"欧洲中心主义"，我们反对民族歧视。但我们也并不张扬"东方中心主义"。如果说到或者想到，在21世纪东方文化将首领风骚的话，那也是出于我们对历史发展的观察与预见，并不出于什么"主义"。本着这种精神，我们对东方几十个国家一视同仁。国家不论大小，人口不论多寡，历史不论久暂，地位不论轻重，我们都平等对待，决不抬高与贬低，拜倒与歧视。每一个东方国家都在我们丛书中占有地位。但国家毕竟不同，资料毕竟多寡悬殊，我们也无法强求统一。有的国家占的篇幅多一点，有的少一点，这是实事求是，与歧视毫无关联。我们虔诚希望，在即将来临的21世纪中，中国的两只眼睛都能睁开，而且睁得大大的，明亮而睿智。西方的一只眼睛能变成两只，也同样睁开，而且睁得大大的，明亮而且睿智。世界上各个民族也都有了两只眼睛，都要睁得大大的，明亮而且睿智。我们共同学习，努力互相了解。我们坚决相信，只要能做到这一步，人类会越来越能相互了解，世界和平越来越成为可能，人类的日子会越来越好过，不管还需要多么长的时间，人类有朝一日总会共同进入太平盛世，共同进入大同之域。

1996年3月20日

目 录

导言

进入十九世纪，无论是自然科学，还是人文科学，经过长时间的发展都取得了一定的成就。为了继续向更高层次迈进，就要求制订更好的、更有针对性的研究计划，以对资料进行更系统、全面的研究，此外还需要组织更多的学者开展合作研究，而这一切都要求有专门的机构来实现。科学学会就是在这样的诉求下应运而生的。科学学会作为一个组织，在沟通信息，共享资源的同时，也为国内同一领域的学者提供相互交流的平台，并通过与他国科学学会间的联系，将交流的范围扩大到了国际，从而促进科学的进一步发展。在十九世纪中叶至二十世纪初，尽管碍于经济和政治等方面的不利因素，俄国的科学学会的发展相较西方而言更缓慢，但是各类科学学会仍是俄国科学发展的重要推动力量。

据俄国学者考证，俄国成立时间最早的带有科学学会性质的学术团体是1759年成立的阿尔汉格尔斯格历史学社。该组织集中了一批学者，致力于收集德维纳地区的历史文物，并对所收集的文物进行研究。由于具备了科学学会的基本特征，所以阿尔汉格尔斯格历史学社被认为是俄国最早的学术团体。而俄国首个以“общество”为名称的科学学会则是成立于1765年的“俄国鼓励耕种与房屋建设的独立经济协会”。[①]该科学学会的成立可以被认为是俄国科学学会史的开端。在

① М.Ф.Хартанович, Императорская Академия наук и научные общества в XIX веке. См. Ж.И.Альфёров. Академия наук в истории культуры России XVII-XX веков. СПб.: Изд. *Наука*, 2010. стр.530.

俄国，科学学会可以分为自然科学学会、专业技术学会和人文科学学会三个大类。根据哈尔达诺维奇（М.Ф.Хартанович）在《十九世纪的皇家科学院与科学学会》一文中的附录统计，1917年革命前，俄国共有165家人文科学类的科学学会。其中，仅有8家科学学会成立于十八世纪，17家成立于1800~1839年，32家成立于1840~1879年，40家成立于1880~1899年，而1900~1917年10月所成立的科学学会的数量则达到了68家。[①]透过这些数字可以看出，俄国在十月革命前的科学学会数量呈现逐年增长的态势，且成立的速度日益加快。特别是在十九世纪八十年代以后，俄国的科学学会如雨后春笋般地建立。几乎每一年都有科学学会成立，甚至出现了一年内成立数家科学学会的情况。例如，1908年就有俄国哈尔滨汉学家协会等6家科学学会同时成立。[②]这些科学学会的职能不仅包括组织本专业领域的专家和学者对与时代诉求相符合的各种课题进行研究，召开科学报告会以分享和讨论相关研究成果，收集各类藏品，建立图书馆、博物馆、档案室以及资料库，为下一步的研究积累资料；同时也包括参与、组织考察活动，开展实地科研活动，开设公共课程，培养爱好者，推广自己的学科；此外，还涉及科学著作和专业刊物的出版与国际交流的筹备及实施等。[③]截至十九世纪末，像俄国地理学会这样大型的专业学会甚至已经成为能与俄国皇家科学院相提并论的重要科学研究

① М.Ф.Хартанович, Императорская Академия наук и научные общества в XIX веке. См. Ж.И.Альфёров. Академия наук в истории культуры России XVII-XX веков. СПб.: Изд. *Наука*, 2010. стр.540-550.

② 另外五家科学学会分别是：图书馆学科学学会、斯拉夫文化科学学会、犹太历史民族学科学学会、西伯利亚研究及其生活改善协会、诺夫哥罗德古迹爱好者协会。

③ М.Ф.Хартанович, Императорская Академия наук и научные общества в XIX веке. См. Ж.И.Альфёров. Академия наук в истории культуры России XVII-XX веков. СПб.: Изд. *Наука*, 2010. стр.535.

阵地。

俄国地理学会作为在十九世纪中后期到二十世纪初这股科学学会的建会热潮中所成立的大型专业地理研究学会,对俄国地理,乃至世界地理研究的发展做出了重要贡献。与其他同时期建立的科学学会一样,俄国地理学会也带有明显的时代特征:第一,它与科学院都存在着千丝万缕的联系。俄国地理学会的创建人之一——拜尔就是俄国皇家科学院的院士。此外,俄国地理学会的第一次全体会议也选择在科学院的会议厅召开。

第二,俄国地理学会与沙俄军政两界以及俄国皇室关系紧密,其研究对象大多与国家经济、外交以及统治政策的制定相关,并以为政府制定下一步战略提供参考资料作为研究的主要目的。俄国地理学会在1917年十月革命前的两任主席都是由沙俄政府指定的皇室成员出任。此外,国家拨款是地理学会除了个人捐款外最主要的资金来源。按照尼古拉一世1845年8月6日所颁布的谕令,政府每年从国库中为地理科学学会拨款一万银卢布,而地理科学学会将这笔拨款用于其日常开支。[①]

第三,它与俄国各大学和专业院校存在合作。例如,俄国地理学会曾先后两次委托圣彼得堡大学东方系的蒙古学教授波兹德涅耶夫前往蒙古地区进行考察,并投资出版波兹德涅耶夫所撰写的研究著作《蒙古与蒙古人》。此外,俄国地理学会还曾派遣圣彼得堡大学东方系学生齐比科夫、莫斯科大学地理学教授切尔诺夫等人前往中国考察。

然而,虽然政府的庇护和拨款为俄国地理学会提供了政

---

① Устав Императорского русского географического общества. СПб.: 28 декабря 1849г. стр. 3-4.

策和经济上的支持，科学院、大学和专业院校让其获得了学术和人才上的保障，进而使俄国地理学会得以在短时期内迅速崛起并在十九世纪中叶至二十世纪初的六十多年的时间里取得了较为丰硕的成果。但同时，这也使其与同一时期的西方同类学术团体相比具有更明显的实用性和政治局限性。在十月革命前，俄国地理学会曾长期以是否有利于沙俄政府的侵略扩张作为自己派遣考察队和是否开展一项研究活动的首要标准。此外，俄国地理学会还过度褒奖普尔热瓦尔斯基等鼓吹侵略的狂热分子，并把其在探险过程中很多过激的非科学研究活动当作英雄行为来歌颂。虽然存在瑕疵与不足，但是不可否认的是俄国地理学会在十九世纪中叶登上历史舞台，并在此后的六七十年的时间里获得了长足的发展，取得了一系列难以复制的成果。

同时，俄国地理学会在十九世纪中叶至二十世纪初的俄国中国学发展中也发挥了重要的作用。自十九世纪中叶起，俄国的中国学研究进入了新的发展阶段。此时，俄国不再仅以俄国驻北京传教士使团为依托来开展其中国学研究，而是逐步转向了大学、传教士使团、外交机构、侨民以及专业科学学会共同参与的多元发展模式。[①] 经过十八世纪到十九世纪上半期的发展，俄国汉学已经形成了相对完整的体系，有了更明确的研究对象，更成熟的研究方法，更系统的研究内容，培养出包括王西里院士、巴拉第、杂哈劳、孔气、格奥尔基耶夫斯基等一大批杰出汉学家。这不仅为十九世纪中叶到二十世纪初的俄国东方学及中国学的繁盛打下了坚实的基础，更为这一时期刚开始踏足中国考察与研究活动的俄国地理学会提供了优秀人

① 阎国栋：《俄国汉学史（迄于1917年）》，人民出版社2006年版，第296页。

才，使其得以在一个较高水平上开展自己的研究。同时，在这一时期沙俄政府出于领土扩张的需要，加大了对东方各国研究的投入。这为俄国地理学会的各项涉及中国边疆地区的考察活动提供了更充足的资金和资源保障。

此外，自 1858 年《天津条约》签署后，包括沙俄在内的各帝国主义国家援引条约中的规定，均获得了向中国派遣考察队的权力，并因此在十九世纪下半期到二十世纪上半叶，特别是二十世纪的前一二十年出现了世界亚洲探险的又一个高峰期[①]。欧美各国都派遣了大量的考察队前往中国的西部地区从事考察活动。作为中国的近邻，同时又标榜自己是世界大国之一的俄国也不例外，假借俄国地理学会之手派遣了多支考察队，对有意据为己有的地区进行考察。正是在多种条件的共同催化下，俄国地理学会得以在十九世纪中后期到二十世纪初的这段时间向中国边疆地区派出近百支考察队，取得诸多具有科学研究价值的成果，为人们了解中国，特别是中国青海、西藏、新疆、甘肃、四川等地区的地理、历史和民族情况提供了重要的参考资料。英国旅行家道格拉斯·卡拉瑟斯（Дуглас Каррутерс / Douglas Carruthers）在其 1914 年出版的游记《未知的蒙古》（*Неведомая Монголия*/*Unbeknown Mongolia*）中提到俄国的中央亚细亚[②]考察时曾这样写道："这曾是由莫斯科人全部承担的最伟大事业。俄国人习惯于大规模地做所有事情……普尔热瓦尔斯基，俄国旅行家的先锋，用九年四个月的时间走遍了 19500 英里，而科兹洛夫五次从三个不同的方向穿

① [俄]普尔热瓦尔斯基:《走向罗布泊》，黄健民译，新疆人民出版社 1999 年版，第 1 页。

② 中央亚细亚（Центральная Азия,Central Asia）泛指大兴安岭、贺兰山以西，昆仑山以北，帕米尔以东的广阔土地。（引自：伍光和、唐少卿:《论普尔热瓦尔斯基在亚洲中部地理研究中的地位和作用》，载《兰州大学学报(社会科学版)》，1986 年第 1 期，第 69 页。）

越了大戈壁。……俄国的内亚考察是一项系统的研究活动，而这也仅是俄国皇家地理学会所拟订庞大计划的一部分……"[①] 而俄国学者自己对其在亚洲，特别是中国边疆史地考察研究领域所取得的成果也感到非常满意，并引以为荣。俄国著名地质、地理学家奥博鲁切夫就曾在所撰写的《俄国地理学会1846~1896年所派遣亚洲研究考察队情况的简要概述》一文中写道："我们完全可以自豪地说，这一专业任务主要是由俄国人完成的。"[②] 可见，俄国地理学会在俄国，乃至世界的中国边疆史地考察研究中曾发挥过比较重要的作用。因此，有必要对这一时期俄国地理学会的中国边疆地区考察活动进行系统的梳理，以总结该时期俄国地理学会中国考察研究的方向与特点，评述其在整个俄国汉学发展中所起的作用。

在俄罗斯有关科学学会的研究开展得比较早，几乎是自一个学会成立之时起，对其所进行的研究就已经开始。像俄国地理学会这样规模比较大、发展比较成熟的科学学会，在每一个整数年都会出版学会的编年史来介绍学会的发展情况以及其近一时期所开展的科研、考察活动。此外，俄国地理学会自1845年创立起就定期或不定期地出版各类刊物，在向学会会员、相关领域的学者以及普通民众通报学会的经济财政状况的同时，介绍学会各项研究活动的进展情况，发表会员及相关学者的作品和报告。这些单独出版的转换柱以及期刊和文章为研究俄国地理学会科学研究活动的开展情况提供了重要信息。虽然对俄国地理学会整体活动的研究是丰富的，但仅针对

① 转引自：А.Г.Исаченко, Н.Т.Агафонов, С.Б.Лавров, Э.М.Мурзаев, Ю.П.Селиверстов. Русское Географическое общество. 150 лет. М.: АО *Прогресс*, 1995. стр.53.

② В.А.Обручев. Краткий обзор экспедиций, снапряженных русским гегографическим обществом для исследования материка Азии с 1846 по 1896г. // изв. Вост. Сибирск. отд. РГО за 1896. Т.27 вып.1. Иркутск: 1897. стр. 2.

俄国地理学会中国考察活动部分开展论述、分析的专论则不是很多。对俄国地理学会的相关考察与研究情况的论述大都散落在以下几类研究著作和文章中。

1. 通史类著作。这类著作主要包括两个部分:一部分作品以整个科学学会发展史作为研究对象。这类著作主要是叙述俄国科学学会界的建立、发展过程,总结和论述俄国科学学会界发展的原因、背景以及其在俄国科学、文化等方面的作用,等等。这类作品主要有:斯杰邦斯基(А.Д.Степанский)的《俄罗斯革命前的社团组织史》[1]、哈尔塔诺维奇的《十九世纪的皇家科学院与科学学会》等。这类的著作或文章旨在对俄国科学学会界的整体情况进行介绍,对其任务和活动进行分析和总结。而俄国地理学会作为俄国科学学会的重要组成部分在著作中都多有涉及。但是,由于论著本身所论述的对象比较多,加之俄国地理学会本身的历史比较长,所以这类著作中涉及俄国地理学会中国考察与研究部分的内容相对较少。另一部分作品中则包括俄国地理学会及其分会的编年史及大事记。这类著作中比较有代表性的主要有:俄国地理学会出版的《俄国皇家地理学会二十五年》《俄国皇家地理学会半世纪活动史》《苏联地理学会 100 年》《地理学会 125 年》《俄国地理学会 150 年》[2]以及其分会出版的《俄国皇家地理学会西伯利亚分会 25 年活动史》《俄国地理学会东西伯利亚分会与西伯利亚的社会政治生活(1877~1907)》等。以《皇家地理学会半世纪活动史》和《俄

---

① А.Д.Степанский. История общественных организаций дореволюционной России: Учебное пособие. М.:1979.

② Двадцатипятилетие Императорского русского географического общества. СПб, 1872г.; П.П.Семенов. История полувековой деятельности Императорского русского географического общества 1845-1895. СПб, 1896г.; Л.С. Берг. Всесоюзное географическое общество за сто лет. М. 1946г.; Географическое Общество за 125 лет. Изд-во *Наука*. ЛО.Л.1970г.; Русское географическое общество за 150 лет. Москва, 1995г.

国地理学会150年》为例，前者以时间为序对俄国地理学会自1845年至1895年的主要考察与研究活动进行了详细的记述；后者则以地域进行划分，将俄国地理学会自成立到二十世纪九十年代末的考察研究活动进行了归类罗列。而作为俄国地理学会在十九世纪末至二十世纪初最重要的研究内容，其中也包括对中国边疆地区的考察情况。但是，这些著作的内容多有重复，且研究范围涵盖俄国地理学会所关注的全部领域，所以对中国考察和研究部分多做简略论述处理。同时，由于这类编年史类的作品注重史实的累述，将大部分的篇幅用于叙述活动的经过，对有关研究活动意义的评论性内容则相对较少。但无论如何俄国地理学会的这些编年史类著作还是为研究者提供诸如科学学会架构、章程、目标、主要活动等重要信息，有一定的参考借鉴价值。

2. 东方学史或汉学史（中国学史）类著作。俄国地理学会曾在十九世纪末至二十世纪初一度成为俄国汉学研究的重要阵地，其所组织进行的各项中国考察与研究活动也成为俄国东方学史或者汉学史（中国学史）类的作品重要的论述对象。在这类著作中，比较有代表性的是1997年俄罗斯科学院东方学研究所出版的《十九世纪中叶到1917年俄国东方学史》。在该书第一章中比较全面地介绍了1917年十月革命前包括学院和科学学会在内的主要俄国汉学研究机构。在该书中共介绍了该时期13家研究机构的东方学研究情况。除俄国地理学会外，书中还介绍了俄国研究中亚和东亚委员会、东方学学会和俄国东方学者协会等其他三家在同一时期从事中国考察与研究方面的科学学会。虽然该书比较全面地介绍了十九世纪中叶到1917年活跃在俄国汉学舞台上的主要科学学会机构的研究情况，但是由于所要叙述的内容多，而篇幅有限，所以全书不得不以信息介绍为主,缺少了研究性的内容。而书中有关俄国地理学会的中国考察与研究活动的内容就更加简略了。此外,阎国栋教授所撰写的《俄国汉学史》作为国内最权威的俄罗斯汉学史理论研究著作之一,对十月革命前的俄国汉学研究情况进行了全面、系统的评述。而他在该书的第五章中详细介绍了帝俄统治时期的中国边疆地区研究情况,其中也包括俄国地理学会在1917年前所开展的各项中国边疆史地考察活动的情况。另外,该书中所论及的多位俄国汉学家,如比丘林、王西里、杂哈劳等,都是俄国地理学会的会员。这些俄国汉学家不仅在俄国地理学会的会刊上发表文章,其理论观点也对俄国地理学会的边疆史地研究产生了影响。因此,阎国栋教授的《俄国汉学史》对了解俄国地理学会与俄国汉学发展之间的关系具有很高的参考价值。

3. 俄国地理学会的中国考察与研究活动作为中国边疆地理学、民族学、藏学、满学、西夏学和敦煌学等领域的有机组成部分,在这些领域的相关研究著作和文章中也有所介绍。虽然在这类著作和学术文章中俄国地理学会及其会员一般仅作为研究资料的提供者、考察活动的组织者被提及,而非研究的对象,但是也间接地介绍了俄国地理学会所组织的各项考察活动的情况。像房建昌于1986年发表的《沙俄及苏联人士入藏考》、刘存宽1993年在《社会科学战线》上所发表的《十九世纪和二十世纪初俄国对新疆的地理考察》、张惠明1993年发表的《1896~1915年俄国人在中国丝路探险与中国佛教艺术品的流失——圣彼得堡中国敦煌、新疆、黑城佛教艺术藏品考察综述》、李健宗2015年发表的《文化边界与族群互动:“内亚”视角下的河西走廊》;1979年出版的《沙俄侵略中国西北边疆史》、1993年出版的《近代俄国与中国西藏》以及周伟洲主编并于2000年出版的《英国、俄国与中国西藏》等文章、著作都属于这一类的作品。此外，张晓梅于2012年所发表的博士学位论文《俄罗斯对藏文史籍的翻译及其藏学研究》中涉及了俄国地理学会西藏考察的内容。妥超群于同年发表的博士学位论文《汉藏交界地带的徘徊者》中，分别在第二章第二节和第三章中从民族学研究的角度对俄国地理学会及其涉及青藏安多地区的考察活动加以叙述和评述。而马琴在2019年发表的博士论文《19世纪中期至20世纪初俄国在甘肃的考察》中梳理了十九世纪中期至二十世纪初俄国在甘肃以及中国西部地区的考察活动及其成果，并对其影响进行了客观的评价。这类的文章、著作和论文针对性比较强，多数是对俄国地理学会中国考察与研究活动的成果进行研究，对研究俄国地理学会中国考察活动的情况有很重要的参考价值。

4. 介绍俄国地理学会会员的生平及其考察活动和成果的著作。这一类著作所包含的著作类型比较多，不仅包括个人传记、考察笔记和报告，也包括相关的研究论文、专著。其中，尤以普尔热瓦尔斯基和科兹洛夫在国内受到的关注最多。普尔热瓦尔斯基作为俄国近代史上最著名的中央亚细亚探险家之一，将一生大部分时间用于俄国的中央亚细亚考察。其所整理出版的旅行日记于1999年被翻译成中文并以“走向罗布泊”为名出版。而其他的一些探险游记也在《柴达木开发研究》上作为普尔热瓦尔斯基探险游记选系列分几期翻译出版。除了普尔热瓦尔斯基本人所撰写的游记外，还有一定数量的有关普尔热瓦尔斯基及其考察活动情况的研究著作和文章，比如，杜勃罗文（Н.Э.Дубровин）的《普尔热瓦尔斯基传》（1978年）、杜根成和丘陵等编著的《普尔热瓦尔斯基：罗布泊之说震惊欧洲地学界》（2002年）以及《普尔热瓦尔斯基与波兹涅耶夫的侵华活动》(1981年)、《论普尔热瓦尔斯基在亚洲中部地理研究中的地位和作用》(1986年)、《普尔热瓦尔斯基和他的〈走向罗布泊〉》(1999年)等著作和文章。此外,关于普尔热瓦尔斯基及其探险活动也常在相关地区的史地研究作品中被提及和评述。除了普尔热瓦尔斯基之外,科兹洛夫因为在黑水城的重大考古发现也被广为关注。俄国地理学会1920年出版的《蒙古、安多和死城哈喇浩特》就是科兹洛夫根据自己的旅行日记所编写的考察报告。在书中,他记述了其发现黑水城那次考察的经历。该书的第六章后被杨自福翻译成中文,并于1997年以“从哈喇浩特到定远营的考察”为题在《西北史地》上发表,随后陈贵星将该书的全部内容翻译成中文,并于2001年由新疆人民出版社以“死城之旅”为题出版。除翻译其著作外,我国学者针对科兹洛夫及其考察活动成果开展了研究,并出版和发表了相关的著作和学术文章。例如,1979年出版的《彼·库·科兹洛夫考古发现的科学价值》,王希隆、丁淑琴的《彼·库·科兹洛夫的探险生涯及其第六次考察》(2011年)以及马曼丽的《科兹洛夫与哈拉浩特文化》(1983年)等。作为西夏黑水城文献的发现者,科兹洛夫及其1907~1909年的考察活动在西夏学研究的著作和文章中常被提及。除了普尔热瓦尔斯基和科兹洛夫外,像在俄国藏学研究中做出一定贡献的齐比科夫,以及俄国蒙古学家波兹德涅耶夫等曾受俄国地理学会委托前往中国开展考察研究活动的学者也都被给予了关注,不仅有关于其生平及考察活动的文章,在相关领域的著作中也多被提及。

除此之外,在一些针对十九世纪中叶到二十世纪二十年代这一时间段的俄国中亚和东亚考察活动的总体情况进行研究的著作中,也会涉及俄国地理学会沙俄统治时期各项中国边疆地区考察活动。例如,何卫的《Н.Ф.彼得罗夫斯基在新疆的活动研究》(博士论文,2018年)、李塔那的《从近代中外旅行见闻看蒙古地区社会风貌——以行纪、考察记为中心》(博士论文,2018年)、丁笃本著的《中亚探险史》(2009年)、波波娃(И.Ф.Попова)主编的《19世纪末到20世纪初俄国的中央亚细亚考察》、卢布钦科娃(Т.Ю.Рубчекова)著的《俄罗斯最著名的考察和探险家》(2001年)、马大正等主编的《西域考察与研究》(1994年)和约·彼·马吉多维奇的《世界探险史》(1988年)等都属于这类著作。这些书对十九世纪中叶到二十世纪初的赴中国、中亚考察的探险家及各个考察团的情况和成果进行了研究和评述。通观这类作品,作者主要将关注点放在了研究的实施者以及研究活动本身,对其背后的组织者——俄国地理学会没有给予太多的关注和评述。

总体来说,在俄罗斯虽然有关俄国地理学会的研究成果不少,但多以学会的发展史为主要脉络;而在国内涉及俄国地理学会及其中国考察与研究活动的文章和著作多发表和出版于二十世纪八九十年代,并且所研究的对象多集中在普尔热瓦尔斯基、科兹洛夫等个人及其所进行的中国边疆地区考察和成果上。截至目前还缺少以十九世纪中后期到二十世纪初为时代背景,以俄国地理学会的中国考察与研究情况为论述对象的专门著作。有鉴于此,本书将尝试从中国人的角度对俄国地理学会在十九世纪中期至二十世纪初的中国边疆地区考察与研究情况进行更为系统的梳理,并希望能够在已有的研究成果的基础上,围绕俄国地理学会沙俄时期中国边疆地区考察与研究这一主题,在对史实进行重新梳理的同时加以研究分析。由于这一主题涉及历史、地理、民族等多个领域,内容涵盖区域地理学、边疆史学、敦煌学、西夏学等多个方面,线多面广，内容细碎，所以本书采用整体描述与重点分析相结合的论述模式。在对重点人物、重点考察活动进行详细论述的同时，对俄国地理学会在十九世纪中期至二十世纪初所开展的中国边疆地区考察与研究活动以时间为序按照地域加以罗列归总，并采用比较法对俄国地理学会不同时期的活动进行比较，总结出俄国地理学会中国考察与研究活动在不同时期的侧重方向与特点，并在吸取前辈的研究经验与教训的基础上对俄国地理学会在俄国中国学领域所做出的贡献给予客观的评价。但是限于篇幅，同时结合这一时期俄国地理学会的中国研究特点，本书分析和比较的重点放在由俄国地理学会所组织的探险考察上，而研究方面则涉及的相对较少，主要是在第五章中加以论述，并在附录中对俄国地理学会的中国研究成果进行列表整理。笔者努力克服自身的不足，尽可能全面、客观地将俄国地理学会在自其成立至十月革命前所开展的中国考察与研究活动展现出来。

第一章

俄国地理学会的成立及初期活动

1845年，俄国地理学会在圣彼得堡成立，它是世界上历史最悠久的地理学会之一。[①] 作为一家隶属于沙俄政府的半官方科学研究机构，俄国地理学会从名称的获得、成员的组成、资金的来源，到建立的过程，再到学会章程的制定和修改，都体现出其与沙俄政府间的关系。而与政府存在紧密的关系也是沙俄时期的俄国科学研究机构在十九世纪中期到二十世纪初的普遍特征之一。

第一节　俄国地理学会的成立

1.1.1　成立过程

1845年3月20日，米登道夫(А.Ф.Миддендорф)完成了其著名的西伯利亚之旅回到了圣彼得堡。在为其举办的欢迎宴会上，有人第一次提出了关于效仿法、英、德等西欧先进国家，在俄国成立自己的地理学会的想法。但究竟是谁第一个提出建会想法的，有两个不同的说法。一种说法是谢苗诺夫(П.П.Семенов)在其所撰写的《俄国地理学会半个世纪活动史》中提到的。他认为，首先有了成立俄国地理学会想法

① 法国地理学会1821年在巴黎建立，这是世界上第一个地理学会。紧接着，1828年德国地理学会在柏林成立。而英国皇家地理学会1830年在伦敦成立。

的是两位俄国地理学领域著名的活动家——海军上将利特克(П.И.Литке)和阿尔先耶夫(К.И.Арсеньев)教授;另一种说法则出自1872年出版的《俄国皇家地理学会二十五年史》,书中认为建立俄国地理学的动议出自拜尔院士(К.М.Бэр)、海军上将利特克和另一位海军上将弗朗格里(Ф.П.Врангель)。[①]究竟是谁最先提出建会想法的在今天看来已经不重要。重要的是建会想法一经提出,立即引起了来自不同社交圈众多人士的响应,这其中主要包括航海家、科学院院士、总参部官员以及知名学者和社会活动家四类人群。1845年5月,俄国著名航海家利特克上将组织来自不同群体的学会创建人[②],在时任内政部副部长私人秘书的达里(В.И.Даль)家中召开会议。会上,各位创建人针对成立地理学会的问题提出了各种想法和建议,利特克汇总了各方的想法和建议写成了《关于成立俄国地理统计学会的申请报告书》,并将其提交给了内政部部长彼得罗夫斯基(Л.А.Петровский),由其向政府提出在俄国成立地理学会的申请。在这份申请报告中阐述了建立学会的基本目的,学会的结构、任务及作用,学会临时章程,成员的名单以及创建人对政府的要求等内容。1845年8月6日,沙皇尼古拉一世批准了建会申请,并任命其次子康斯坦丁亲王为学会的主席,同时委托内政部部长通知枢密院,刊印此圣谕。1845年8月15日,枢密院刊印出批准建立俄国地理学会的谕旨,其内容如下:

“根据利特克副长官及其他人关于建立俄国地理统计学

① 关于究竟谁提出成立地理学会的想法的问题,Л.С.别尔克在其1946年出版的《全苏地理学会100年》一书中的第二章中进行了举证论证,并在该书的附录一中进行了补充论述。按照别尔克在书中的观点和其所举出的信件例证,第二种观点的正确性更大。

② 创建人共17人,包括:П.И.Литке, И.Ф.Крузенштерн, Ф.П.Врангель, П.И.Рикорд, К.М.Бэр, В.Я.Струве, Л.П.Гельмерсен, П.И.Кеппен, К.И.Арсеньев, А.И.Левшин, П.А.Чихачев, В.И.Даль, В.Ф.Одоевский, Ф.Ф.Берг, М.П.Врончeнко, М.Н.Моравьев, В.А.Перовский。

会的申请，参考其在负责国家统计的内政部中的地位，内政部长先生向部长委员会提交了申请，并随附了介绍。根据情况，皇帝陛下于8月6日恩准了建会申请，并为学会赐名。学会的目的是在民族地理学、统计学和民族学等领域开展深入、全面的研究。陛下同时批准了一并提交的临时章程，并每年从国库向学会拨付一万银卢布。”[①]

1845年9月19日，学会创建人在达里家中再次召开会议。[②]会上根据沙皇尼古拉一世的谕令选举其次子康斯坦丁·尼古拉耶维奇亲王[③]为学会的会长，并一致选举利特克为副会长。同时，会上还选举出51名正式会员，并选举彼得罗夫斯基为学会的名誉会员。而利特克由于身在克里米亚，未能参加本次会议。

1845年10月7日，俄国地理学会在俄国皇家科学院的大会议厅召开了第一次全体会议。而这次会议也是俄国地理学会正式登上历史舞台的起点。会议由归来的副会长利特克主持。会上，利特克就学会建设等问题进行了精彩演讲。其在演讲中阐述了学会的首要任务是发展俄国地理学。他同时也指出，了解其他国家的地理情况也是十分重要的。此外，他还指出，学会有必要与军队总部测绘局、水文厅和科学院进行合作。[④]在这次全体大会上还根据临时章程由学会的临时理事会认命了学会四个研究部的部长，分别是：通用地理学部——弗朗格里；俄国地理学部——斯特卢维(В.Я.Струве)；俄国民族

---

① П.П.Семенов. История полувековой деятельности Русского географического общества 1845-1895 I. СПб: 1896г. стр.3.

② 此次会议仅8位在圣彼得堡的创建人参加。

③ 康斯坦丁亲王除了担任地理学会的主席，还同时担任考古和音乐学会的主席。

④ П.П.Семенов. История полувековой деятельности Русского географического общества 1845-1895 I. СПб: 1896г. стр.4-6.

学部——拜尔；俄国统计学部——科匹恩 (П.П.Кеппен)。此外，本次会议还非公开地选举了阿尔先诺夫、别尔克 (Ф.Ф.Берг)、弗隆琴科 (М.П.Врончeнко)、格里梅尔先 (Г.П.Гельмерсен)、达里、列夫申 (А.И.Левшин)、廉茨 (Э.Х.Ренц) 和穆拉维耶夫 (М.Н.Муравьев) 八人为学会的理事会成员，并决定由选举出的理事会负责学会具体的筹建工作。会后学会主席——康斯坦丁亲王和副主席——利特克出国考察，建会的工作由阿尔先耶夫、弗朗格里、福斯(П.Н.Фус)[1] 等人负责执行。至此俄国地理学会宣告正式成立。

1.1.2 俄国航海家利特克在俄国地理学会组建初期的贡献与作用

事实上，早在 1844 年筹建俄国地理学会的意向就已经被提出来了。但是，由于在组建过程中缺乏核心领导式人物，筹建工作进展很慢。直至 1845 年春，在利特克的主导下，学会的筹建活动才有了突破性的进展。正如拜尔在给利特克的信中所写的："……我的职务在 [成立地理学会] 这件事上只能是停留于我想的阶段，而您却可以做……"[2] 而利特克之所以能在建会过程中扮演重要的角色，主要还是得益于其与沙俄皇室之间的密切关系、较高的社会地位以及在俄国学术界的威望。

菲德尔·彼得罗维奇·利特克 1797 年出生于圣彼得堡，俄

---

① 利特克外访期间，福斯在建会过程中贡献和功劳最大。当利特克 1846 年 10 月回到圣彼得堡后所接手的已经是组建好的地理学会了。

② 转引译自：Л.С.Берг: Всюсоюзное географическое общество за сто лет. М.: РИСО АН СССР,1946, стр.31.

国航海家、地理学家,俄国地理学科发展的重要推动者。他凭借自己的不懈努力最终被推荐参与了1817~1819年戈洛夫宁领导的寰球考察,负责其中的水文勘测,并由此走上地理学研究的道路。1821~1824年,利特克独立组建“新大陆”号科考船,对北冰洋进行了多次科考活动,并于1828年出版了关于这次考察的著作——《1821~1824年“新大陆”号的四次北冰洋之旅》。而正是在北冰洋考察中所取得的成果使利特克在学术界获得了广泛的认可,声名鹊起。1826年,利特克开始了自己新的寰球航行考察,这次考察持续了三年的时间,并被认为是十九世纪上半期最成功的考察之一。[①]正如别佐普拉佐夫院士所说的那样:“‘谢尼亚文’号寰球航行后,利特克的名字为所有受教育阶层所知,并被列入本世纪最著名旅行家和航海家的行列中。”[②]通过这次考察旅行,利特克的科学研究进入了新的层次。1829年,结束考察回国的利特克获授上校军衔,并当选科学院通讯院士。此后,利特克又分别于1830年、1831年和1832年获杰米多夫奖金、四等圣乔治十字勋章以及圣弗拉基米尔勋章。利特克于1832年2月成为侍从武官,并在当年底被任命为沙皇尼古拉一世五岁次子——康斯坦丁亲王的老师,且任这一职务长达16年。

因为在俄国地理学界的声誉、较高的社会地位以及康斯坦丁亲王[③]皇家教师的身份,利特克不仅得以在俄国地理学会的整个筹备过程中担当牵头和与政府沟通的角色,在学会的后期组织和建设过程中也产生了影响。其影响首先表现在学

---

① В.П.Безобразов. Граф Ф.П.Литке. СПб: 1888г. стр.293.

② В.П.Безобразов. Граф Ф.П.Литке. СПб: 1888г. стр.293.

③ 康斯坦丁亲王自幼被尼古拉一世沙皇授予海军上将军衔,在海军服役,并于1855年掌管海军和海运部门。他热爱海洋,是各类地理、文学、艺术类科研考察活动庇护人和支持者。而1844年建立俄国地理学会的想法一经提出便立即得到康斯坦丁亲王的响应。

会秘书处的组建以及学会秘书的委任上。根据临时章程的第54款和第62款的规定,学会的秘书应由非学会成员的第三方人士担任。除了肩负其本职工作外,学会秘书还担负财务主任和档案保管员的责任。[①]可以说,秘书在俄国地理学会中是除了主席和副主席之外第三重要的人物。按照规定,学会秘书由副主席选择,但须经理事会同意,并直接隶属于学会的副主席。而利特克在选任学会秘书问题上则体现出其在学会中所具有的权威。他先选择亚历山大·瓦西里耶夫·格罗夫宁(А.В.Гровнин,下称小格罗夫宁)作为学会的首任秘书。之所以选择小格罗夫宁,一方面是因为这是他的两位忠实伙伴——达里和里科尔德所推荐的人;另一方面则是念及其父亲——老格罗夫宁当年的提携之恩。对于利特克的这一提议,学会理事会在未经投票的情况下,于1845年10月24日直接做出相应的任命决议。虽然理事会在此次会议上同时将财务管理从秘书职权中分拆出来,但理事会所任命的财务管理人——博斯杰里(А.Ф.Бостерис)也是利特克的朋友,是与其一起寰球旅行的自然学家。后来,小格罗夫宁1848年因离开圣彼得堡而辞任时,是由其好友——列依杰尔恩(М.Х.Лейтерн)接替其成为学会秘书。而当后者1849年因工作调动辞任时,更是由利特克的外甥——吉尔斯(А.К.Дерс)担任了学会秘书这一重要职务。整个学会秘书的人事变动过程体现出利特克在学会秘书的任命上拥有绝对的决定权。尽管关于学会秘书的任命,章程规定是由副主席提名,理事会投票同意来选举,但是因为利特克在学会中的地位,规定并没有完全执行,最终的决定权依然是在利特克手中。而这种情况也出现在学会日后的活动中,由

① Временный Устав Русского Географического общество // Записки РГО. кн. I, СПб.: Типография Императорской Академии Наук, 1846, стр. 17-18.

学会主席领导的理事会能够决定几乎所有的学会事务，其中当然也包括学会的研究方向和重点关注和研究的地区。权力高度集中虽然有利于政府在幕后对学会的事务进行管控，但却在一定程度上限制了学会学术研究的全面发展。

此外，利特克对俄国地理学会组建的影响还体现在学会正式章程的制定过程中。以利特克为首的既得利益派与学会民主派针锋相对，并最终借助皇权在利益争夺中取得全面胜利，新章程中有关选举制度的内容基本维持了原临时章程的内容，维护了政府在学会中的统治权力和地位。尽管利特克在俄国地理学会中更多的是站在沙俄政府的立场上对学会进行管理，但是不可否认他在担任地理学会副主席的二十年间为学会所做出的贡献。利特克在一定范围内保证了各学部享有充分的自由权，也从不阻碍和扼杀先进事物，并为自己，更是为学会找到了适当的继任者——谢苗诺夫。利特克利用自己在学术界和宫廷圈的权威，将地理学会影响力提升到其他科学团体难以企及的高度。因此，利特克被公认为俄国地理学会史上最优秀的副主席之一。[①]

1.1.3 俄国地理学会与沙俄政府间的关系

成立于十九世纪中叶的俄国地理学会与沙俄政府之间存在着千丝万缕的联系，是典型半官方性质科研机构。而学会与政府间的联系表现在以下三个方面。

第一，俄国地理学会的会员大都来自军政两界。首先，在积极响应建会提议的各界人士中主要包括了以下四类人群：第

① 参考 Л.С.Берг. Всесоюзное географическое общество за сто лет. М.: РИСО АН СССР.1946г. стр.26-28.

一类是航海家，如利特克、克鲁森施特恩、弗朗格里和里克尔特等；第二类是科学院院士及其成员，包括拜尔、斯特维、格里梅尔先、科别恩等；第三类是对地理学感兴趣的总司令部现任和前任官员，其中包括弗隆琴科、穆拉维耶夫、别尔克等；第四类是非军界的俄国学者和社会活动家，包括阿尔先耶夫、列夫申、齐哈切夫、达里、奥多耶夫斯基等人。在这四类响应人群中，前三类都与沙俄政府、军界有关系，其中很多人都拥有军衔和官位。而无军界和政界背景的学者和活动家很少，只占很小的比例。可见，在成立地理学会的问题上沙俄军政两界表现出极大的兴趣，这使得俄国地理学会很难成为一个单纯、独立的学术团体。另外，根据 1846 年出版的《俄国地理学会通报》中刊载的学会首批会员名单可知，不仅俄国地理学会的首任主席和副主席分别由皇室成员和军界高官来担任，就是推选出的四位荣誉会员也都是身份背景显赫的政府、军界人士。他们分别是维肯基·卡尔洛维奇·维什涅夫斯基——科学院院士、四等文官；米哈伊尔·谢苗诺维奇·沃伦佐夫大公——高加索总督、步兵上将；列夫·阿里克谢维奇·彼得罗夫——内政大臣、三等文官；希尔盖·谢苗诺维奇·乌瓦洛夫——国民教育大臣、三等文官。这样的人事选任正体现出俄国地理学会自建会以来一直秉承的发展方针，即，积极拉拢那些能够对学会发展发挥作用的人，而这一点在学会建立初期表现得尤为明显。同时还应注意到的是，在学会成立之初共有正式会员 128 人、准会员 11 人。根据 1846 年公布的名单显示，在 128 名正式会员中有 63 名不同等级的文官（其中，三位同时为科学院院士，分别是当选俄国地理学部部长的瓦西里·亚果夫列维奇·斯特卢维、当选俄国统计学部部长的彼得·伊万诺维奇·科本以及当选俄国民族学部部长的卡尔·马克西莫维奇·拜尔），59 名不同等级的军官,1 名无官职的院士,1 名哲学副博士;而在 11 名准会员中,7 位是政府的文官,3 位是大学的教授,另有 1 人为修道士[①]。[②]通过这些数字可知,在学会成立初期军政官员占据了学会会员的绝大多数名额,学者和专职研究人员总共占 7 席,仅是会员总数的 4.828%,影响力远远不及人数众多的军政官员。此外,由于学会在建立初期的活动主要由政军两界的人士参与,所以学会在研究方向的选择上受到来自这两界会员的影响,而研究的内容则很大程度上将取决于沙俄政府的需要。这一点反映在学会章程中就是学会"首先关注那些尚未被政府研究解决的问题"[③]。另一方面,官员的积极参与也说明了沙俄上层社会对地理研究的重视。沙俄政府希望借助俄国地理学会之力收集和传播地理学方面的信息和知识,以便增强对自己的国家以及其他大陆的了解,从而制定更行之有效的殖民统治和侵略政策。而收集和传播地理学信息也成为俄国地理学会自 1845 年建立至 1917 年十月革命前始终执行的学会研究任务之一。[④]

第二,到 1917 年十月革命前俄国地理学会的实际管控者是沙俄政府,而这主要表现在学会主席及副主席的任用上。按学会章程的规定,学会由选举产生的学会理事会进行管理,而在理事会中最重要的人物当属学会的主席。因为学会要以主席的名义与政府进行联系。此外,学会主席不仅有权对学会章程的执行和活动开展情况进行监管,同时还有权中止讨论,结

---

① 这位修道士就是俄国 19 世纪上半期最著名的汉学家比丘林(亚金甫神父)。

② Состав.// Записки РГО.СПб.: Типография Императорской Академии Наук,1846, стр. 1-9.

③ Временный устав Русского географического общества. // Записки РГО.СПб.: Типография Императорской Академии Наук,1846, стр. 10.

④ 在 1845 年 8 月 6 日获批的俄国地理学会临时章程和 1849 年完成并于 1850 年开始执行的俄国皇家地理学会章程都将收集和传播正确的俄国地理信息作为学会的目的写入 §1 款。

束会议以及向财务处下达有关经费支出的命令，更有权在紧急情况下，不经理事会讨论批准的情况下先期进行拨款。[1]虽然在学会的章程中规定，学会主席应由会员全体大会在正式会员中选举产生。但实际上，俄国地理学会在十月革命前的两任主席都是由政府指定的皇室成员来担任的。在1845年8月6日沙皇尼古拉一世所下达的命令中除批准建立俄国地理学会外，还任命自己的次子——海军上将康斯坦丁亲王为学会的主席（1845~1892年担任俄国地理学会主席）。在康斯坦丁亲王之后直至十月革命，担任地理学会主席的是尼古拉·米哈洛维奇亲王（1892~1917年担任俄国地理学会主席）。可见，俄国皇室在十月革命前始终把持着学会主席的职位。

此外，按照1849年学会章程的规定，当皇室成员担当学会主席时，其本人并不实际管理学会的事务，而是由作为主席助手的副主席代为掌管。[2]所以，此时学会的副主席就成为学会的二号实权人物。自学会成立起直至1917年十月革命止，学会共选举出5任、4位副主席，他们分别是利特克，分别于1845~1850年、1857~1871年担任学会的副主席；穆拉维耶夫，于1850~1857年担任学会的副主席；谢苗诺夫，于1871~1914年担任学会的副主席；硕卡利斯基，于1914~1917年担任学会的副主席。而在沙俄统治时期的四位副主席中，除了最后一位硕卡利斯基是一位拥有中将军衔，但无实际职务的学者外，其他三位都是身居高位的官僚学者。其中，利特克和穆拉维耶夫来自军界：利特克是海军上将，受封伯爵，更被任命为皇家教

---

① Устав Императорского Русского Географического общества. СПб.: Типография Императорской Академии Наук, 1850, стр. 19.

② Устав Императорского Русского Географического общества. СПб.: Типография Императорской Академии Наук, 1850, стр. 9.

师;穆拉维耶夫则是步兵上将,曾在多地担任地方长官的职务。而谢苗诺夫来自政界,最高做到三等文官,在多个国家部委担任职务。由此可见,俄国地理学会的管控权实际上长期处在沙俄政府的手中。沙俄政府对俄国地理学会的管控并不是通过将其设置成为政府或军部的一个机构来实现的,而是移居幕后通过对主要管理职位的任免来掌控学会的事务。这种形式既不会使学会过分官僚化,一定程度上保留科学研究的自由度,增强学会对社会各界吸引力,扩大学会在不同阶层影响力;同时也实现了政府对学会的有效管控,让它能够为自己的执政需要服务。

第三,俄国地理学会的活动资金依赖于国库拨款和权贵的捐助。俄国地理学会的经费开支主要包括:学会日常经营开支、所设立各奖项费用以及学术研究资金三个大类。而其主要收入则是来自会员的年费、财政的拨款以及热心地理研究人士的捐款。其中,年费和拨款用于学会的日常事务开支,而捐款则是各项考察、研究项目的主要资金来源,其中皇室,特别是沙皇本人,更是地理学会最主要的捐助人。根据学会章程,每位正式会员须每年至少向学会交纳 10 个银卢布作为会费。如果会员连续两年未交纳会费将被学会开除。正式会员也可以一次性向学会交纳 100 个银卢布。会员所交纳的会费主要用于支付免费发信、免费获取会刊等会员福利,以及补充学会日常活动开支费用。尽管随着会员数量的增加,会费收入相应增加,但是学会的相应支出也增大。因此,会费收入很难成为或补充学会的专项研究资金。同时,根据 1845 年 8 月 6 日沙皇尼古拉一世的谕令,俄国地理学会每年可以从国库获得一万银卢布的活动资金。一万银卢布相较于俄国当时落后的经济来说,是一笔相对可观的收入。但根据学会章程的规定,这笔拨款只能用于学会经营的日常开支。除了日常经营性开支外，各类奖项的费用也是学会一项不小的支出项目。学会自1846年起开始设立了各类奖章来奖励对在俄国地理学领域做出杰出贡献的人和部门，以起到激励人们投身俄国地理学研究、促进民族地理学发展的目的。学会共有康斯坦丁大金质奖章（1846年设立，用以表彰对地理科学做出杰出贡献的人），小金质、银质和铜质奖章（1858年设立，用以表彰对学会事业做出贡献的人或单位。其中，小金质奖章每年不超过4个，而银质和铜质奖章没有数量限制），利特克大金质奖章（1873年设立，用以表彰任何进行独立研究并在自然地理学领域做出杰出贡献的人），民族学和统计学研究贡献大金质奖章（1879年设立，用以表彰在民族学和统计学研究方面做出杰出贡献的人。该奖章可以颁发给非地理学会人士），普尔热瓦尔斯基银质奖章（1891年设立，用以表彰重要且影响深远的学会会员及非会员的旅行活动），普尔热瓦尔斯基奖（1891年设立，用以表彰优秀的俄国旅行家），茹科夫奖（1847~1861年颁发，由商绅茹科夫设立，用以表彰在统计学方面做出基础贡献的人士。奖金数额为500卢布），基洛奖章（1910年设立，用以表彰在俄国数学和自然地理学研究方面做出杰出贡献的人士）等十个不同奖项[①]。在这些奖项中除了康斯坦丁大金质奖章和茹科夫奖是由个人出资设立的奖项外，其他的奖项都是由学会设立并由学会财务承担相应费用。除此之外，学会还要留有一笔应急资金以备紧急需要时使用。通常学会会员一次交纳的会费都作为应急资金来使用。而各奖项的奖金和应急资金是学会不小的一笔费用支出。由于学会日常经营的开支和所设立的各类

① 参考 Л.С.Берг. Всесоюзное географическое общество за сто лет. М.: РИСО АН СССР.1946г. стр.204-205.

奖项所需要的费用比较大，剩余可用作科研经费的资金不多，所以学会很多研究和考察活动需要社会的捐助和国家的额外拨款才能完成。因此，学会鼓励各方对地理学研究感兴趣的人士对学会进行资助。学会章程中规定，授予一次性捐助300银卢布以上的人士荣誉会员的称号，并由学会的会长签署并颁发证书[①]，以鼓励各方有能力的人士积极参与到地理学研究中来。而这其中皇室及富有的贵族成为学会捐助人中重要的组成部分。在1848年的会员名单荣誉会员栏中就赫然列有皇储亚历山大亲王等皇室成员的名字。[②]而学会很多重要的研究活动都是依赖社会人士的捐款和国家的拨款才得以完成。比如，1848年学会得到宫廷顾问戈卢布科夫（П.В.Голубков）23500卢布的捐助才得以刊印翻译出版卡尔·李特尔的《亚洲地学》一书；巴拉弟所参与的1869年阿穆尔河（黑龙江）流域地区考察获得了国库特批拨款5000卢布；普尔热瓦尔斯基在第一次中国西部考察中因资金紧缺而被迫中止行程时选择求助俄国驻北京公使馆，并在得到俄国公使的资助后得以继续完成剩余的考察计划。可见，皇室的支持和政府的资助是俄国地理学会考察研究活动的重要保障。因此，也就出现了在1848年12月举行的全体大会上，一致推选康斯坦丁亲王殿下继续留任学会的主席一职，以期“殿下宽容，保留学会主席称号，并继续庇护学会，保佑其繁荣昌盛”[③]。尽管皇室的庇护、政府的拨款和社会人士的捐助能够帮助学会获得更多的资金，

---

① Временный устав Русского географического общества. // Записки РГО.СПб.: Типография Императорской Академии Наук,1846, стр. 13.

② Состав.// Записки РГО.СПб.: Типография Императорской Академии Наук,1849, стр. 1.

③ П.Т.Редкина. Записки Императорского русского географического общества. СПб.: книжка V.1851г. стр. 3.

促进学会科学研究的开展。但是资助、捐款和专项拨款往往带有明显的针对性和目的性,所以这也使得学会研究受到局限,课题选择受到政府和捐助人的限制。这在某种程度上不利于学会的长期全面发展。

综上所述,俄国地理学会从人员组成到资金来源,从建会动议提出到学会正式组建都与沙俄政府之间存在千丝万缕的联系,这也是半官方科学机构的典型特点。尽管与政府的密切关系使俄国地理学会能够得到沙俄政府更多的资金、政策等方面扶持和帮助,为科学研究打下了良好的物质基础。但是,学会研究内容也会受到一定的限制。学会的研究方向或多或少会受国内外政治情况变化的影响。而这最终造成了地理学会在研究投入方面出现不均衡的情况。但不可否认俄国地理学会作为俄国比较古老的科学团体之一,在俄国地理学的学科发展方面发挥了重要的作用。

第二节　俄国地理学会的初期活动

1.2.1 学会新章程的拟定

由于学会 1845 年获批的临时章程的有效期只有四年,即至 1849 年年底。因此,俄国地理学会需要在临时章程到期前制定新的正式章程。所以,负责学会日常管理的理事会于 1847 年年末就开始着手新章程的草拟。在 1847 年 11 月 5 日所召开的学会全体大会上,学会理事会通过了有关组建章程修订特别委员会的决议。根据决议,该特别委员会由学会副主席——利特克上将主持，委员共8人，分别由理事会指派和全体会议选举产生。[①] 虽然章程修订委员会在1847年成立，但是委员会直至1848年的2月才正式开始草拟、修订学会新章程的工作。然而，新章程的拟定也并非一帆风顺，这是一个艰难而漫长的过程，其间充斥不同利益集团的争夺，最终导致学会的新章程直至1849年年底才编写完成，并获得批准，此后于1850年起开始生效、执行。

在新章程的拟定过程中，章程拟定委员会内部主要分成了两派：一派是以利特克为首的既得利益派，这些人多来自学会的理事会，是学会权力的掌控者，主要目的是在章程修订的过程中尽可能少修改临时章程的内容，以最大限度地保护沙俄政府在地理学会中已经取得的权益；另一派则是以米柳金兄弟为代表的民主派，这些人多是由学会的全体大会选举产生，他们不享有任何特权，代表俄国地理学会普通会员的利益，他们的主要目的在于借此次修改学会章程的机会，削弱由少数人组成的理事会在学会事务中的领导地位，加强全体大会在学会科研及日常管理中的作用。两派针锋相对，互不相让。甚至在理事会提出新章程初步草案的时候，米柳金兄弟和波罗申不仅就该草案保留自己的意见，更拒绝参加随后举行的特别委员会春季会议。而对新章程的分歧主要集中在以下几个方面：第一，两派在理事会成员的选举问题上存在着分歧。米柳金兄弟认为，理事会成员应从各分部推选出的四位候选人中选择；而利特克则认为，应该遵循临时章程，从理事会委派的两名候选人中挑选。由于在这个问题上双方互不妥协，最终

① 在八名委员中，四名由理事会指派，分别是：别尔科、格里米厄尔岑、穆兴·普希金和福斯；另外四名由全体会议选举产生，分别是梅尹多尔夫、米柳金兄弟和穆拉维耶夫。但由于穆拉维耶夫拒绝参与委员会的工作，所以最终学会选举波罗申为该特别委员会的委员。

只能采取了折中的方法，即由理事会推荐两位候选人填补空缺，而全体大会则保留选举其他人员的权力，这也就是说，理事会所提出的候选人，全体大会不一定接受。

第二，他们在学会主席、副主席和秘书选举及任命方面存在比较大的分歧，而这也是分别以米柳金兄弟和利特克为首的两派最主要的矛盾。在这方面，米柳金兄弟主张负责学会管理的人员以及理事会其他成员应由全体大会通过选举产生。而利特克则坚持沿用临时章程中的规定，保持学会主席和副主席每四年换届一次，并从理事会推选的两名候选人中选举产生；而学会的秘书由主席任命，并须理事会审议通过。在这一方面，利特克派没有能够获得多数会员的支持，甚至没有获得理事会的赞同，因此利特克极力反对学会理事会对选举方式进行修改，并保留自己的意见。

第三，在监察委员会的职能方面双方也存在不同的意见。米柳金兄弟主张加强监察委员会在学会中的作用。他们认为，监察委员会不仅要对学会报告进行审查，还应有权参与讨论学会的支出预算。并且当监察委员会对预算持有与理事会不同的意见时，监察委员会可将其不同意见提交给学会的全体大会进行审议并最终做出决定。而理事会对各分部、机构及委员会的决议有不同意见时，也应交由全体大会审议决定。虽然米柳金兄弟的建议加强了全体大会的职能，使学会的运营更加民主，但是明显损害了理事会的既得利益，动摇了其在学会中的地位，所以意见一经提出即遭到拒绝。最终，在审议正式章程终稿时，理事会仅同意加入全体大会每年选派 7 名代表参与审查学会预算的内容。

最终，由理事会拟定的正式章程草案在学会夏季大会上分发给全体会员审议，并且有 75 名会员就这份草案给出了自己的意见[①]，而理事会方面则委托了契夫金 (К.В.Чевкин) 和纳杰日金 (Н.И.Надеждин) 对会员所提出的意见进行研究和审查。1848 年秋，特别委员会开始编写新章程，而对草案持不同意见的米柳金兄弟和波罗申也参与编写工作中。1849 年 4 月，新章程的终稿修订完成。1849 年 5 月，编写完成的新章程终稿提交时任学会主席康斯坦丁亲王审阅。康斯坦丁亲王就终稿提出了以下两点个人意见：

首先，他不同意第 56 条选举规定，并希望保留临时章程中有关学会主席、副主席和秘书选举的规定；

其次，他认为有关收入和支出预算的第 78 条规定有些多余。在他看来，无须全体大会选派七名代表参与预算的制定。[②]

康斯坦丁亲王的这两点意见实际上就是利特克在新章程草拟阶段所主张但未被支持的观点。而为了维护本派的既得利益，最终作为主席的康斯坦丁亲王决定，在新章程中恢复使用临时章程中有关主席、副主席和秘书的选举和聘用程序，即主席和副主席从理事会推荐的三名候选人中产生，而秘书由主席决定，并经理事会批准。而在新章程的相关规定中唯一有所变化的地方就是主席所任命的秘书必须为学会会员。[③] 事实上，在新章程的编修过程中所出现的两派之争正是沙俄当时政治、社会现实的一个缩影，所反映的恰恰是沙俄统治阶层内部不同利益集团间的博弈，双方都是力图削弱对方进而增强己方在学会中的权益。虽然米柳金兄弟一派主张学会民主

---

① П.П.Семенов. История полувековой деятельности Русского географического общества 1845-1895 часть I. СПб: 1896г. стр. 12.

② 转引自：П.П.Семенов. История полувековой деятельности Русского географического общества 1845-1895 часть I. СПб: 1896г. стр. 14.

③ П.П.Семенов. История полувековой деятельности Русского географического общества 1845-1895 часть I. СПб: 1896г. стр.15.

化，但实际上他们也只是为全体大会争取更多的权力，而并非希望俄国地理学会从根本上摆脱政府的束缚，走上独立、民主的科研道路。因此，即便米柳金兄弟一派的建议全部被采纳，也只会更换沙俄政府在地理学会的代言人，而不会真正改变俄国地理学会半官方科研机构的性质，学会依旧是为沙俄政府服务的学术组织。修改好的正式章程终稿通过内政部部长提交给沙皇陛下御批。沙皇尼古拉一世于 1849 年 12 月 28 日批准了该章程。同时，沙皇陛下还批准授予学会俄国皇家地理学会的名称，并同意为学会选派两名文书（秘书助理），并授予其八级文官官衔。[①] 至此持续长达一年半的正式章程编订工作宣告结束。而该章程于 1850 年起开始实施，并直至 1931 年新章程产生才退出历史舞台。

1.2.2 学会的组织结构与管理

俄国地理学会的新章程中各种规定的变化使学会实现了从一个俄国国内的学会到一个国际性学会的蜕变，从根本上提升了学会的研究层次。学会的新章程共分五章，共计 126 款，对学会的目的、结构、会员选举及其权利义务、大会、理事会以及管理层的职权等内容进行了详细的规定。与之早前所施行的临时章程相比，新章程在以下几个方面有明显的变化。

首先，学会的目的有了较大的变化，而这也是新章程相较临时章程最重要的不同，并直接影响到学会日后的活动，进而成为推动地理学会海外考察活动繁荣的内在因素。1849 年章程的第一章第一款规定了地理学会的目的是："在俄罗斯从事

① П.П.Семенов. История полувековой деятельности Русского географического общества 1845-1895 часть I. СПб: 1896г. стр.19.

全面收集、整理和传播地理学、民俗学和统计学等领域的信息，特别是关于俄罗斯帝国自身的信息，并在其他国家传播关于俄罗斯的真实信息。”[①] 这样的规定相较临时章程中的“在俄罗斯收集和传播地理学信息，特别是关于俄罗斯的信息；同时在其他大陆传播俄国真实信息”[②] 而言，将学会的研究领域从狭义的地理学范畴扩展到以地理信息收集、传播为基础，民俗、民族学和统计学研究并举的广义的地理学范畴。同时，新章程中第一章第 3 款规定：“学会在获得许可的情况下装备并派遣专业考察团，并将此事委托给学会会员或者其他愿意参与此项工作的人员，同时通过发出指示，给予奖励和津贴以及需要情况下出具申请书的形式来协助考察团的工作。”[③] 这一规定与临时章程中“学会将努力建立基金，用于补充部分开支，特别是装备派遣旅行家进行研究所需的费用”[④] 相比，内容更具体，规定更明确，并将装备派遣的对象由旅行家上升为由学会会员或对考察感兴趣的人所组成的考察队，同时对学会在派遣考察队的过程中所应履行的协助义务也做出了比较详细的规定，这为其随后向俄国境内各地，以及向海外派遣科考队提供了规则依据，为其以后的考察活动奠定了基础，推动了学会实地科考活动的发展和繁荣。

其次，学会四个学部的划分出现了明显的变化。随着学会建立目的的调整以及研究方向的变化，学会原先设置的四个学部（通用地理学部、俄国地理学部、俄国统计学部、俄国民

---

① Устав Императорского Русского Географического Общества. СПб.: Типография Императорской Академии Наук, 1850, стр.1.

② Временный Устав.// Записки РГО. СПб.: 1849, стр. 9.

③ Устав Императорского Русского Географического Общества. СПб.: Типография Императорской Академии Наук, 1850, стр.2.

④ 1846 年地理学会临时章程第 1 款第 8 条，见：Временный Устав.// Записки РГО. СПб.: 1849, стр. 10.

族学部）由于不再适应学会活动的需要，所以发生了相应的变化。根据新章程，学会划分为四个学部，分别是：数学地理学部、自然地理学部、民族学部、统计学部。根据章程的规定，四部根据各自的研究领域独立开展科学研究活动。其中，数学地理学部的研究目光锁定大地测量学、测绘学以及天文点的测定；自然地理学部关注地质、气候、水文、植物和动物地理学以及区域地理学等方面的问题；统计学部是采用数字化经济和社会现象，并以此数据进行研究；民俗学部的研究领域不仅包括狭义的人类学，还包括不同民族的方言、风俗等内容。[①]

事实上，早在1847年新章程制定正式开始前，学部的划分就已经开始发生变化。1847年2月3日，俄国地理学部下设两个委员会——数学地理学委员会和自然地理学委员会，斯特鲁维和格里梅尔先分别担任两个分委会的主席。1847年11月，弗朗格里上将辞去了通用地理学部主席的职务，理事会最终选派了格里梅尔先接替他的职务，担任了通用地理学部主席。但同时格里梅尔先仍然临时兼任着自然地理学分委会的主席。借由工作的原因，格里梅尔先将通用地理学部和自然地理学分委会的成员集中到了同一个会议讨论组中，并以此种形式实现了二者的合并，并将合并后的学会部门更名为自然地理学部。而由斯特鲁维所领导的另一半俄国地理学部则变身为数学地理学部，而这一系列的变动在随后编写完成的学会新章程中得到最终体现和确认。

除四个学部外，随着学会的扩展，为了更好地在地方开展研究业务，吸纳更多当地的地理学专业人才，忠实履行新章程中第一章第5款的规定宗旨，即学会要尽最大可能与帝国中可

① П.П.Семенов. История полувековой деятельности Русского географического общества 1845-1895 часть I. СПб: 1896г. стр.20-21.

以从其处获得所需信息的人员取得联系。[1] 自1851年起,俄国皇家地理学会在各地开始设立分会,这其中包括:设在伊尔库斯克的西伯利亚分会(1851年)[2];设在梯弗里斯的高加索分会(1851年);设在维尔诺的西北分会(1867~1876年,1910~1914年);设在奥伦堡的奥伦堡分会(1868年);设在基辅的西南分会(1872年);设在鄂木斯克的西西伯利亚分会(1877年);设在哈巴罗夫斯克的滨海分会(1894年);设在尼科利斯科的乌苏里分会(1894~1895年成立);设在塔什干的图尔克斯坦分会以及设在雅库特的雅库特分会(1913年)。[3] 这些分会中规模比较大的东西伯利亚分会、西西伯利亚分会以及滨海分会都有自己的分支机构[4],辅助开展科研活动。俄国地理学会的各分会还定期或不定期地发行刊物,通报学会科研活动的开展情况,同时为学者提供交流平台,也让对地理研究有兴趣的大众了解更多的知识。分会在各自区域独立开展活动的同时,也协助俄国地理学会开展相应的科考活动,提供必要的人力、财力和物力方面的资源。除此之外,分会还要定期向学会汇报情况。可以说,俄国地理学会设在各地的分会有效地提高了学会的研究能力,扩展了学会的研究领域,从而促进学会的进一步发展。

再次,俄国地理学会的入会资格标准以及入会审批流程

---

① Устав Императорского Русского Географического Общества. СПб.: Типография Императорской Академии Наук, 1850, стр.2.

② 1851年成立时称作西伯利亚分会,后更名为东西伯利亚分会。

③ 参考 Л.С.Берг. Всесоюзное географическое общество за сто лет. М.: РИСО АН СССР.1946г. стр.200-201.

④ 东西伯利亚分会于1867年开设克拉斯诺亚尔斯克分部;西西伯利亚分会分别在谢米巴拉金斯和巴尔纳乌列(阿尔泰分部)开设分部;滨海分会在赤塔、特罗伊茨克萨夫斯克和符拉迪沃斯托克(海参崴)(由滨海边疆区研究学会演变而来)设有自己的分支机构。参考 Л.С.Берг. Всесоюзное географическое общество за сто лет. М.: РИСО АН СССР.1946г. стр.200.

也发生了微妙的变化。在新、旧两个章程中，有关会员入会标准方面的规定存在明显的区别。在1846年起执行的临时章程的第14款中规定“任何受过教育、与学会所研究领域相关的人都可以成为学会会员”[①]；而在新章程中，如果希望成为俄国地理学会的会员则需要满足“实际参与学会所研究领域的科学活动，或者手握权柄，能够给予学会有益协助”[②]的条件。同时，在临时章程中，对于正式成员的审批，仅规定其必须有两个及以上的学会正式成员推荐，并获三分之二多数票同意就能够成为学会的正式会员。而在正式章程中，除了推荐规定外还要求申请加入者提交关于其学术著作以及能够给予学会怎样协助的简短报告。同时，根据新章程第18款的规定，入会人员的资格审批归理事会掌管，经审批合格的入会申请在最近一次的全体大会上审阅，而在全体大会后的下一次会议上做出决定。[③]同时，值得注意的是在新章程中对会员的选任做出了相当复杂和严格的规定。根据新章程的规定，学会的正式会员必须在某个科学领域有所建树，并且在其入会时需要两个以上会员的推荐，与此同时，还要提交其自己的学术著作。并且学会还加强了对会员的管理，如果会员无法达到学会的要求也会被剥夺会员资格的。比如，学会的非正式会员若两年未给学会提供任何信息，则被褫夺资格。对于学会的外国通讯员，新章程中不仅对其身份进行了规定，还规定了通讯员的数量。在1850年章程的第39条规定：“根据自身信息，选举可以促进学会发展的学者和旅行家做学会的外国通讯会员；学会每个

① Временный Устав.// Записки РГО. СПб.: 1849, стр. 12.

② Устав Императорского Географического Общество. СПб.:Типография Императорской Академии Наук, 1950. стр.3-4.

③ Устав Императорского Географического Общество. СПб.:Типография Императорской Академии Наук, 1950. стр.5.

部门的外国通讯会员不超过20人。”[①]这样的规定实际上是为学会制定了会员退出和淘汰制度，这有利于学会长期保持较高的学术权威性，促进其持续发展。

入会资格标准和审批流程上的微妙变化可以说明以下问题：第一，学会经过五年的发展，人员不断壮大，从最初的100多名会员，发展到后来的上千人，拥有了一定的人力基础，而为了更好的发展，学会需要吸纳专业素养更高的人才，所以学会在制定新章程时提高了入会门槛，以希望借此提高学会会员的专业水平，储备更多高水平人才，促进学会的发展；第二，以利特克为首的理事会掌控了入会资格审批权，而利特克是沙俄政府的代表，这也就是俄国地理学会的入会审批权实际上是在沙俄政府的管控之下，实际上是由政府决定是否符合或达到加入俄国地理学会的资格。这也是沙俄政府控制地理学会的一种手段，也体现出俄国地理学会半官方学术机构的性质。

除了以上变化之外，在新章程中有关学会的组成、会员的权利和义务、选举制度、基本管理制度以及资金来源和用途等方面的规定几乎没有发生变化。仅是所规定的内容相较老的临时章程而言，更加详尽、细致、严格和全面。根据新章程的第10款和第11款，学会会员分为正式会员、准会员、名誉会员和候补会员，以及外国名誉会员和通讯员。在第12款中规定，学会的管理仍由理事会执行。而该理事会依旧是由会长、副会长、四部的部长、八位选举出来的正式会员以及学会秘书组成。在新章程中规定，学会的会长和副会长的任期四年，每四年要在

① Устав Императорского Географического Общество. СПб.:Типография Императорской Академии Наук, 1950. стр.8,§39.

全体年会上从三名候选人中选出新一任的会长和副会长。[①] 而各部的部长由各部的成员选举产生。组成学会理事会的 15 个理事中，秘书由理事会根据会长的推荐在正式会员中指派，并且他要参加各部门的所有会议，同时负责管理学会的档案馆和图书馆。此外，八名从正式会员中推选出来的委员按照其入选的时间，按顺序每年撤换 2 人，撤换的人要至少一年后才可再次参加委员选举。同时，新规定相较临时章程还对各类会员的权责进行了详细、严格的规定。新章程中规定，学会会员缴纳会费义务是其必须履行的义务之一，按照规定，如果正式会员两年未交费的话，将被剥夺会籍，并且至少 3 年后才能再次参选。[②] 除交会费的义务外，会员还要履行执行委托、完成工作、促进部门既定目标达成的义务。当然会员也拥有权利并享受福利待遇，如：会员可以免费邮寄信件，低价寄送包裹，在学会的刊物上发表作品，正式会员有权在学会会议上发言，享有荐言权等。

至于俄国地理学会的日常开支和科研经费的主要来源方面的规定在新章程没有发生变化，依旧是：1. 根据 1845 年 8 月 6 日所颁发的谕令，国家财政每年向学会拨款 1 万银卢布；2. 会员每年和一次性缴纳的会费。正式会员需要每年至少向学会缴纳 10 银卢布，也可以一次性缴纳 100 银卢布作为会费。而准会员不必缴纳会费。而候补会员如果一次捐款 300 银卢布以上，且又满足成为正式会员的条件，则可以成为正式会员；（3）科学爱好者的捐款。在这三种资金中政府拨款和会员的年

---

① 尽管章程中规定，会长是选举产生的，但实际上在 1917 年以前，地理学会的两任会长都是由政府指定的皇室成员担任。第一任是康斯坦丁亲王（1845~1892）。1892 年康斯坦丁亲王去世后，尼古拉·米哈伊洛维奇亲王被委任为俄国皇家地理学会的会长（1892~1917）。自 1917 年起，地理学会的会长才开始通过选举产生。

② 参见：Устав Императорского Географического Общество. СПб.:Типография Императорской Академии Наук, 1950. стр.3, 15-23.

费用于日常开支，而一次性缴纳的费用大部分用作应急资金，仅消费其中的1%。而捐款的使用则要根据捐赠人的意愿来进行。[①] 例如，学会1848年获得宫廷顾问戈卢布科夫23500卢布的捐款，用于翻译和出版学会荣誉会员卡尔·李特尔的《亚洲地学》及其增补卷。[②] 除此之外，学会还可以通过销售学报及其出版物来获得资金，用于学会的日常开支。但是，这笔收入并不多，因为根据章程规定，学会会员都可以免费获得学会会刊。

总之，无论是学会研究内容、人员的任用，还是学会财政收入、章程修改都体现出地理学会半官方半学术机构的性质。利特克在其提交的《关于成立俄国地理统计学会》报告中所陈述的成立地理学会的原因是“政府所进行的研究，大部分具有特定的国家目的，不总能满足科学或者大众的求知欲；并且它们，实质上，很少并且通常仅在相当有限的范围内为人所知”[③]。也就是说俄国地理学会的建立就是为了完善和补充政府的职能不足，帮助其向大众传播知识。这样的定位无可避免地使俄国地理学会成了沙俄政府的附庸，为其统治和扩张政策服务；但俄国地理学会同时也为自己树立向大众传道授业的目标。而这二者结合就使得俄国地理学会具有了半官方半学术机构的典型特征。但无论如何，俄国地理学会都推进了其本国地理研究的发展，并促成俄国十九世纪六十年代到二十世纪初期的海外考察热，为俄国汉学研究的繁荣做出了贡献，从而推动了俄国中国学、东方学的发展。

---

① Устав Императорского Географического Общество. СПб.:Типография Императорской Академии Наук, 1950. стр.3-7, §14, §26, §29, §35.

② 引自：М.Ф.Матвеева: Исследование центральной Азии-одна из самых ярких страниц в истории русского географического общества. \\ Санкт-Петербург – Китай. Три века контактов. СПб.: *Европейский дом*,2006. стр.128.

③ 转引自 Л.С.Берг. Всесоюзное географическое общество за сто лет. М.: РИСО АН СССР.1946г. стр.32.

第二章

中国边疆史地考察与研究的第一时期（1851~1869年）

经过五年的努力,俄国地理学会的建设工作基本完成。学会的工作重心也从制度构建、章程拟定等管理工作上向学术研究方面转移。根据学会章程的规定,对海外各国开展考察研究成为学会除研究俄国本土外第二重要的任务,而土耳其和中国等俄国的邻国是其中首要的考察对象。[①] 自《恰克图条约》签订后,中俄间一直保持着定期的使团往来,这使俄国地理学会有条件向中国派遣考察队。加之,沙俄政府于 1851 年迫使清政府签署《中俄伊犁塔尔巴哈台通商章程》,这不仅为俄国在陆路打开了通往中国西北的商贸大门,更进一步为其派遣考察队前往中俄边境地区考察提供了便利。同时,经过近百年的发展,俄国汉学已经取得了较丰硕的成果,在中国边疆史地方面也有颇多建树,这为俄国地理学会的中国考察提供了丰富的知识积淀。

第一节　探索阶段(1851~1858 年)

尽管至十九世纪五十年代沙俄已具备了开展较大规模中国边疆史地考察与研究的条件,但是由于在同一时期沙俄政

---

① М.Ф.Матвеева: Исследование центральной Азии - одна из самых ярких страниц в истории русского географического общества. Санкт-Петербург – Китай. три века контактов. СПб.:《Европейский дом》,2006. стр.128.

府主要扩张目标是欧洲、近东等地区，所以在1850~1858年这八年时间里，俄国地理学会除参与沙俄政府1855年开展的西伯利亚大考察外，并没有组织、派遣大规模的中国考察队，而只是派遣小规模的考察队在中俄边境及其通商口岸考察，并组织人力翻译和整理一些国外相关的资料与著作，同时还在学会期刊上发表了一些有关中国研究的文章，为日后的大规模中国考察活动积累经验。因此，1851~1858年可以被认为俄国地理学会中国考察与研究活动发展初期的探索阶段。

2.1.1《亚洲地学》的俄译及亚洲地图的绘制

2.1.1.1《亚洲地学》的俄译

在十九世纪五十年代，翻译和出版当时最权威的亚洲研究著作《亚洲地学》是俄国地理学会在1850~1858年所进行的重要的亚洲研究工作之一。《地学通论》是由德国著名地理学家、德国近代地理学创建人之一的卡尔·李特尔所编写的多卷本地理学巨著。该书主要根据当时出版的相关地理学著作汇编而成，以洲域作为划分，对各大洲分别进行描述，其内容主要涉及各大洲的自然特征、主要物产、人文风俗以及一些重要的历史事件和探险旅行活动。尽管自1817年就出版第一卷起直到1859年李特尔去世为止，该书总共出版了19卷之多，但是该书并没有全部完成，而所出版的19卷中也主要是关于亚洲的内容。俄国地理学会选择翻译《地学通论》中的亚洲部分，并将其更名为"亚洲地学"。

1850年，奥泽尔斯基(А.В.Озерский)[①] 和哈内科夫

① 奥泽尔斯基当时任俄国地理学会自然地理学部的主席。

（Я.В.Ханыков）[1] 向俄国地理学会提出建议，希望学会能够组织资源翻译并出版李特尔的《亚洲地学》。不过考虑到资金和人力方面的不足，他们不主张翻译该书的全部内容，而建议仅节选其中有关俄国亚洲部分及其邻国的内容进行翻译，这部分内容大概占全书的三分之一，约 300 页，主要涉及南西伯利亚、中国北方地区、图兰、阿富汗、呼罗珊和波斯等国家和地区。[2] 最终，俄国地理学会理事会在获得戈卢布科夫 23500 卢布的专项捐款后，采纳了奥泽尔斯基和哈内科夫的建议，并于 1851 年委派多位会员共同对该部著作进行编译。其中，波洛托夫 (А.П.Болотов) 负责翻译南西伯利亚部分，吉尔斯 (А.К.Гирс) 和谢苗诺夫负责翻译中央亚细亚部分，哈内科夫则负责图兰部分的翻译，而波斯和呼罗珊及阿富汗部分则全部由格里戈里耶夫（В.В.Григорьев）来完成。[3] 但是，由于波洛托夫和吉尔斯拒绝了这项工作，所以最终由谢苗诺夫一人独自翻译有关南西伯利亚及整个中央亚细亚地区的全部内容。而翻译和补充李特尔的《亚洲地学》就像一把钥匙，开启了俄国地理学会相关领域研究的大门。

1856 年，俄国地理学会首先出版了由谢苗诺夫所翻译的《亚洲地学》俄译本第一卷，该卷包括全书的总引言，并详细描述了亚洲东北部、蒙古高原等地区的地理情况。随后，于 1859 年又出版了谢苗诺夫所译的《亚洲地学》第二卷。该卷内容主要讲述天山山系（天山与阿尔泰之间从天山最东端的哈密到巴尔喀什湖的广袤区域）以及包括阿尔泰、萨彦、肯特等山

---

① 哈内科夫是一位狂热的内亚研究支持者。

② П.П.Семенов. История полувековой деятельности императорского русского географического общество 1845-1895 часть 1. СПб.: 1896. стр. 90-91.

③ П.П.Семенов. История полувековой деятельности Императорского русского географического общества 1845-1895. Ч.1, СПб.: 1896. стр.91.

系在内南西伯利亚地区的开发与居住史，并介绍当时还不太为人所知的内陆亚洲[①]，展现出亚洲大陆最中心地带的情况。[②]次年，《亚洲地学》俄语译本的第三卷问世，该卷主要涉及中俄边境地区的阿尔泰—萨彦山系。此后，经谢苗诺夫根据新的资料进行补充后，第三卷于 1877 年再版。紧接着 1879 年，俄国地理学会出版谢苗诺夫所译第四卷，该卷内容主要涉及东西伯利亚地区。[③] 此后，谢苗诺夫与切尔斯基(И.Д.Черский) 和冯·贝茨(Г.Г.Ф.Петц) 一起根据 1832~1893 年所获得新资料对第四卷[④] 进行修正和补充，并将补充修改后的第四卷划分为两部，分别在 1894 年和 1895 年重新出版。除了谢苗诺夫所翻译的部分，俄国地理学会在 1867 年出版格里戈里耶夫所翻译的阿富汗和呼罗珊部分，在 1869 年又出版了其翻译的帕米尔高原以东古西域地区部分，并于 1873 年出版该部分的扩充版。除此之外，俄国地理学会在 1874 年出版了哈内科夫翻译的有关伊朗高原的部分。

由于《亚洲地学》是李特尔根据已取得研究成果汇编而成，并且出版时间比较早，所以在对《亚洲地学》进行翻译的同时，负责翻译的谢苗诺夫等学者还根据原著出版之日起到译文出版期间所获得的新资料和信息对原著中的错漏和不足进行修改和补充，并形成单独的文稿随同原著译稿一同出版。例如，谢苗诺夫在对第一卷进行补充的时候，就曾引用王西里在

---

① 内陆亚洲(以下简称内亚)包括中国的新疆、甘肃、内蒙古西部，以及蒙古国和中亚几国，是地球上距离海洋最远的地方，但是由于它沟通东、西文明的特殊地理位置，自十七世纪起一直就是清廷和沙俄政府争夺的重点地域。参考杨镰:《内陆亚洲的变局与均势》，载《读书》，2007 年第 3 期，第 37 页。

② Карл Риттер. Землеведение Азии с дополнением (, П.П.Семенов), т. 2, СПб.: 1859. стр.1.

③ 其中包括贝加尔湖以及贝加尔湖沿岸各国、外贝加尔和戈壁草原地区。

④ 该四卷德文原稿于 1832 年出版。

吴振臣《宁古塔纪略》中找到的有关黑龙江五大连池火山喷发情况的记载，弥补了李特尔《亚洲地学》在相关问题上的不足。另外，李特尔根据恩格尔哈特和巴洛特的资料，认为里海的水位比海洋的水位要低 90~100 米；而谢苗诺夫并不同意这一结论，并引用萨维奇和萨博列尔 1837 年的观测结果，认为里海的水位高度为 25 米，其观点获得广泛认可且沿用至今。[①] 在翻译《亚洲地学》的过程中，俄国的地理学者不仅仅是进行单纯的翻译，而且在翻译同时还对其进行考证、纠正和补充，而考证和补充是其中最艰难之处。因此，《亚洲地学》的翻译工作一直持续了将近半个世纪之久。尽管翻译补充《亚洲地学》的工作十分艰难，但是它却成了俄国地理学会亚洲考察与研究活动的起点，为其日后大规模的实地考察活动奠定了基础。

2.1.1.2 亚洲全图的绘制

除了翻译《亚洲地学》外，在十九世纪五十年代俄国地理学会还投入精力绘制亚洲地图，为日后开展大型实地考察活动打下了良好的基础。1849 年，俄国地理学会聘请德国魏玛学院的弗洛立波博士绘制亚洲总图，并为此向其提供了一些俄文资料。1850 年弗洛立波向学会提交了三页样图。但是，经过俄国地图绘制专家的检查，样图存在不少问题，比如，样图的比例尺过小，而且东乌拉尔、中亚等地区的精确度不足等。有鉴于此，1852 年，学会又为弗洛立波补充提供一些资料，让其能够重新绘制。但是，由于其助手离开，以及其自身生病等原因，弗洛立波没有能够完成地图的重绘工作。1855 年，学会采纳弗洛立波的建议，聘用丹尼克继续绘制亚洲总图。三年后，丹尼克将重新绘制的亚洲总图样图提交给学会理事会，但是

① Л.С.Берг. Всесоюзное географическое общество за сто лет. М.: РИСО АН СССР,1946, стр.65.

该样图依旧没有能够达到要求。至此俄国地理学会聘请外国专家,使用俄文资料,绘制亚洲地图的尝试经过 9 年的努力后以失败而告终。尽管没有达成绘制亚洲总图的目标,但不可否认,这是俄国地理学会在亚洲研究方面所迈出的第一步[①],为日后的考察与研究活动做了铺垫。

几乎在聘请弗洛立波绘制亚洲总图的同时,俄国地理学会还委托哈内科夫(Я.В.Ханыков)绘制有关内亚地区的地图。1850 年年初,受学会委托,哈内科夫与另一位地图绘制专家波洛托夫(А.П.Болотов)一起绘制中亚西北地区图,即北纬 35°~55°、东经 67°~95° 这一区域。由于所绘制区域的面积比较辽阔,所选取的比例尺(1∶50 英里)又相对比较大,所以哈内科夫将该地区分为咸海和希瓦汗国地图、伊塞克湖及其周边地区图、北波斯地图和里海地图四部分,逐一绘制并分别出版。第一部分——咸海和希瓦汗国地图于当年便绘制完成,并且一经发表就引起了地理学界的关注,被法国巴黎地理学会翻译成法语出版。而哈内科夫本人也因此图被普鲁士国王授予二等红色英雄勋章。[②]1851 年,哈内科夫完成了包括浩罕汗国在内的伊塞克湖及其周围地区图的绘制。此后,由于哈内科夫调职,波斯北部地图由其弟弟代为完成。在出版中亚西北地区图第三部分后,由于哈内科夫因病去世,俄国地理学会始终没有能够找到合适的人选继续这项工作。加之,随着对这一地区研究的深入,根据旧资料所绘制的地图已不能满足实际需求,因此也就丧失了绘制和出版的必要性,所以,哈内科夫的最初规

① П.П.Семенов. История полувековой деятельности императорского русского географического общество 1845-1895 часть 1. СПб.: 1896. стр.88.

② П.П.Семенов. История полувековой деятельности императорского русского географического общество 1845-1895 часть 1. СПб.: 1896. стр.89.

划并没有全部完成。

2.1.2 谢苗诺夫的天山考察及其对俄国地理学会的影响

俄国地理学会在1851~1858年的中国边疆史地考察与研究的探索阶段中所取得的成果并不多,涌现出的代表性人物也屈指可数,而其中最著名的当属后来在俄国地理学会担任副主席40年之久的谢苗诺夫(П.П.Семенов)。

谢苗诺夫是俄国地理学家、植物学家、旅行家,以及地理学会沙俄时期优秀领导者之一。他一生成就斐然,取得了诸多重要的研究成果。对于谢苗诺夫,地理学会苏联时期的主席、著名地理学家贝尔格(Л.С.Берг)在书中这样评述:"彼得·彼德罗维奇·谢苗诺夫是著名的地理学家、第一位天山研究者以及我们学会多年的领导。他在科学、艺术和社会等领域都做出了巨大的贡献。他脚踏实地从事地质学和植物学的研究,并且取得了后一学科的硕士学位,并同时兼任俄国植物学会的主席。此外,作为中央统计委员会主席,他献身于俄国统计事业。诚如我们所知道的,他参与农奴改革,收集文献资料并出版艺术方面的科学著作。而彼得·彼德罗维奇·谢苗诺夫还是科学院和艺术学院的荣誉院士。其才能之广、精力之旺盛都令人叹为观止。"[①] 虽然贝尔格的评价不免有过度美化谢苗诺夫之嫌,但从中还是可以反映出,谢苗诺夫是一位受到会员爱戴的学会管理者,并在其长达40年的学会管理生涯中确实为俄国地理学会中国边疆史地考察与研究事业的发展做出了贡献。

---

① Л.С.Берг. Всесоюзное географическое общество за сто лет. М.: РИСО АН СССР,1946, стр.72-73.

2.1.2.1 谢苗诺夫及其科研生涯

彼得·彼得罗夫·谢苗诺夫 1827 年 1 月出生于梁赞省拉年堡县乌鲁索沃村的一个军官家庭。1842 年,年轻的谢苗诺夫进入军事学校学习。1845 年,谢苗诺夫从学校毕业,但没有选择军旅生涯,而是进入圣彼得堡大学物理数学系继续深造。在圣彼得堡大学学习期间,谢苗诺夫跟随各领域的多位名师学习,这其中包括:动物学家、古生物学家古托尔库(С.С.Гутолку)、有俄国化学之祖美誉的俄国著名化学家沃斯克列先斯基(А.А.Воскресенский)①、天文学家萨维奇 (А.Н.Савич) 院士 ②、植物学家岑科夫斯基 (Л.С.Ценковский)③、廉茨 (Э.Х.Ренц)④、矿业工程师果弗曼 ⑤、数学家契比舍夫 (П.Л.Чебышев)⑥、法学家涅沃林 (К.А.Неволин) 等。他广泛涉猎各方面的知识,学习包括生物学、化学、物理学、矿产学、数学、天文学、法学等在内的各方面知识,并将其融会贯通。而这为谢苗诺夫日后形成自己独特的涵盖多个领域内容的地理学研究方法打下了坚实的理论基础。

1848 年,经过旁听生阶段的学习,谢苗诺夫通过了学士学位的考试,并于同年与好友达尼列夫斯基 ⑦ 一起完成了圣彼得

---

① 沃斯克列先斯基同时也是俄国著名化学家门捷列夫的老师,后成为圣彼得堡大学的校长。

② 萨维奇院士是俄国地理学会资格最老的会员之一,曾当选学会理事会的成员。

③ 岑科夫斯基曾受地理学会的委托,于 1847 年和 1848 年对苏丹东北部地区进行考察。

④ 廉茨也是俄国地理学会资格最老的会员之一,谢苗诺夫跟随其学习物理和自然地理学方面的知识。

⑤ 果弗曼曾主持领导地理学会的乌拉尔考察,谢苗诺夫跟随其学习矿产学和地质学方面的知识。

⑥ 契比舍夫曾教授谢苗诺夫高等数学,他后来成为俄国科学院院士,是俄国最受尊敬的学者之一。

⑦ 达尼列夫斯基是谢苗诺夫大学时代的同学兼好友,是俄国著名的自然学家、俄国地理学会会员。

堡至莫斯科的徒步旅行，途中他们收集了各种植物的标本，采集了不同地质的标本。这也是谢苗诺夫人生中的第一次考察旅行。1849 年 2 月，在吉尔斯 (А.К.Гирс)、格罗特 (К.К.Грот) 和涅波尔辛 (Г.П.Неболсин) 三位地理学会会员的推荐下，谢苗诺夫成了俄国地理学会的会员，并被委任负责学会图书馆的管理工作。[①] 同年，谢苗诺夫与好友达尼列夫斯基对俄国的黑土带地区进行了详细的考察。在这次旅途中，他们到达了广泛分布黑土地的梁赞、图拉和奥勒尔等省，并最终抵达了马内奇草原。正是在这次考察旅行的过程中，谢苗诺夫为自己的硕士学位论文《顿河沿岸植物群与俄国欧洲部分植被的关系》收集、积累了丰富的资料。1851 年，谢苗诺夫受地理学会理事会的委托，着手翻译德国著名地理学家李特尔的《亚洲地学》一书。该书是当时亚洲研究方面最权威的书籍之一。由于篇幅巨大，内容繁多，使得该书的翻译、补充和出版工作一直持续了近半个世纪的时间，而翻译和补充《亚洲地学》一书也成为谢苗诺夫对俄国亚洲研究活动所做出的重要贡献之一。

1853 年，谢苗诺夫获得了留学德国的机会，就读于柏林大学，师从于德国著名的地理学家卡尔·李特尔。在德国学习期间，谢苗诺夫有幸结识了洪堡，而洪堡正是当时欧洲重要的天山学者之一。与洪堡的交往使谢苗诺夫对其向往已久的天山有了更进一步的了解。除了理论学习之外，谢苗诺夫在德国留学期间还完成多次考察旅行，其中包括 1853 年的环瑞士徒步旅行，以及 1854 年春进行的第二次瑞士旅行等。而他之所以选择瑞士作为考察对象，更多的是为其谋划已久的天山考察积累了雪山考察方面的经验。1855 年秋，谢苗诺夫结束在德

① Л.С.Берг. Всесоюзное географическое общество за сто лет. М.: РИСО АН СССР,1946, стр.59.

国的学习生活，返回圣彼得堡。并于1856年5月，出版了翻译完成的《亚洲地学》第一卷[①]，以及针对该卷的错漏问题而编写的补充稿。

1856年春，谢苗诺夫整装出发，开始了自己的天山旅程。这次考察旅行不仅为谢苗诺夫带来了声誉，同时也开启了俄国地理学会中国边疆史地考察与研究活动的新篇章。1858年春，结束天山考察回到圣彼得堡的谢苗诺夫参与农奴解放改革的工作，并在编辑委员会担任职务。1860年1月30日，谢苗诺夫当选俄国地理学会自然地理学部的主席，从而开始了长达54年的地理学会管理者生涯。1873年1月17日，已经75岁的利特克辞去了学会副主席的职务。同年，学会全体大会一致选举谢苗诺夫接替其成为学会新一届的副主席，肩负起领导和发展学会事业的重任。对于这样的结果，利特克作为一手促成俄国地理学会建立，推动其初期发展的重要人物，对这位继任者也给予了充分的肯定。除此之外，谢苗诺夫还在1873年当选俄国科学院的荣誉院士。1874年，谢苗诺夫又当选俄国艺术学会的荣誉会员。1888年，61岁高龄的谢苗诺夫完成了外里海及图尔克斯坦[②]等地区的考察旅行，并发表了一系列有关这次旅程的文章。1895年是俄国地理学会建立50周年。作为学会的副主席，谢苗诺夫编写并出版了三卷本的《俄国皇家地理学会半世纪活动史》一书，以对学会五十年来的工作及所获成果进行总结。1906年11月23日，因为在天

① 第一卷共750页，描述了蒙古、满洲等地区的情况。

② 在这里，图尔克斯坦所指的是在十九世纪下半期被沙俄吞并的中亚地区，而这一地区在一些典籍中也被称作“俄属图尔克斯坦”。同时还要指出的是，在十八世纪至十九世纪上半叶，沙俄和欧洲的部分学者和游记作者用“图尔克斯坦”这一概念来指代天山以南到阿富汗北部的区域，这其中包括了新疆南部和中亚等地域，并惯常以帕米尔高原为分界线，将这一地理区域划分为“东图尔克斯坦”和西图尔克斯坦。其中，“东图尔克斯坦”有时也被称作“中国图尔克斯坦”。

山研究领域所做出的贡献，谢苗诺夫获准在其姓氏之后冠以“天山斯基”的称号。1914 年 2 月，88 岁的彼得·彼德罗维奇·谢苗诺夫 - 天山斯基因肺部衰竭病逝于圣彼得堡。

2.1.2.2 谢苗诺夫与俄国地理学会

谢苗诺夫的一生拥有众多身份，不仅是科学家、管理者，同时还是政治家。而对于俄国地理学会来讲，他的身份只有两个——从事科研活动的学者以及学会事务的管理者。

一、谢苗诺夫——俄国地理学会出色的地理学研究者

谢苗诺夫在长达 60 多年的研究生涯中，开展了不少研究活动，也取得了不少成果，而其中有两项最为突出。也正是这两项工作不仅使谢苗诺夫在国内声名鹊起，更使其名扬海外，成为世界一流的地理学家。而这两项研究工作分别是翻译德国地理学家李特尔的《亚洲地学》和 1856~1857 年的天山考察。在开展这两项科研的过程中，谢苗诺夫不仅形成了自己独特的研究风格，更带动了俄国地理学会科研活动的发展。

（一）翻译《亚洲地学》①

谢苗诺夫是德国著名地理学家卡尔·李特尔《亚洲地学》的主要翻译者之一。他在 1851~1895 年翻译并出版了该部著作中的 4 卷，内容涵盖南西伯利亚及整个中央亚细亚地区。在翻译的同时，对于文中的错漏及不足谢苗诺夫也根据俄国学者的著作对其进行补充和修改。比如，谢苗诺夫曾根据汉学家王西里所写的《论满洲地区是否存在火山》（1855 年发表于《俄国皇家地理学会通报》上）以及节译的《宁古塔纪略》（1857 年发表于《俄国皇家地理学会通报》）弥补了《亚洲地学》在相关问题上的研究不足。近半个世纪的译介工作，对于谢苗诺夫

① 详细内容见本节 2.1.1.1。

个人而言不仅是其科研生涯的起点，也是其开展天山考察的直接原因；而对俄国地理学会而言，这则是开启了其中央亚细亚考察研究的大门，为日后的中央亚细亚考察热奠定了基础。

（二）1856~1857 年天山考察旅行

对天山的考察和研究是谢苗诺夫一生最重要的科考研究活动之一，不仅使他本人蜚声海内外，也翻开了俄国地理学会中央亚细亚考察的新篇章。事实上，对于天山的向往在谢苗诺夫心中早已经萌生。谢苗诺夫在自传中就曾毫不掩饰地表达了对天山的向往。他曾这样写道："亚洲山脉的最中心——天山尤其吸引我，而欧洲人脚步尚未到达那里，对于它的了解也仅仅是来自枯燥的中国典籍。"① 确实，在十九世纪中期欧洲学者所掌握的有关天山的信息还十分匮乏，甚至如格鲁姆·格尔日麦洛所形容的那样"不等同于零，也是微乎其微的"②。谢苗诺夫在自己有关天山的文章中介绍当时天山的研究状况时也说道："在我们这一时代对于最好的学者来说所使用的研究材料也十分匮乏。仅仅有中国的旅行者，其中大部分还是四至七世纪的僧侣和新时期的官员以及俄国鞑靼商人，出于非科学目的，偶然和断续记录下来的内容……而只有十八世纪驻华传教士团所绘制的西域地图还有一定的科学价值……"③ 在当时，有关天山地区最有参考价值的中国史料被认为是由玄奘在公元七世纪所撰写的《大唐西域记》。但是，玄奘在书中也仅对天山地区的自然、地理情况进行简要的介绍。在这种状况下，一方面为了获得更详细准确的数据和资料来对《亚洲地

① П.П.Семенов Тян-Шанский. Мемуары, т.1, СПб.: 1915. стр.239.

② Г.Е.Грумм-Гржимайло. П.П.Семенов-Тян-Шанский как географ, П.П.Семенов-Тян-Шанский, его жизнь и деятельность, под А.А. Достоевский. Л.: 1928. стр.12.

③ П.П.Семенов. Путешествие в Тянь-Шань в 1856-1857гг. М.: ОГИЗ, 1947,стр.12-13.

学》进行补充，另一方面也为自己能够扬名世界地理学界，谢苗诺夫更坚定了深入天山进行科学考察的想法。结束留学回到圣彼得堡，在完成《亚洲地学》第一卷的翻译和出版后，谢苗诺夫以“收集翻译李特尔《亚洲地学》一书后两卷中所需数据，特别是关于阿勒泰和天山地区的信息”[①]为由，向俄国地理学会理事会提出赴天山进行考察的申请。但因为担心俄国外交部为了禁止他考察与中国接壤的几个地方而叫停天山考察活动，谢苗诺夫在申请书中并没有提及天山，而仅提及阿勒泰、吉尔吉斯草原等几个地区。[②]最终，学会的理事会同意了谢苗诺夫的申请，并且没有对其考察活动加以任何的限制。但是，地理学会仅为谢苗诺夫考察活动拨款 1300 卢布，所以这次考察所需的绝大部分费用要由谢苗诺夫个人来负担。

1856 年春，谢苗诺夫从圣彼得堡出发开始自己天山考察的旅程。他首先乘火车到达莫斯科，而后走陆路到下诺夫哥罗德，在那里做了必要的补给后，经喀山向广茂的西伯利亚大草原进发。谢苗诺夫首先到达鄂木斯克，在得到总督喀斯弗尔特(Г.И.Гасфорт) 的帮助后，对整个西阿尔泰地区开展全面的考察。然后，谢苗诺夫前往维尔内(即今阿拉木图)，并在入秋后带领 30 人组成考察队向神往已久的天山地区进发。1856 年 9 月 9 日谢苗诺夫经外伊犁阿拉陶[③]的山道到达伊塞克湖东端，成为继伊万·翁科夫斯基[④]之后第二个到达伊塞克湖的俄

① П.П.Семенов. История полувековой деятельности Императорского русского географического общества 1845-1895. Ч.1, СПб.: 1896. стр.93.

② Л.С.Берг. Всесоюзное географическое общество за сто лет. М.: РИСО АН СССР,1946, стр.67.

③ 即外伊犁山脉。其中，“阿拉陶”是突厥语族语言，译为山、山脉，指的是斜坡上植被地段同白色雪斑及石岩屑层交替出现的山或山脉。

④ 伊万·翁科夫斯基曾于 1722 年奉彼得一世之命拜访卡尔梅克人时到达过伊塞克湖。

国人。[1] 同年9月27日,谢苗诺夫沿另一条路线对伊塞克湖西端进行考察。在这次考察中谢苗诺夫成功越过楚河到达伊塞克湖,否定了欧洲学者关于楚河起源于伊塞克湖的论断,证实楚河绕湖而过,而伊塞克湖也没有支流。接着,谢苗诺夫于1856年10月到达了中国边境城市——伊宁。在那里他得到俄国驻伊宁领事馆领事、著名汉学家杂哈劳(伊万·伊里奇·扎哈罗夫)热情的接待,并对伊宁及其周边地区进行了科学考察。当年11月初,谢苗诺夫考察队经赛米巴拉金斯克返回巴尔瑙尔越冬,为来年的考察活动做必要的准备。1857年,谢苗诺夫再次深入天山腹地进行考察。在这次考察中,他带领考察队经扎乌卡山口登上泰尔斯凯山,并从那里深入纳伦河,然后穿过萨雷-贾斯河,到达汗腾格里峰。他也因此成为第一位到达天山中心地区的欧洲旅行家。[2]1857年11月,谢苗诺夫结束考察,返回了圣彼得堡。

在1856~1857年天山之旅中,谢苗诺夫基本完成了预定的考察目标。他首先对天山的雪线进行了对比测量和计算,确定其高度为3350~3500米。并且在1857年二次深入天山考察时,谢苗诺夫在腾格里山北坡发现冰川,证实了李特尔和洪堡根据中国典籍所得出的"天山有高山冰川"的推论。此外,由于在考察过程中没有发现火山遗迹,所以谢苗诺夫据此否定了洪堡有关"天山存在火山"的论断。在1856~1857年的科考旅行过程中,谢苗诺夫除了对伊塞克湖东西两端和天山中心地带进行考察外,还对外伊犁阿拉陶、准噶尔阿拉陶和塔尔巴

① Л.С.Берг. Всесоюзное географическое общество за сто лет. М.: РИСО АН СССР,1946, стр.68.

② Л.С.Берг. Всесоюзное географическое общество за сто лет. М.: РИСО АН СССР,1946, стр.68.

哈台等地区进行了研究。在考察过程中，谢苗诺夫不仅绘制地形图，采集了当地各类植物的标本，对天山地区的植物系进行了研究，同时还关注当地各时期历史文化遗存，并在当地开展了民俗学、民族学等方面采风式的初步研究。谢苗诺夫曾在自己的游记中写道："我所感兴趣的是验证喀喇吉尔吉斯人所说的，淹没在水里的建筑物遗址。……可以推断，我 1857 年 6 月 14 日在伊塞克湖上考察时所见到的建筑的残墙碎瓦，不属于中国乌孙时期（二世纪），而是属于中国的元朝时期（十四世纪和十五世纪）。"[①]可见，谢苗诺夫对天山的研究已经不只在地质、水文测量，而是从自然到人文全面地考察天山地区的情况，提供更丰富、完整的资料信息，帮助沙俄政府更深入了解该地区的情况，以制定相应的侵略政策。1858 年回到圣彼得堡后，谢苗诺夫向地理学会建议，希望完整地出版他两卷本带有插画和地图的旅行报告，并同时提交了更大规模的 1860~1861 年天山考察计划。但是，由于俄国地理学会当时没有足够的资金，并且"利特克没有发现在 1859~1860 年，乃至近期开展其所建议的宏大考察活动的可行性"[②]。最终，出版报告的建议和新的考察计划均未获得批准。

尽管天山考察的旅行报告没有能够在第一时间完整出版，但还是在一些地理刊物中得以部分发表。谢苗诺夫首先于 1858 年在《俄国地理学会通报》和 *Petermans Mitteilumgen* 上分别发表了两篇天山考察的报告。其中发表在《俄国地理学会通报》上的报告描述了 1857 年从桑塔什高原到扎乌金山口和纳伦河的考察情况。而发表在 *Petermans Mitteilumgen*

① ［俄］彼·彼·谢苗诺夫：《天山游记》，李步月译，载《西部》，2010 年第 16 期，第 17 页。

② П.П.Семенов Тян-Шанский. Мемуары, т.3, СПб.: 1915. стр.19.

上的报告则更为详细，不仅包括总述，还介绍了准噶尔阿拉陶、外伊犁阿拉陶、天山以及伊塞克湖等地。此外，谢苗诺夫还于1867年在《俄国地理学会学报》上发表了一篇关于其1856年所进行的针对伊塞克湖西端地区考察的文章；并于1885年在《鲜活俄罗斯》上发表了一篇名为“天山和外伊犁地区”的文章。直至81岁高龄的时候，谢苗诺夫才根据自己的旅行日志，并结合日后对天山地区进行的研究，编写并出版了《天山游记》一书。1856~1857年的天山考察旅行取得了较为丰硕的成果，不仅让世界知道了谢苗诺夫，也同时开启了俄国中央亚细亚考察活动的大门。

二、谢苗诺夫——俄国地理学会的组织者

谢苗诺夫不仅是一位杰出的地理学研究者，同时也是俄国地理学称职的领导者。在1873年当谢苗诺夫接替利特克成为俄国地理学会的“掌门人”的时候，利特克曾大胆地断言，俄国地理学会在谢苗诺夫的领导下，其事业“不仅不会出现倒退，而将来的发展会越来越好”[①]。诚如利特克所预言的那样，在谢苗诺夫领导俄国地理学会的40多年的时间里，学会涌现出一批地理考察研究方面的人才，这其中包括普尔热瓦尔斯基、波塔宁、佩夫佐夫、格鲁姆·格尔日麦洛、科兹洛夫等中国边疆史地考察方面的知名旅行探险家。同时，俄国地理学会在谢苗诺夫领导时期还完成了不少有价值的考察研究活动，内容涵盖历史、地理、民族等多个方面，研究区域遍及亚洲、欧洲、美洲、非洲、南极洲等多个地区。鉴于俄国地理学会所取得的成果，沙俄政府提高了对地理学会的资金支持力度，将拨给地理学会的补贴自1896年起由15000卢布提高到30000卢

① Л.С.Берг. Всесоюзное географическое общество за сто лет. М.: РИСО АН СССР,1946, стр. 71.

布。[①] 除了领导学会发展外，谢苗诺夫负责组织和协调研究活动，并致力于调动学者们的积极性。在他的鼓励下，俄国众多的地理研究学者投身到科学研究活动中去。俄国亚洲旅行家波塔宁就曾这样写道，“您两次将我从精神死亡的状态中抽离，使我为了科学而投身到工作中去”[②]，而另一位俄国旅行家、学者克罗博特金（П.А.Кропоткин）更是称呼谢苗诺夫为“俄国现代地理之父”[③]，认为他是自己的师长和精神领袖。可见，在很多俄国学者的心目中，谢苗诺夫是他们精神上的支柱、学术研究上的向导。对于俄国地理学会而言，谢苗诺夫不仅是其培养出来的地理学家、植物学家和民族学家，也是其在帝俄时期重要的领导人。

2.1.2.3 谢苗诺夫在俄国地理学理论及研究方法上的创新及对俄国地理考察活动的影响

谢苗诺夫接受西方，特别是德国地理学家的地理学新理论，对地理学研究有了新的认识，形成了自己的理论，并将理论付诸实践，促进俄国地理考察研究逐步赶上世界先进水平，并为日后取得一系列成果打下了基础。

一、谢苗诺夫在俄国首先提出了广义地理学的概念，并强调人与自然在地理研究中的重要性，同时认为地理考察不应该仅仅局限在地质测绘上，而应该对一个地区开展涵盖人文和自然等多方面内容的全面研究。

得益于翻译《亚洲地学》以及在德国期间与李特尔进行的

① Л.С.Берг. Всесоюзное географическое общество за сто лет. М.: РИСО АН СССР,1946, стр. 70.

② Л.С.Берг. Всесоюзное географическое общество за сто лет. М.: РИСО АН СССР,1946, стр. 74.

③ Письмо П.А.Кропоткина от 8 сентября 1920г. из Дмитрова, Московской обл. к П.П.Семенову-Тян-Шанскому. Приведено целиком в неопубликованных воспоминаниях последнего.

直接交流，谢苗诺夫在地理学的很多认知和观点上受到了李特尔的影响。李特尔曾提出人文地理学理论，强调人地关系在地理学研究中的重要性。他同时认为，地理学是一门具有综合性、统一性的学科，主张地理学研究应与历史学研究相结合。谢苗诺夫接受了李特尔的理论，并将其加以阐释和升华，同时付诸考察实践中。谢苗诺夫认为："地理学是关于地球的科学，可以赋予其各种各样的外延和定义。"① 而谢苗诺夫将地理学分为广义的地理学②和狭义的地理学。其中，广义地理学"不是一门学科，而是一个完整的自然科学组合体系，其中包括了数学地质学、自然地理学、民族和统计学等各个领域的内容"③。而狭义的地理学则主要指的是通常意义上的地理学，也就是所谓的国别地理学。④ 谢苗诺夫强调，地理学所研究的是地球表面的情况。而这其中不仅包括地球表面自身的自然特征，同时也包括因人类活动而出现的变化。而谢苗诺夫的这一观点也直接体现在他自己的考察活动中。谢苗诺夫在天山考察中就是遵循自己的地理学研究理论开展了一系列全面的研究活动。他不仅对所经之处进行了雪线确定、海拔测量、大气监测等地质、地理方面的研究，还乐于投入精力去广泛地收集各种当地的动植物标本，进行动植物学研究；对当地各时期文化遗存进行了考古采风；对当地各民族居民进行了人文考察。谢苗诺夫在天山考察中曾对在途中所遇到的建筑遗迹进行了初步的研究，并在其晚年根据旅行日志所编写的《天山游记》

---

① Л.С.Берг. Всесоюзное географическое общество за сто лет. М.: РИСО АН СССР,1946, стр.64.

② 广义地理学在谢苗诺夫所生活的时代也常被称为经济政治地理学。

③ Л.С.Берг. Всесоюзное географическое общество за сто лет. М.: РИСО АН СССР,1946, стр.64.

④ 俄语为 страноведение，该地理学术语是谢苗诺夫首先提出并使用的。

的第四章中对曾经长期统治伊塞克湖地区的乌孙人的历史进行了较为详细的描述。可见,谢苗诺夫在考察过程中始终贯穿自己的广义地理学研究理论,不仅进行地质勘探、测绘,还对当地的历史文化情况进行研究,力求全面地展现一个地区的风貌。

二、除了提出新的地理学定义外,谢苗诺夫还在地理考察活动的实施方法上有所创新。这些新的尝试不仅使其本人获得不少意外的收获,也对俄国以后的考察活动产生深远的影响。

这尤为突出地体现在其对考察路线的选择上。谢苗诺夫在路线选择的问题上主张突破常规,敢于冒险和尝试。众所周知,在考察一个从未研究过的国家或地区时,考察的成败以及所获成果的大小往往就取决于路线的选择。一条正确的考察路线,不仅能够保护考察人员的生命安全,更重要的是能够带给研究者更多、更珍贵的信息,有助于更全面、深入地了解一个地区的情况。而谢苗诺夫在选择考察路线时始终本着求新求变,并以尽可能对一个地区进行全面的考察来作为路线制定的基本原则。因此,谢苗诺夫在天山考察时就放弃了旅行家们惯常采用的与山脉走向相同的路线,转而选择了横跨山脉的新线,而求变的同时也增加了考察的难度。在《天山游记》中,谢苗诺夫常会有“道路十分险阻”之类的记述。谢苗诺夫曾在游记中回忆道:“我听了科沙罗夫和哥萨克们的讲述,才知道了我们部队延误的原因。原来他们所绕的那条小路,驮载牲口很难通行。小道窄而陡,使他们不止一次把驮包从骆驼背上卸下来再装上去。在一个地方,一匹驮载的马连同驮包一起翻了下去,马摔死了。”[①]

① [俄]彼·彼·谢苗诺夫:《天山游记》,李步月译,载《西部》,2010年第16期,第14页。

此外，考察的全面性也是谢苗诺夫选择路线时着重考虑的因素。在天山考察时，针对伊塞克湖，谢苗诺夫先后进行了两次考察。而为了全面地了解这一地区，两次所选择的路线是截然不同的。在1856年的第一次考察中，谢苗诺夫是经过外伊犁阿拉陶的山道到达伊塞克湖东端进行考察的。而在1857年第二次深入伊塞克湖进行考察时，他选择了全新的偏东路线。谢苗诺夫带领考察队沿卡尔拉河、伊犁河而上，随后沿科克扎尔，登上将其和萨拉札斯分开的海拔达3600米的山口，并经过卡斯捷克山口和布阿姆峡谷，最终到达伊塞克湖的西端。

尽管选择新的路线必然要面对新的困难和危险，承担失败的风险，但同时也增加获得更大成就的可能性。谢苗诺夫沿着新的路线不仅到达了最终的目的地，在途中更是进入了欧洲学者从未到达过的天山中心地带——汗腾格里山脉，探访到了萨拉札斯的源头，在汗腾格里山脉的北坡发现了广袤的冰川，并最终因其重大发现，得以用自己的名字为其中一个冰川命名。关于新路线带给谢苗诺夫的惊喜，他在写给俄国地理学会的信中是这样写的："第二次大规模楚河之旅的成果超乎我的预期；不仅成功地穿越了楚河，更沿这条路线到达了伊塞克湖，也就是它的西端，而那里还从未有欧洲人踏足，当然也未做过任何的科学研究。"[①] 而谢苗诺夫在路线选择上求新求全的观点不仅使他自己取得较为丰硕的成果，同时也影响到了俄国地理学会后来的考察活动，尤其是俄国十九世纪末到二十世纪初的中央亚细亚考察活动，并最终帮助俄国地理学会在世界中国边疆史地考察与研究领域占得一席之地。

三、谢苗诺夫在考察队队员的配置上也有所创新。他最

① Вестник Русского географического общества.,Ч.18, СПб.: 1856. стр. 27.

先在考察队中配置了画师，用更形象的手法对所考察的地区进行描述，特别是对那些无法用语言进行描述的地方，从而打破了语言的束缚，让呈现出来的内容更加立体化。1857年春，画家科沙罗夫（П.М.Кошаров）加入了谢苗诺夫的考察队，而科沙罗夫的加入确实使谢苗诺夫得以超越语言的局限。尽管受过高等教育的谢苗诺夫对语言具有较高的掌控能力，其描述也比较形象，但还是有很多地方他无法用语言来做出准确的表达，而科沙罗夫的画笔却可以弥补这些不足，准确地勾勒出地形、地貌的特征，为进一步的研究提供最直观的参考资料。而对于画家在其考察活动中所发挥的积极作用，谢苗诺夫本人给予了高度的评价和赞许。在谢苗诺夫给俄国地理学会的信中，他这样写道："科沙罗夫为我的考察带来了无法估量的成就……很多我无法用言语表达之处，只能用绘画来描述，对于我而言，没有科沙罗夫的同行，很多东西都将丧失掉。"① 自此以后，俄国地理学会所派遣的考察队中都会安排画师或者摄影师，进行影像记录，以补充单纯语言描述的不足。

四、除了观点和方法的创新，谢苗诺夫对于俄国地理学以及中央亚细亚及中国考察方面的贡献还在于引入了一些地理术语。而部分地名和术语沿用至今，并且依然具有其实际的意义。例如，正是谢苗诺夫首先在俄国使用 нагорье, плоскогорье, котловина, предгорье, продольная долина, поперечная долина 等地理术语。此外，谢苗诺夫还于1863~1885年陆续出版了五卷本的《俄罗斯帝国地理统计词典》，以规范、统一地理统计学术语。同时，谢苗诺夫还强调正确描述中国地理名词的重要性，并在考察过程中使用相较以前的学者更为准确的"准噶尔阿

① Письмо от 20 октября 1857г. Вестник Русского географического общества, ч.21, СПб.: 1858. стр.12.

拉陶”和“外伊犁阿拉陶”为相应的山脉命名。[①]

总而言之，谢苗诺夫所采用的路线选择方法、测量方式、研究理念以及地理术语在后来由地理学会所组织的其他亚洲考察中得到了广泛的推广和使用，而这些也形成了俄国地理学会区别于其他地理学会的地理考察研究方面的独有特点，从而使得俄国在世界中央亚细亚考察界占有了一席之地。此外，谢苗诺夫一生除致力于发展俄国科学，特别是地理方面的考察和研究外，还尽其所能在俄国推广科学知识。因为在他看来：“当本国的学者们未用本国的语言将科学的内容表达出科学的内容时，他们都将流于与本国发展格格不入的埃及祭司种姓，可能会意识并追求高水平，但是却没有给自己的同胞带来有益的影响。”[②] 同时，谢苗诺夫还致力于俄国地理学会的管理工作，培养地理人才，支持、促成和组织科学考察工作，为把俄国地理学会建设成当时世界一流的地理学研究方面的科学组织做出了贡献。

2.1.3 参与沙俄政府的西伯利亚大考察

沙俄政府自1855年起组织了一次长达七年的东西伯利亚考察活动，力图摸清西伯利亚地区的地质、地貌、资源分布、植物鸟兽种群数量及组合等方面情况，为沙俄政府在这一地区的管理提供了便利，扫清了障碍。借助这股考察的东风，俄国地理学会及其西伯利亚分会的多位会员也纷纷前往乌苏里江流域、阿穆尔河（黑龙江）流域、兴安岭等地区开展一系列的

---

① Л.С.Берг. Всесоюзное географическое общество за сто лет. М.: РИСО АН СССР,1946, стр.63-65.

② П.П.Семенов. Землеведение Азии. Т.1, СПб.:1856. стр.3.

考察研究活动。1857年3月初，俄国地理学会会员拉什科夫（Рашков）前往萨哈林岛（即库页岛）考察。同年，自然学家拉德（Г.И.Радде）率领考察队沿阿穆尔河（黑龙江）而下对小兴安岭及其周边岛屿进行了勘探考察，并对那里的动植物资源情况进行了研究。紧接着，在1858年俄国地理学会迎来了一波阿穆尔河（黑龙江）和乌苏里江流域考察的小高峰。首先是著名西伯利亚地理学家乌索利茨夫（А.Ф.Усольцев）所率领的考察小队于1858年夏深入小兴安岭及其周边地区进行考察。在此次考察过程中，乌索利茨夫等人到达了兴安岭与谢列姆贾之间那块之前从未有人踏足的地区，并在那里收集了大量的一手研究资料。[①] 几乎与乌索利茨夫小兴安岭考察的同一时间，俄国地理学会的另一位会员——维纽科夫（М.И.Венюков，曾任俄国地理学会的学会秘书）从乌苏里港出发开始了对整个乌苏里江流域的考察。此次考察非常成功，取得了一系列的成果，并且维纽科夫本人也因此被俄国地理学界公认为是几乎对整个乌苏里江流域开展详细地理研究的第一人。[②] 而他的《乌苏里江研究》一文于次年在《俄国皇家地理学会通报》上发表。此外，地质兼植物学家施密特院士（Ф.Б.Шмидт）也于1858年受俄国地理学会理事会的邀请，接替天文学家施瓦尔茨（Л.Э.Шварц）继续对外贝加尔湖地区和阿穆尔河（黑龙江）沿岸地区进行考察。但是，由于筹备工作耗时，所以施密特与助手和地图测绘员最终于1859年4月才从圣彼得堡出发，并经喀山、伊尔库斯科、尼布楚抵达布拉戈维申斯克（海兰泡）。

① П.П.Семенов. История полувековой деятельности императорского русского географического общество 1845-1895[M] часть 1, СПб.: 1896, стр.190.

② П.П.Семенов. История полувековой деятельности императорского русского географического общество 1845-1895[M] часть 1, СПб.: 1896, стр.205.

随后，他以布拉戈维申斯克作为基地对阿穆尔河（黑龙江）、乌苏里江和萨哈林岛开展了详细的地理勘查和地质测绘活动。此次考察一直持续到1862年年初才结束。

通观俄国地理学会在1851~1858年所开展各项活动的情况可知，学会在这一时期的中国边疆史地考察与研究仍处于探索阶段，形式上基本以研究文献资料、翻译西方著作为主，并辅以小规模实地考察。并且俄国地理学会的中国边疆史地考察与研究在当时尚没有形成一个单独的研究门类，更多的还是作为亚洲研究或者西伯利亚研究的一个部分在开展。同时，俄国地理学会自身在这一阶段也还没有完全形成自己的研究思路与理论，仍处于学习、借鉴西欧先进理论的阶段。

第二节　初步发展阶段（1859~1869年）

1858年5月，俄国逼迫清政府签署《瑷珲条约》。通过该不平等条约，沙俄政府不仅割占了黑龙江以北、外兴安岭以南60多万平方千米土地，还取得了黑龙江、乌苏里江和松花江的专属航行权。同年6月，沙俄政府故技重施强迫清政府签订了另一个不平等条约——《中俄天津条约》，除强行增设上海、宁波、福州、厦门、广州、台湾、琼州七处通商口岸外，更迫使清政府取消对俄国贸易往来人员和货物等方面的限制，谋得外交裁判权，并胁迫清政府同意"将未经定明边界，由两国派出信任大员秉公查勘"[①]。随后，英法联军于1860年攻入北京，沙俄政府借机与清政府签订了《北京条约》，进一步割占乌苏里江

① 《中俄天津条约》第九条，见《咸丰条约》，卷3，第15—19页。

以东40多万平方千米的土地，在伊犁、塔尔巴哈台(今塔城)、喀什噶尔等地增设领事馆，并将从沙宾达巴哈界碑起，经斋桑湖、特穆图淖尔至浩罕一线作为中俄两国的西部边界。通过一系列的不平等条约，沙俄政府不仅侵占了大片领土，也为日后的地理考察活动寻找到了借口，创造了机会。另一方面，在东亚地区的领土扩张取得一定成果的同时，沙俄在欧洲及近东地区的扩张却遭到了阻碍。1855年，俄国在克里米亚战争中失败，不仅使其丧失了海峡的控制权，更进一步激化了国内矛盾，从而迫使其不得不将侵略的目光更多地转向东方，以谋求更广阔的市场，转嫁国内矛盾。在这种情况下，沙俄政府需要对中国等亚洲邻国进行全面的地理考察，以制定相应的政策。因此，作为半官方机构的俄国地理学会，为顺应政府的需要，在1859~1869年间增加了派往相关地区考察队的数量。

1859年，俄国地理学会对于阿穆尔河(黑龙江)以及乌苏里江流域的考察热潮依然在延续。除了施密特受学会委托继续在这一地区考察外，自然学家拉德也再次前往东西伯利亚地区，对萨彦岭地区进行了考察。他在考察中收集了大量动植物标本，为研究阿穆尔河(黑龙江)流域的自然情况提供了丰富的资料。俄国地理学会西伯利亚分会于同年派遣马阿克(P.K.Маак)前往乌苏里江进行考察。马阿克从圣彼得堡出发，在伊尔库斯科与同伴会合后，经音果达、石勒噶、布拉戈维申斯克(海兰泡)和瑷珲抵达科尔马山麓，对乌苏里江河谷地区开展考察。并且在完成对乌苏里江河谷的考察后，马阿克考察队还逆流而上抵达了兴凯湖地区。[①] 最终，本次考察于1860年3月结束，而关于本次考察情况的旅行游记——《乌苏里河谷之

① Р.Маак. Путешествие по долине реки Уссури. Т.1, СПб.: 1861.

旅》于 1861 年出版。在马阿克对乌苏里地区开展考察的同时，东西伯利亚总督穆拉维约夫(Н.Н.Муравьев)也派遣了一支考察队前往乌苏里地区,此行的目的是对乌苏里河谷以及日本海沿岸地区进行地理考察,并测绘出精确的地图。此次考察由地理学会正式会员布多科斯基(полк.Будогосский)上校主持，学会会员乌索利茨夫、画家切耶尔(Чейер)以及地理测绘员伽莫夫(Гамов)等人随行。此外出于地图绘制的需要,还为考察队配备了 3 个绘制组,每组由 4 人构成。考察队除了对乌苏里江河谷地区进行测绘外,还逆江而上,经兴凯湖,过松阿察河,沿绥芬河抵达中朝边境地区,并沿途确定了一系列天文地理坐标,为地图的绘制奠定良好基础。除了中国东北边区外,在西北边区方面则是俄国总司令部于 1859 年派遣地理学会会员维纽科夫前往楚河河谷及其上游地区进行考察,并在次年对伊塞克湖进行地理测绘。关于本次考察的成果以“外伊犁地区及沿楚河各地区概况”为题发表于 1861 年出版的《俄国皇家地理学会通报》上。

1860 年,随着《中俄北京条约》的签署,沙俄政府打开了尘封已久的中国大门,并希望能够“在最短的时间内向中国派遣考察队,以对该国进行科学和贸易方面的研究”[①],从而获取最大的经济和政治利益。作为沙俄政府控制的专业地理考察与研究机构,俄国地理学会也增加了对华考察的计划。为在阿尔泰及天山地区之间划定中俄边界,俄国外交部于 1862 年年初成立了边界划定委员会,并邀请俄国地理学会参与划界的勘测工作。为了向边界划定委员会提供必要的地理数据资料,地理学会首先派遣斯特鲁维(К.В.Струве)对阿尔泰、天山

① П.П.Семенов. История полувековой деятельности императорского русского географического общество 1845-1895 часть 1, СПб.: 1896, стр.247.

地区进行了天文、气象和磁场观测等初步的地理学研究。斯特鲁维的此次地理测绘的总面积达16.830平方俄里。[①] 随后，俄国地理学会于1862年5月又派遣会员兹利亚霍夫从鄂木斯克出发，乘船前往黑额尔齐斯河上的哨卡，以沿途对额尔齐斯河的上下游航道进行研究。在这次航行考察中，兹利亚霍夫不仅对斋桑湖以及黑、白额尔齐斯河沿岸的情况进行了详细的描述，细致研究了其航道情况；更按比例尺为绘制航道全图选择了合适的坐标点。与此同时，俄国地理学会也没有忽视对中国东北地区的考察研究。学会西伯利亚分会会员赫伊尔科夫斯基（Н.Хилковский）于1862年在中国东北地区开展了一次为期27天的短期考察。考察期间，他造访了东北重镇——齐齐哈尔，抵达了兴安岭的边缘，更首次访问了海拉尔。在考察过程中，赫伊尔科夫斯基不仅对海拉尔及其周边地区进行了地理考察，更了解到其在中俄贸易中的区位意义。除此之外，他还收集了一些有关海拉尔到齐齐哈尔的交通线路方面的信息。[②]

1863年，沙俄政府派遣使团前往齐齐哈尔，与齐齐哈尔将军就中俄边界问题展开谈判。俄国地理学会西伯利亚分会会员马列维奇（Малевич）随团前往，并在沿途对瑷珲、墨尔根以及齐齐哈尔等地进行了一次为期18天、行程约为300俄里的考察。同年，黑尔梅尔岑前往库伦、鄂尔浑、色楞格、艾瑟河口、戈拉和科索戈尔等地进行了为期55天的考察。1863年6月，在俄国商界人士的申请下俄国西伯利亚地方政府派遣普利特

---

① П.П.Семенов. История полувековой деятельности императорского русского географического общество 1845-1895 часть 1, СПб.: 1896, стр.279.

② Н.Хилковский Путевая записка о поездке в китайский город Хайлар.//Записк Сибирского отдела ИРГО, кн. VIII,Иркутск:1865г.

茨（А.Птинтц）前往科布多地区，并对沿途道路进行测绘。而他也成为进入科布多城的第一位俄国旅行者。[1] 俄国商界之所以申请对通往科布多的道路进行考察测量，主要是因为当时虽然俄国已经与科布多及其所处地区有了间接的贸易往来，为了进一步扩大与这一地区的贸易额，俄国商界急需借助地理学会的专业人员对通往科布多地区的路线进行测绘，并在当地收集有利于贸易发展的信息。而普利特茨此次用时仅5天，行程仅260俄里，但却取得了此次考察活动的最大成果，绘制出了所经地区的线路图。

同时，学会于1863年在阿尔泰、天山地区考察方面也有所斩获。首先，俄国总司令部于1863年派遣以普罗岑科为首的考察队对整个天山的西部地区进行了地理考察。同年，俄国外交部下设的划界委员会也继续委托俄国地理学会对中国西北边疆地区进行考察，其内容不仅包括自然、地理方面，还涵盖民族、历史等内容。根据俄国外交部划界委员会的委托，学会于1863年派遣斯特鲁维，带同助手波塔宁[2] 前往黑额尔齐斯河流域进行考察。作为沙俄政府勘定中俄边界的大型考察、测绘工作的一个组成部分，此次考察的主要目的是尽可能收集黑额尔齐斯河流域的详细资料。在考察中，斯特鲁维和波塔宁对额尔齐斯河、斋桑湖北岸等地区进行了详细的地理勘测及研究。由于缺乏资金，原定两年的斯特鲁维黑额尔齐斯河流域考察工作，在完成1863年的考察活动后被迫中止，直至1864年秋获得专项捐助后才得以继续。并且俄国著名天山研究学者谢苗诺夫还亲自为1864年的考察制定了详细

① П.П.Семенов. История полувековой деятельности императорского русского географического общество 1845-1895 том 1, СПб.: 1896, стр.310.

② 波塔宁后成为俄国地理学会沙俄时期重要的中央亚细亚考察及研究学者。

的考察目标，并希望斯特鲁维等人能够利用这次机会进入新疆地区最重要的城市——乌鲁木齐，对该市及其周边地区进行实地考察，因为当时有关这一地区的信息还仅仅来自中国文献的只言片语。[①]

1864年，俄国地理学会共派遣四支科考队沿东北、西北两条线开展考察活动。在东北线方面，俄国地理学会会员克罗博特金（П.А.Кропоткин）[②]从祖鲁海图出发前往瑷珲进行考察。途中，他不仅沿老祖鲁海图—布拉戈维申斯克（海兰泡）线自西向东地横穿大兴安岭，更开辟了从阿尔贡到瑷珲的直通线路。而这条线路对于商贸运输有重要的意义，因为它大大缩短了运输里程。同时在科学研究方面，克罗博特金在考察途中收集了火山岩石标本，证实了谢苗诺夫根据王西里所译的《宁古塔纪略》而做出的五大连池地区是大陆性火山区的论断。[③]除了克罗博特金，沙俄政府还于同年秋借从《瑷珲条约》中所获得的松花江专属航行权，组织开展了一次沿松花江的水上考察。沙俄政府将此次航行的目的地设为吉林，并希望能通过这次考察与吉林将军建立直接的联系。随本次乌苏里号考察船进行科考活动的学会会员有乌索利茨夫、克罗博特金等人。考察队沿江航行了约1100俄里，用时119天，确定了4个天文点，绘制出松花江的目测地图，收集约200种

---

① П.П.Семенов. История полувековой деятельности императорского русского географического общество 1845-1895 том 1, СПб.: 1896, стр.285.

② 克罗博特金是俄国著名的改革家、无政府主义理论家、地理学家、历史学家和文学家，留里克皇族后裔，曾就读于圣彼得堡大学的物理数学系，1868年当选俄国地理学会正式会员。

③ П. Кропоткин. Описание пути из старо-Цурухайтувского караула через г.Мергэн на Айгун-Сунгари от Гирина до устья. //Записк Сибирского отдела ИРГО, кн. VIII,Иркутск:1865г.

植物标本，并沿途进行了一系列气象观测。① 与此同时，在西北线方面由于黑额尔齐斯河流域及准噶尔北部地区的政治局势动荡不利于开展科考活动，俄国地理学会将目光重新锁定到了天山地区。为在划定维尔内—彼得罗夫斯克一线的中俄边界中谋得更大的利益，在所剩勘测时间不多的情况下，沙俄政府向天山及其周边地区同时派遣了两支分别以切尔尼亚耶夫（М.Г.Черняев）和维列夫金 (Веревкин) 为首的军事考察队。而俄国地理学会理事会根据谢苗诺夫的建议，在黑尔梅尔岑和拜尔的支持下，委派了谢维尔措夫随同切尔尼阿耶夫考察分队一起前往天山地区。这也是继谢苗诺夫之后俄国地理学会对天山及其周边地区进行的第二次比较全面的科学考察。谢维尔措夫此次考察的主要对象是外伊犁阿拉陶的延伸部分——吉尔吉斯阿拉陶地区，即塔拉斯河谷的南麓。考察过程中，他对阿勒泰、天山西部边缘等地区的山系进行了细致的研究，并在捷尔萨河的支流发现了完整金沙矿以及多个铁矿床，同时还考察了塔拉斯河谷的南坡，并在那里找到了多个老冰山的遗迹，为研究这一地区的地质构造及发展演变提供了重要的资料。1866 年夏，谢维尔措夫又受地理学会委托开始对图尔克斯坦边区进行考察。此次考察的对象是当时还鲜有学者踏足的纳伦河上游地区。目的是确定天山靠近其支脉处地址断面。在这次考察中，谢维尔措夫成为第一个穿越天山北坡，进入沙姆西天然界的俄国旅行家。② 并且在回程时他还前往了原清政府在纳伦河上的哨所。此次考察持续了近一

① А.Усольцев. Сведения о р. Сунгари от устьев до г. Гирина//Записк Сибирского отдела ИРГО, кн. VIII,Иркутск:1865г.

② П.П.Семенов. История полувековой деятельности императорского русского географического общество 1845-1895 том 1, СПб.: 1896, стр.289.

年的时间，直至 1867 年才结束。

1867 年，俄国地理学会对中国边疆地区的考察活动依旧沿东北和西北两条线开展。在东北线方面，日后成为俄国中央亚细亚考察领军人物的普尔热瓦尔斯基开始其首次地理考察——1867~1869 年乌苏里江考察，为其日后更大规模的考察活动积累经验，赚取资本。同年，俄国军部派遣了波尔托茨斯基（В.А.Полторацкий）等人对吉尔吉斯草原与天山之间的地区进行了一次军事考察。在这次考察中，波尔托茨斯基成功地完成了谢苗诺夫在十年前未能进行的研究。他沿穆萨尔特山口深入天山，并成为俄国探险史上第一个到达穆萨尔冰川的旅行家。[①]1867 年 6 月末，波尔托茨斯基会同奥斯金 - 萨克先（Остен-Саксен，时任俄国地理学会秘书，当时受政府委托对天山地区进行考察）和马杜索夫斯基（Л.Матусовский），一起对外伊犁平原，即天山南部支脉进行了考察。

进入 1868 年，由于受到沙俄政府，特别是像图尔克斯坦总督等地方政要的影响，俄国地理学会将目光更多地放在了中央亚细亚的西北高原地区，但同时并没有因此而忽视对其他地区的考察。时任沙俄政府驻库伦领事释什马列夫在这一年从库伦出发，前往鄂嫩河上游地区，希望能找到新的贸易通道。在这次考察过程中，释什马列夫不仅找到了两条库伦到鄂嫩河的路线，更对这一地区进行了一系列的地理测绘。而他记录这次考察情况的旅行日志发表在俄国地理学会西伯利亚分会会刊上，随日志一起发表的还有其关于喀尔喀蒙古的研究文章。同年，在谢苗诺夫、格里戈里耶夫等人的建议下，

① П.П.Семенов. История полувековой деятельности императорского русского географического общество 1845-1895 том 1, СПб.: 1896, стр.292.

俄国地理学会理事会同意拨款给拉德罗夫（B.B.Радлов[①]），支持其开展图尔克斯坦考察。谢苗诺夫等人亲自为此次考察制定了详细的指南手册，并将考察的重点放在了中亚地区民族学研究上，而对当地塔尔特人的研究也成为本次考察众多成果中的一大亮点。由于得到了当时的图尔克斯坦总督的支持，拉德罗夫在考察过程中到达了之前从未有旅行家踏足的地区，并走遍了整个布哈拉汗国的东半部地区。[②]而有关这次考察的详细情况都记述在拉德罗夫1869年提交给俄国地理学会的《泽拉夫尚谷地概述》的报告中。除拉德罗夫外，俄国地理学界围绕中央亚细亚地区还开展一系列其他考察活动，其中包括布恩雅科夫斯基（A.B.Буняковский）的纳伦边区考察；列伊恩达尔上校的喀什噶尔考察；克拉耶夫斯基少将考察队对天山伊塞克湖—恰特尔湖间地区的地理测绘；札格里亚日斯基对苏萨梅尔河及其支流珠穆加尔河周边山地的考察等。

1869年是俄国地理学会中国边疆地区史地考察与研究第一发展期的收官之年，也是在这一时期比较重要的年份。在这一年，集中有多支考察队前往中俄边境地区进行考察。其中有布宁兄弟的全蒙贸易考察。在这次考察中，布宁兄弟从库鲁苏

---

① B.B.拉德罗夫（1837~1918年），俄国著名德裔东方学家、突厥学家、民族学家、考古学家、教育家，俄国突厥语、突厥各族及其历史研究的先驱。拉德罗夫1837年出生于柏林，1858年从柏林大学毕业，同年前往俄国圣彼得堡工作。1884年，他当选俄国皇家科学院院士，并于1885~1890年担任科学院亚洲博物馆馆长。1903年，他与鄂登堡等人一起倡议并推动建立俄国中亚、东亚研究委员会，并担任该委员会主席（1903~1918年）。拉德罗夫一生致力于各突厥族群的研究，曾于1860~1870年在阿尔泰、西伯利亚、哈萨克斯坦以及中亚各地完成了一系列的考察活动，收集了大量有关突厥各族的语言、民间故事、民族学和考古学方面的资料；于1891年主持了鄂尔浑（蒙古）考察；于1898年组织了以Д.А.克列缅耶茨为首的吐鲁番考察队。此外，他还是俄国研读古突厥鄂尔浑铭文的第一人，更是第一个开始研究和出版克列缅耶茨所发现的维吾尔古文献的东方学家。拉德罗夫将毕生的精力都奉献给了突厥学研究，编写出版了约150部著作。最终，拉德罗夫于1918年在圣彼得堡去世，享年81岁。

② Поездка Радлова в Туркестанский край в 1868г.//Известия Императорского Русского Географического Общество, т.4, СПб.:1865г.

图出发，选择了与恰克图线平行的另一条线路，途经多伦诺尔等多个重要城市，并最终抵达北京。[1] 而布宁兄弟根据此次考察过程中所获得的数据和资料编写成了《中俄关系历史概要以及从尼布楚边界至天津道路概述》一文，并发表于1870年出版的《俄国皇家地理学会西伯利亚分会公报》上。在对当地贸易情况进行考察的同时，布宁兄弟沿途收集了很多地质学资料，并采集了一些岩石样本。这些资料后交由地质学家穆什科托夫（М.В.Мушкетов）进行整理和研究，后者的相关研究成果于1881年以"蒙古东部地质学札记"为题发表于矿业杂志上。此外，同年6月俄国地理学会会员、俄驻伊宁领事巴甫利诺夫（Павлинов）受外交部亚洲司的委派前往科布多和乌里雅苏台进行考察，以寻找新的通商路线，进一步发展西伯利亚与蒙古西部的贸易往来。[2] 而在中央亚细亚一线上，首先有拉德罗夫的准噶尔考察。拉氏此次考察有两个目的：一是探访伊犁河谷地区，收集当地信息；二是对居住于楚河河谷及伊塞克湖岸边的季科卡缅吉尔吉斯部族进行研究。在考察过程中，拉德罗夫不仅收集了大量的语言学及民族学方面的资料，更对所发现的一些历史遗迹开展了一些初步的发掘、研究工作。[3] 除此之外，阿布拉莫夫上校的泽拉夫尚河及其支流河谷考察，学会会员布恩雅科夫斯基的奇尔奇克河上游考察以及会员索博列夫（Л.Соболев）的苦盏—南锡尔河—饥饿草原考察也都发生在这一年。

与此同时，中俄勘界考察也于1869年重新开始。这

① Братья Бутины. Описание пути с границы Нерчинского округа в Тянь-Дзин.// Известия Сибирского отдела ИРГО. т.2, Иркутск, 1871.

② Поездка г. Павлинова в гг. Хобдо и Улясутай.// Мелкие известия. Известия Императорского Русского Географического Общества. Т.5, СПб.: 1869. стр.217.

③ В.Радлов.Отчет о поездке в Семиреченскую область и на Иссык-Куль летом 1869.//Изветствия Императорского Русского Географического Общества. Т.6, отдел 2, СПб.: 1870. стр. 96-101.

一阶段的考察活动由俄国地理学会会员巴布科夫少将(И.Ф.Бабков)主持。在考察过程中,巴布科夫等人对额尔齐斯河流域的中俄边境地区进行了一系列的天文、地理观测,并绘制了详细的地图。除了地理科学上取得了一些成果外,此次考察充分体现出学会考察活动的政治性,表现出其服务于俄国侵华政策的根本属性。因为在考察过程中巴布科夫借机肆意树立界碑,将原本属于中国的大片领土强行划归俄国。巴布科夫曾在自己的《1859~1875 年我在西西伯利亚服务的回忆》一书中这样写道:"由于按照中国常设卡伦线划界,在吉尔吉斯草原东部有属于中国的广大幅员的土地划入我国(俄国)领域内。"并且据其所述,俄国通过这种方法仅在斋桑泊周围就从中国非法掠夺走了 25960 平方俄里的土地。①

第三节 小结

纵观俄国地理学会在 1851~1869 年涉及中国的各项考察与研究活动,不难总结出其在这一时期的以下特点。

第一,从地域上来看,主要以两国边境地区为主,涉及乌苏里江流域、松花江流域、蒙古高原地区、天山、额尔齐斯河流域等地。并且考察的重心由东北方向逐步向西北方向转移,特别是《中俄北京条约》签署后,中央亚细亚地区成为俄国地理学会考察的新重点,派往这一地区的考察团逐年增加,并渐渐超过乌苏里江、松花江等边区。

① 《沙俄侵略中国西北边疆史》编写组编著:《沙俄侵略中国西北边疆史》,人民出版社 1979 年版,第 195—196 页。

第二，从时间上来看，以1858年《瑷珲条约》签订为界，考察活动呈现逐年递增的态势，特别是在1860年《北京条约》签署后，增幅尤为明显，更在1868~1869年达到了这一时期的一个小高潮，两年共有12支考察队深入各地区开展地理考察活动。

第三，从考察目的上看，本时期的考察以地理考察为主线，服务于沙俄政府的领土扩张政策。但是，到后期也出现了拉德罗夫等人以民族学研究为主的考察活动。

除以上特点外，还应该指出的是，俄国地理学会在这一时期并没有以自己的名义独立组织、派遣过考察队。其考察研究活动要么是依托沙俄政府，为其政策制定服务，如为俄国外交部勘界委员会所组织的各项考察活动就是其中的典型代表；要么是参与其他组织或个人所开展的考察活动，这类活动中比较有代表性的是1859年楚河考察以及1869年的布宁兄弟蒙古地区考察；要么是其会员的个人行为，像谢苗诺夫的1856~1857年天山考察以及库伦领事释什马列夫的1868年考察等都属于这一类。

总体来说，俄国地理学会这一时期的中国边疆史地考察与研究活动还处于初级阶段。学会在绝大多数情况下都只是作为执行者，在考察目标、考察制定方面没有太多的主动权。而这一时期的考察活动主要以地理测量、地质勘探为主，属于狭义地理考察的范畴。但同时，也应看到谢苗诺夫在这一时期已经在李特克、洪堡的理论基础上提出了广义地理考察理论，并将其付诸实践。此外，拉德罗夫在这一时期的几次考察活动也都是以民族学研究为主线开展的。而这也为下一时期集民族调查、历史考古、地理勘测于一体的广义中国边疆地区考察活动的全面、快速发展奠定了基础。

第三章

中国边疆史地考察与研究的第二时期（1870~1898年）

十九世纪七十年代伊始，俄国地理学会的中国边疆史地考察与研究活动进入黄金时期。此时，俄国地理学会聚集了一批优秀的考察旅行者，并派遣多支考察队深入中国边疆地区进行全面的考察，为俄国，乃至世界揭开了亚洲中部地区神秘的面纱。这些考察队在对当地进行详细勘测，确定地理坐标，绘制科学地图，收集大量动植物标本，记录当地居民的民族特征、习俗、语言等民族学信息的同时，也在当地进行了多项武装挑衅，造成了极其恶劣的影响，更从中国掠夺走了大量珍贵的文物，导致了无法估量的损失。尽管这些探险队的考察活动为中国边疆地区的历史及地理研究奠定了一定的基础，但是这些成果不能弥补他们对中国的自然及文物资源所造成的损失。在俄国地理学会于这一时期派往中国考察的众多探险旅行者中最具代表性的当属普尔热瓦尔斯基、波塔宁及佩夫佐夫，而他们三人分别代表了学会三种不同的考察风格，即“军人型”“学者型”及“官员型”。尽管他们都在中国边疆史地研究的不同领域中有着较为丰富的成果，但是却无法掩盖其考察服务于沙俄侵华政策的根本性质。

第一节 普尔热瓦尔斯基及其中国边疆地区自然地理考察

俄国地理学会在十九世纪七十年代迎来了海外，特别是中国西部地区探险考察的繁荣期。而普尔热瓦尔斯基正是这股具有侵略性质的考察狂潮中的代表。他凭借自己在五次探险活动所获得的成果不仅获得丰厚的个人财富，更使自己扬名中央亚细亚考察界。但与此同时，他极具殖民主义色彩的言论以及考察活动中的种种暴行也暴露出其所谓“纯科学”考察活动的侵略本质。在俄国，对普尔热瓦尔斯基的研究著作不少，并都将其作为民族英雄大加赞赏，甚至夸大地认为：“欧洲所有非洲考察家所取得的气候研究成果都抵不过普尔热瓦尔斯基一次中央亚细亚考察”[1]，而却完全忽视了其考察活动的侵略性。而在国内，虽然已经翻译了普尔热瓦尔斯基的游记和传记，并在一些边疆史地研究的著作中涉及普尔热瓦尔斯基的内容，但是尚缺乏对其历次中国边疆地区考察情况的整体研究。因此，在本节中将尝试对普尔热瓦尔斯基本人及其历次中国边疆地区考察活动进行尽可能全面客观的述评。

3.1.1 普尔热瓦尔斯基是时代的产物

普尔热瓦尔斯基于1864年凭借在总参部尼古拉耶夫学院学习期间所完成的《阿穆尔边区军事统计概述》一文，在俄

① А.И.Войков. Речь ординарного профессора.// Памяти Николая Михайловича Пржевальского. СПб.: 1890, стр. 45-50.

国地理学会三位正式会员[1]的推荐下当选为俄国地理学会的正式会员，是十九世纪后期到二十世纪初俄国最重要的中央亚细亚旅行考察者之一，为俄国该地区的考察、研究活动做出了贡献。虽然普尔热瓦尔斯基的考察活动带有明显的政治性，而他本人也是崇尚武力的殖民主义者，并对其所考察地区的各民族居民抱有蔑视的态度，但不可否认，他确实在考察过程中获取了大量珍贵的地质、人文信息及资料，为以后的研究提供了文献资料和参考依据，同时也开启了十九世纪末至二十世纪初俄国中国考察热的序幕。正是因为其对俄国地理学会考察活动的贡献，谢苗诺夫将 1873~1885 年命名为普尔热瓦尔斯基考察时期。[2]

事实上，在普尔热瓦尔斯基对蒙古、新疆、青海和西藏等地区开展考察的同时，俄国地理学会还派遣了波塔宁、佩夫佐夫等其他考察探险者在同一地区进行探险旅行，甚至波塔宁在该地区的累计考察时间比普尔热瓦尔斯基还要长。但是为什么只有普尔热瓦尔斯基成为这一时期的代表，并受到了沙俄政府、上层社会，乃至俄国普通民众的关注及追捧。这其实是多种内外因素共同作用的结果，其中既有普尔热瓦尔斯基自身的原因，同时更是特定时代环境下的必然结果。

一方面，从普尔热瓦尔斯基自身来说，他抱有“奔向遥远的、无人知晓的国度去”[3]的理想，并且存在借助探险活动改变自己窘迫生活境遇的实际需要，同时也具备成为一个探险家

---

① 这三位正式会员分别是弗·巴·别佐勃拉佐夫(В.П.Безобразов)、巴尔克曼(А.Г.Баркман)和什塔克利别尔格(А.О.Щтакельберг)。

② П.П.Семенов. Предисловие. История полувековой деятельности Императорского русского географического общества 1845-1895[М]. Ч.1, СПб.: 1896. стр.XXVIII.

③ [俄]尼·费·杜勃罗文:《普尔热瓦尔斯基传》,吉林大学外语系俄语翻译组译,商务印书馆 1978 年版,第 35 页。

的必要素质和知识储备。普尔热瓦尔斯基1839年出生于斯摩棱斯克，自幼丧父，家境贫寒，只进入斯摩棱斯克的普通中学读书，并在中学毕业后，于1855年加入了第十八混编师梁赞混编后备步兵团，成为一名普通的军士。可是，他却坚信自己是“一颗宝石，但是埋在粪土里”[①]。所以，普尔热瓦尔斯基在部队里混迹了五年后，开始寻找改变命运的方式，谋求更广阔的发展空间。于是他把目光投向了对未知地区的地理考察活动上，希望借此改变自己的境遇。而改变命运、摆脱贫困和不堪的生活状态也成为普尔热瓦尔斯基不断开展考察活动的根本动因。在当时，俄国部队所驻扎的各亚洲地区还很少或者尚未被考察过。因此，奔赴亚洲，特别是那些尚未踏足过的地方来捞取足以吸引统治阶层眼球的资本成了普尔热瓦尔斯基的奋斗目标。为了实现自己的理想，普尔热瓦尔斯基有针对性地做了一些必要的知识储备，不仅申请前往华沙士官学校学习，阅读各类地理、历史著作，学习动物学和植物学知识以及标本的制作技术，甚至还前往华沙大学动物博物馆和植物园，找专家进行交流。除此之外，由于幼年丧父以及母亲放养式的教育方式，普尔热瓦尔斯基性格勇敢、独立。而普尔热瓦尔斯基所具有的知识储备、能力和性格都与谢苗诺夫在《亚洲地学》第四卷“前言”中所给出的有关探险旅行者所应具备的素质基本吻合。谢苗诺夫曾在书中这样写道：“一个合格的地理探险旅行者应该具备一定的地理科学方面的知识；善于观察，并能够和惯于收集相关领域的信息；同时还应勇敢、不怕牺牲和机智。”[②]普

① [俄]尼·费·杜勃罗文：《普尔热瓦尔斯基传》，吉林大学外语系俄语翻译组译，商务印书馆1978年版，第23页。

② П.П.Семенов. Путешествие в Тянь-Шань в 1856-1857гг. М.: ОГИЗ, 1947.стр.20-21.

尔热瓦尔斯基不仅在思想上树立了从事海外探险考察活动的信念，并为实现这一目标进行了比较充分的准备，同时其自身性格也适合从事这一活动。因此，可以说他已初步具备了实施一系列中国边疆地区探险、考察计划的“人和”条件。

另一方面，普尔热瓦尔斯基也同时占据了“天时”的有利条件。沙俄帝国自形成以来一直都奉行领土扩张政策，更在十六世纪末跨过乌拉尔山吞并了西伯利亚地区，使自己成为一个地跨欧亚大陆的大国。然而，沙俄政府并没有就此停止领土扩张的脚步，而是随着社会经济的发展进一步全面向外扩张，掠夺更多的土地、市场及财富，以解决落后的农奴制与新兴资本主义之间的矛盾。十九世纪中期以来，俄国的资本主义更是迅速向军事封建帝国主义过渡。尽管1861年实行了自上而下的农奴制改革，但是由于改革并不彻底，加之俄国当时仍保留沙皇专制制度，使其国内商品需求不旺，市场狭小。同时，由于其生产技术远落后于欧美，所以其商品在国际市场上缺乏竞争力。而这些因素都促使沙俄政府不断进行对外侵略扩张活动，以扩大国外市场，尤其是占领和垄断以中国为首的幅员辽阔、人口众多的亚洲市场。此外，1856年俄国在克里米亚战争中战败后，其在欧洲和近东地区的扩张受到扼制，从而被迫加快了其向东的扩张步伐。而伴随着大规模扩张的正是俄国海外地理考察的繁荣。历史上，几乎每次俄国的军事侵略都是以所谓科学考察为开端的。因为考察可以为军事行动提供大量有用的信息，提高策略的有效性。在十九世纪五十年代，沙皇俄国武装占领乌苏里边区前就多次派遣考察队对这一地区进行间谍性质的考察活动。沙俄学者泽列宁曾在评论俄国地理考察时写道：“俄国在亚洲的殖民政策和对这些地区的科学考察携手并进，并且俄国对被合并地区的地理考察，多半是或多或少地先于领土占领和边界移动的。”[①] 因此,当十九世纪七十年代,沙俄政府开始将中国西部地区作为主要侵略对象时,就催生出针对这一地区的地理考察热潮。而由于在这一时期沙俄政府是出于政治和军事目的派遣海外探险队进行考察的,而这些考察队需要完成一系列刺探消息的间谍行动,所以在选择派出人员的时候,沙俄政府除了考虑派遣人员的能力外,派出人员的背景也是重要的考量项目。而身为军人,同时又是坚定的殖民主义者的普尔热瓦尔斯基就成为一个合适的人选。正如时任华沙军区副参谋长的切尔尼茨基将军在写给时任总参谋部副总参谋长的格·瓦·麦谢里诺夫的信中所说的那样:“……我认为有责任并从我个人的角度恳请阁下录用该军官,尤其是他完全符合在总参谋部工作的条件……”[②] 在这种时代背景下,普尔热瓦尔斯基的中央亚细亚考察活动很容易获得沙俄政府的支持,成为当时这一地区的主流考察队伍,受到各界的关注与优待。

另外还应指出的是,1858 年签订的《中俄天津条约》和 1860 年签订的《中俄北京条约》打破了清政府一直以来闭关锁国的状态,为俄国派遣人员深入中国腹地进行地理考察提供了可能性。根据《中俄天津条约》的规定,俄国可以派出人员对两国边境地区进行勘测以确定两国边界。同时在《中俄北京条约》中除了规定继续对两国边界进行查勘,允许俄国在华设立使、领馆办理中俄往来事务外,还强迫清政府允许俄国商人不限年限地自由来往中国通商区域。《中俄天津条约》

---

① 泽列宁:《普洱热瓦尔斯基旅行记》(第一卷),圣彼得堡:1899 年,第 53 页。转引自:刘存宽:《十九世纪和二十世纪初俄国对新疆地区的地理考察》,载《社会科学战线》,1993 年第 2 期,第 217 页。

② [俄] 尼·费·杜勃罗文:《普尔热瓦尔斯基传》,吉林大学外语系俄语翻译组译,商务印书馆 1978 年版,第 48 页。

《中俄北京条约》以及其他的一系列不平等条约为俄国以地理勘查和通商为名义向中国境内派遣考察队获取军事信息提供了便利,并且对于普尔热瓦尔斯基等一些在十九世纪中后期开始对中国西部地区开展探险考察活动的人员而言,这些条约是不容错失的地利条件。有了条约的保护,使他们可以毫无障碍地进入中国西部的内陆地区进行考察,揭开那里神秘的面纱。

综上所述,普尔热瓦尔斯基的中国边疆地区考察是在天时、地利、人和等多重因素共同作用下才最终得以实现的。如果没有天时和地利的条件,仅凭普尔热瓦尔斯基自己的一腔热血,很多想法和计划是无法实现的。普尔热瓦尔斯基在罗布泊考察后曾这样回忆道:"回首往事,不能不承认,幸运又奇妙地光顾了我。完全可以说,早一年或晚一年,考察罗布泊都是不可能的。如是早一点,阿古柏伯克还不怕中国人,所以他就不巴结俄国人,他也就不一定会放我们过天山。而今,拔都阿列特[①]刚去世不久,在新疆地区处于骚动混乱的局势下,这样的旅行也是不可想象的。"[②]在这段话中普尔热瓦尔斯基将成功归为幸运之神的眷顾,但是不难从中看出时机在他考察过程中发挥了关键作用。可以说,普尔热瓦尔斯基是十九世纪后期特定的人物符号,而他的成功只有在十九世纪后期那个特定的历史背景和社会环境下才有可能取得。几次大型考察的成功不仅需要普尔热瓦尔斯基个人的努力,也需要多方,特别是沙俄政府的支持,更需要借助于历史的契机。因此,普尔热瓦尔斯基不应被归结为个人英雄,而是十九世纪后期这个大

① 即阿古柏伯克。

② Н.М.Пржевальский, Э.М.Мурзаев. От Кульджи за Тянь-Шань и на Лоб-нор. М.: ОГИЗ. 1947.стр.67.

时代下的特定产物。

3.1.2 普尔热瓦尔斯基的中国边疆地区考察

3.1.2.1 1867～1869年乌苏里江考察

普尔热瓦尔斯基受俄国地理学会及其西伯利亚分会的委托共进行了五次地理考察，其中一次是针对乌苏里边区，四次针对中国西部边疆地区。他的考察成果丰硕，为世界展现了这些神秘地区的情况。通常研究普尔热瓦尔斯基的中国探险活动时，往往更多关注他四次西部考察，一般从其1870年第一次中央亚细亚探险开始讲起。但是，此次将从普尔热瓦尔斯基1867~1869年乌苏里边区考察开始对其中国考察活动进行梳理。这主要是基于以下两个方面的考虑：

第一，普尔热瓦尔斯基所考察的乌苏里边区，在《中俄北京条约》签订前，根据《尼布楚条约》的规定应属于中国领土。十九世纪五十年代以后，沙俄政府通过不正当的手段侵占了这一地区，并利用签订不平等条约的形式进一步确定了对这一地区的所有权。并且在普尔热瓦尔斯基考察期间，在这一地区居住着很多没有迁离的中国人。另外，在这次考察过程中普尔热瓦尔斯基不仅对乌苏里地区尚未被研究过的地区开展了地质、地理勘测，还对自古居于此的各民族的风俗习惯、风土人情进行了记录。此外还要指出的是，普尔热瓦尔斯基在考察乌苏里地区时曾参与沙俄政府针对当地中国人的武装镇压活动。所以，普尔热瓦尔斯基的这次考察应被认为是其中国考察活动的一部分。

第二，这次考察是普尔热瓦尔斯基探险人生的起点。在探险过程中，他初步形成其个人的考察特点，而且正是因为这次考察的成功让他向俄国地理学会,乃至沙俄政府证明了他在探险考察方面的能力,赢得了二者的认可和支持,为以后的四次大型中国西部考察活动铺平了道路。所以,应该对普尔热瓦尔斯基1867~1869年乌苏里边区考察给予必要的关注。

普尔热瓦尔斯基乌苏里考察的动议源于其与谢苗诺夫的第一次交流。1866年11月,普尔热瓦尔斯基在华沙军区副总参谋长的大力推荐下被调往总参谋部,随后被派往东西伯利亚军区任职。在前往伊尔库茨克途经圣彼得堡时,他与时任俄国地理学会自然地理学部主席的谢苗诺夫结识,并将自己的中央亚细亚旅行计划告诉了谢苗诺夫,希望谢苗诺夫能够为自己向俄国地理学会申请资金和必要的帮助。但是谢苗诺夫却告诉他:"学会对主动申请考察的年轻旅行者极少提供物质帮助,……学会在装备自己的探险队时,专门挑选一些有科学专著的知名人士,……但是他(尼·米·普尔热瓦尔斯基)当时在科学界还是一个默默无闻的人,因此,学会理事会不会同意给他津贴进行所谈的事业,尤其是组织一支由他率领的探险队更是不可能获得批准。"[①]但谢苗诺夫对普尔热瓦尔斯基的能力和对亚洲考察的热情还是予以了肯定,并建议他自筹资金对乌苏里地区进行一次任何意义上的考察活动,以此作为资本向学会申请前往中央亚细亚进行考察。为了帮助普尔热瓦尔斯基开展活动,谢苗诺夫还为他写了多封推荐函。到伊尔库茨克后,普尔热瓦尔斯基首先申请进行边区勘查和统计,同时向俄国地理学会西伯利亚分会转达了自己为其服务的诚意。随后,西伯利亚分会接纳了普尔热瓦尔斯基,成为其庇护人,为他提供了测量和天文仪器,同时拨给他一笔数额不大的

① [俄]尼·费·杜勃罗文:《普尔热瓦尔斯基传》,吉林大学外语系俄语翻译组译,商务印书馆1978年版,第51页。

资金。1867 年 5 月，俄国地理学会西伯利亚分会决定派遣普尔热瓦尔斯基前往乌苏里地区进行考察，并为其制定了详细的考察目的，其中包括：1. 视察两个驻扎在当地的边防营的部署情况；2. 收集当地俄罗斯族裔和非俄罗斯族裔居民点的数量和分布信息；3. 确定通往满洲和朝鲜的路线；4. 修正军事地图，把所经新地点补充到地图中；5. 任意开展科学考察活动。① 同时，分会还委托他尽可能把这个当时还无人知晓地区的植物和动物区系记录下来，并收集动植物标本。通过给普尔热瓦尔斯基制定的考察目标来看，在十九世纪六七十年代，由俄国地理学会及其分会所派出的考察队，其主要目的都是搜集情报为沙俄政府的政策制定和军事部署服务，科学考察是次要的，只是掩盖政治目的的外衣。而政治性也成为普尔热瓦尔斯基，乃至整个十九世纪后期至二十世纪初俄国海外考察活动的共同特点。对于这次考察普尔热瓦尔斯基非常重视，因为在他看来这不仅是“令人羡慕的运气和艰巨的任务”，而且也是他“第一次在学术界崭露头角”的机会②。所以在出发前，普尔热瓦尔斯基收集了大量的相关信息，编写了备忘录，做了充足的准备。1867 年 5 月 21 日，普尔热瓦尔斯基和作为其助手的地形测绘员——亚古诺夫从伊尔库茨克出发，开始了长达两年的考察活动。这次考察主要分为三个阶段，但中途因故暂停了约半年的时间。

自 1867 年 5 月至 1868 年 1 月是考察的第一阶段。在这一阶段，普尔热瓦尔斯基对从伊尔库斯克到布色镇的过程中所途经的石勒喀河、阿穆尔河（黑龙江）以及乌苏里江流域进

---

① Н.Ф.Дубровин. Николай Михаилович Пржевальский -- Биографический очерк. СПб.: Военная Типография, 1890. стр.51.

② Письмо Н.М.Пржевальского к И.Л.Фатеев из Иркутск от 23.05.1867.

行考察，并于 1868 年 8 月底抵达兴凯湖，对那里进行了第一次的夏季考察。入秋后，普尔热瓦尔斯基一行从兴凯湖沿绥芬河前往圣奥尔加港，对那里进行简短的考察。随后于 11 月，离开圣奥尔加港，前往苏昌河谷，并从那儿溯流而上到达刀毕河，探访乌苏里江的源头。并于 1868 年 1 月返回布色镇，结束了这一阶段考察。

而普尔热瓦尔斯基此次乌苏里考察的第二阶段于 1868 年 2 月开始，主要是针对兴凯湖进行了全面的考察，特别是对春季迁徙至此的候鸟进行研究。普尔热瓦尔斯基原本计划在考察兴凯湖后前往松花江发源地，并对当时还没有被欧洲人踏足的长白山山脉进行考察，但因故中断了原定的考察活动。

1869 年 2 月，普尔热瓦尔斯基重新开始考察，对兴凯湖进行第三次考察，并于 5~7 月在兴凯湖流域的西部和南部探索新的交通路线，在 10 月返回到伊尔库茨克。在这次考察中，普尔热瓦尔斯基进行大量气象观测，总结出乌苏里地区的气候特征及其与地理位置的关系；收集了 300 多种共计 2000 多件植物标本；发现 36 种新鸟，制作了 310 件鸟类标本，发现新的哺乳动物物种——黑兔子，剥取兽皮 10 张，收集大量蝴蝶、蜘蛛等昆虫以及一些两栖动物的标本，弄清当地动植物区系；记录了当地的人口状况，并对当地民族的风俗习惯进行了调查和记录；探索了交通路线状况，探勘并绘制了包括乌苏里江流域至太平洋各港湾路线图在内的多张交通地图。

丰富而全面的信息和资料以及新奇的收集品为普尔热瓦尔斯基带来了名声，赢得了俄国地理学会以及军部认同。1870 年冬，当他再次返回圣彼得堡时，谢苗诺夫已经把普尔热瓦尔斯基当作“自己人”来看待了。[①] 乌苏里地区考察开启了普尔热瓦尔斯基考察人生的大门。在这次考察中普尔热瓦尔斯基初步形成了地质勘测与动植物标本收集为主、民族学调查为辅的考察模式，意识到枪炮在考察中的重要性，逐步形成武力至上的思想。并且他还在考察的过程中表现出对中国人的蔑视，认为中国人都是粗野肮脏的蛮子，是些离不开投机取巧和买卖盈利的愚昧之徒。[②] 而普尔热瓦尔斯基在这次旅行中所形成的考察模式、思想和观点对其以后的考察活动产生了深远影响。而这次考察同时也为普尔热瓦尔斯基打开了中央亚细亚探险的大门，为他随后的四次中国西部考察奠定了基础。

3.1.2.2 1870 ～ 1873 年蒙古及唐古特地区考察

结束乌苏里地区考察返回圣彼得堡的普尔热瓦尔斯基乘胜追击，借助因首次考察成功而受到俄国地理学会关注的契机，向学会和总参谋部递交了前往中国西北边疆地区，对黄河上游流域以及鄂尔多斯和青海等地进行考察的申请，并立即得到了陆军部的支持，但是俄国地理学会理事会却比较谨慎，有些迟疑，并没有立即答复，而是选择听取驻华公使的意见。在时任俄国驻华公使兼副外交大臣弗兰加利的“不能不支持这一事业”以及“不能把这些考察工作让与他人，也不能让别人在亚洲的这个地区超越我们”[③] 等言论的鼓吹下，同时在得到弗兰加利本人保证考察安全并将全力支持考察活动的承诺后，俄国地理学会理事会最终决定派遣普尔热瓦尔斯基前往

---

① Речь П.П.Семенов 9 ноября 1888г. Памяти Н.И.Пржевальского.СПб.: 1889г. стр18.

② [俄] 尼·费·杜勃罗文:《普尔热瓦尔斯基传》，吉林大学外语系俄语翻译组译，商务印书馆 1978 年版，第 60 页。

③ [俄] 尼·费·杜勃罗文:《普尔热瓦尔斯基传》，吉林大学外语系俄语翻译组译，商务印书馆 1978 年版，第 85 页。

中国进行考察。至此,普尔热瓦尔斯基登上了俄国地理学会的中国西部考察的舞台,并成为俄国中央亚细亚地区科考研究的开创者之一。

普尔热瓦尔斯基第一次中国西部考察的经费共计10000卢布,由陆军部、俄国地理学会以及皇家植物园共同承担。考察计划进行3年,行程约为12000千米。由普尔热瓦尔斯基、佩利佐夫和两名哥萨克组成的考察队于1870年从圣彼得堡出发,首先到达中俄边境城市——恰克图,11月下旬从恰克图出发,耗时37天,于1871年1月2日到达北京。经过短暂休整,并且获得清政府颁发的前往鄂尔多斯和阿拉善地区的考察证件后,考察队于1871年2月25日从北京出发,正式开始考察。

正式考察分为两个阶段。在第一阶段中,考察队从北京往北出古北口前往多伦诺尔,并从那里前往张家口,同时对沿途地区进行了考察,最终于4月底到达张家口。在张家口稍作休整后,普尔热瓦尔斯基考察队造访阴山西部(即乌拉山),随后从那里前往包头,并在包头渡过黄河转往鄂尔多斯,在黄河河谷地区进行了一系列地质勘测以及动植物样本采集等方面的研究工作。1871年9月2日,考察队到达蹬口,从那里再次穿越黄河进入阿拉善平原,于9月14日抵达定远营,并得到允许进入了贺兰山地区。但是,由于资金不足,同时还因为清政府所签发护照只到甘肃边界,所以普尔热瓦尔斯基不得不放弃前往青海湖的计划,折返北京向俄国驻华使馆求助。至此,普尔热瓦尔斯基首次中国西部考察的第一阶段宣告结束。

回到北京的普尔热瓦尔斯基在获得驻华公使弗兰加利的协助下,补充申请了一笔资金,重新装备了考察队。同时在公使的协调下获得了清政府颁发的去甘肃、青海和西藏等地考察的护照。普尔热瓦尔斯基于1872年3月5日率领考察队从张家口原路返回定远营，并从那里随商队前往距青海湖不远的却藏寺，并在沿途开展了一系列的考察活动。9月23日，普尔热瓦尔斯基离开却藏寺前往青海湖，10月12日进入青海，并于次日到达青海湖。结束对青海湖的考察后，普尔热瓦尔斯基一行从那里经柴达木东部进入青藏高原，并在到达长江江源附近后返回。在返回途中，考察队穿越了戈壁前往库伦。而在此之前欧洲人还从未涉足过这条路。[①] 最终，普尔热瓦尔斯基一行于1873年9月到达库伦，随后返回恰克图，完成了整个考察旅程。

普尔热瓦尔斯基的1870~1873年蒙古及唐古特之行是其历时最久、行程最长的考察活动。尽管在考察中遇到了一些困难，但却取得了较为丰硕的成果。普尔热瓦尔斯基不仅对阿拉善、柴达木以及青海湖等地区进行了大规模的勘测，确定青海湖的水系构成，根据测算指出青藏高原的海拔；还收集大量动植物标本；并对当地各族居民进行了一些调查。回国后，普尔热瓦尔斯基根据考察日志写成了《蒙古和唐古特人的家乡——三年亚洲东部高原地区之旅》(*Монголия и страна* Тангутов.Трехлетнее путешествие в восточной нагорной *Азии*)[②] 一书，并于1875~1876年分两卷出版。普尔热瓦尔斯基本人也因这次考察所取得的成果获得学会所颁发的康斯坦丁金质奖章。

3.1.2.3 1876～1878年罗布泊考察

借助前次考察活动所带来的影响，普尔热瓦尔斯基在1876年1月向俄国地理学会理事会提交了新的考察计划。这

① О.А.Боян. Первые исследователи Центральной Азии. М.:ОГИЗ, 1946. стр. 71.

② 该书中文译本名为“荒原的召唤”，作为亚洲探险之旅丛书中的一部，于2000年由新疆人民出版社出版。

次考察的预定目标是新疆南部、罗布泊以及拉萨，而考察所需资金增长至24000卢布。虽然考察经费大幅度增加，但是由于普尔热瓦尔斯基所计划的考察符合沙俄政府当时的政策需求，所以考察计划很快在3月5日就获得沙皇亚历山大二世的批准，并由国库随即拨款。在这次考察中由埃克隆担任普尔热瓦尔斯基的助手，另有六名哥萨克人随行。考察队首先从圣彼得堡到达伊宁，在收到清政府颁发的哈密至西藏的护照后，于8月12日从那里出发，正式开始考察活动。队伍首先经伊犁河、特克斯河以及空格斯河到达天山的中心地带——裕勒都斯，停留数日后，起程前往开都河谷，并到达库尔勒城。后在阿古柏伯克的协助下，经塔里木到达罗布泊地区。1877年4月25日结束罗布泊的考察返回库尔勒城。5月初离开库尔勒后，普尔热瓦尔斯基率领考察队翻越纳拉特岭，来到昌曼河上游，进行一些标本采集和地理气象观测活动后，经空格斯河谷前往伊宁，并于7月初抵达那里。普尔热瓦尔斯基本打算从那里经古城和沙洲前往西藏，但是在抵达古城后由于患病，不得不返回斋桑治疗。1878年春，普尔热瓦尔斯基一行离开斋桑动身前往西藏，但是由于沙俄政府与清政府之间的关系发生突变，普尔热瓦尔斯基的考察活动被沙俄政府终止。至此，普尔热瓦尔斯基的第二次大型中国西部地区考察结束。在这次考察中，普尔热瓦尔斯基没有完成考察西藏的既定目标，但是也取得了一些考察成果。在1876~1878年考察探险过程中，普尔热瓦尔斯基不仅进入了天山的裕勒都斯，还考察了塔里木河下游和罗布泊，更在罗布泊以南发现了阿尔金山脉，而这被认为是本次考察活动的最大收获，因为这一发现使人们可以准确地勾勒出青藏高原北部边界的形态。[①] 另外,普尔热瓦尔斯基不仅对行进路线进行目测,绘制地图,测量经纬度以及海拔高度,开展气象观测;还收集大量动植物标本,发现野骆驼等新物种,对当地各族居民的生活习惯及风俗进行了调查和记录,同时了解到有关南疆地区的珍贵信息。有关这次考察情况全部记载在《从伊宁过天山到罗布泊》(*От Кульджи за Тянь-Шань на Лоб-нор*)一书中。

3.1.2.4 两次西藏考察

罗布泊考察后,俄国地理学会在普尔热瓦尔斯基的申请下又委派他分别于 1879~1880 年和 1883~1885 年针对西藏开展了两次专门考察。普尔热瓦尔斯基之所以急于在这一时期对西藏开展考察,除了其本身对西藏地区的浓厚兴趣外,更主要是由当时的情势决定的。早在普尔热瓦尔斯基进行罗布泊考察的时候,英国就在与清政府协商,准备组织探险队前往拉萨,以便打通去往西藏的贸易道路。同时,英国还伺机派遣经训练的印度婆罗门僧侣混入西藏去打探消息。而这些举动明显将对沙俄在中国西部地区殖民扩张产生影响,加剧了英俄两国在这一地区的竞争。同时,十二世达赖喇嘛于 1875 年去世,而据俄国了解的情况,继任的转世灵童按照规定继任者要满 4 岁时才可以入主布达拉宫,行使职权。[②] 所以,当时西藏正处于政权交替的阶段,谁能够率先抵达拉萨,谁就能够对达赖喇嘛产生影响,从而借助其在东亚、南亚和东南亚佛教国家的影响力扩大自己的势力范围。因此,沙皇亚历山大二世很

---

① М.Ф.Матвеева: Исследование центральной Азии - одна из самых ярких страниц в истории русского географического общества.// Санкт-Петербург – Китай. три века контактов. СПб.: *Европейский дом*,2006. стр.136.

② [俄] 尼·费·杜勃罗文:《普尔热瓦尔斯基传》,吉林大学外语系俄语翻译组译,商务印书馆 1978 年版,第 232 页。

快于1878年12月15日批准了普尔热瓦尔斯基的第三次中央亚细亚考察，并按照普尔热瓦尔斯基的奏请责令财政部从国库拨款20000金卢布作为考察的经费。在这次考察中基于尽早抵达拉萨的目的，普尔热瓦尔斯基选择从斋桑出发，经哈密、沙洲和柴达木，最终到达西藏，因为这条路线的路程相对较短。而与其同行的助手除埃克隆外还有罗博罗夫斯基。①

考察队1879年1月20日从圣彼得堡出发，2月27日抵达斋桑哨所。3月21日，普尔热瓦尔斯基一行从斋桑出发，前往准噶尔荒原，并到达哈密绿洲。对这个军事、商贸要塞进行必要走访和考察后，普尔热瓦尔斯基继续前行，到达位于天山边缘的另一个绿洲——沙洲。6月21日考察队离开了沙洲，前往南山（即祁连山），8月11日到达色尔腾，然后经柴达木前往西藏。考察队翻过布尔汗布达山，并于9月18日进入青藏高原。在西藏，考察队一行经舒嘎山、可可西里、穆鲁乌苏河，最终到达唐古拉山。但是，由于进入拉萨的要求被拒，普尔热瓦尔斯基一行在到达距离拉萨200多千米的那曲后，不得不返回。返回途中，普尔热瓦尔斯基再次来到青海湖，并到达黄河上游开展考察。随后，考察队经阿拉善到库伦，再从那里前往恰克图回国。

虽然在这次考察中普尔热瓦尔斯基没能进入西藏首府拉萨，但对可可西里、唐古拉山、长江源等地区进行较为详细的研究。并且在返程途中，他还对中国另一条重要河流——黄河的上游地区进行了考察。普尔热瓦尔斯基绘制了大量线路图，采集动植物标本，了解藏区居民的风俗习惯，更精心获取了当地政治状况的信息，以为沙俄政府在制定政策时提供参考。因

① 罗博罗夫斯基在此之前曾参与考察准噶尔地区，具有中国考察的经验。

为其在 1879~1880 年第一次西藏探险的表现，普尔热瓦尔斯基回到俄国后被选为俄国皇家地理学会的荣誉会员。而关于此次西藏考察的情况记录在《从斋桑过哈密到西藏和黄河上游》（*Из Зайсана через Хами в Тибет и верховье Желтой реки*）一书中，该书于 1883 年在圣彼得堡出版。

尽管这次不圆满的西藏考察为普尔热瓦尔斯基赢得了学术界的赞誉以及俄国皇室的关注，但是他本人并不满足于此，在普尔热瓦尔斯基看来"在高原上还有两万平方地理里的面积几乎无人知晓"①。所以 1883 年他又向俄国地理学会提出西藏考察的申请。虽然这次考察的费用进一步增加，达到了 43580 卢布，但是考虑到普尔热瓦尔斯基历次考察活动的政治和科学价值，沙皇亚历山大三世批准了俄国地理学会转交的申请。普尔热瓦尔斯基将第二次西藏考察的目标定为北藏，尽管他很希望在这次考察中能够有机会进入拉萨，但是有了第一次考察的经验，普尔热瓦尔斯基并不把进入拉萨作为势在必行的终极目标，而是将纳木错湖定为重点考察对象。而普尔热瓦尔斯基在这次考察活动中选择了罗博罗夫斯基和科兹洛夫担任自己的助手。1883 年 8 月考察队一行 20 多人浩浩荡荡地离开圣彼得堡，10 月抵达恰克图，从那里起程，正式开始考察活动。

普尔热瓦尔斯基率领考察队沿其 1873 年和 1880 年时所走的路线穿越广袤的戈壁滩，到达甘肃和青海湖，从青海湖前往西藏北部地区，并到达黄河和长江源地区。但是由于在鄂陵湖②附近与当地藏族牧民发生武装冲突，造成当地牧民近 30

① [俄] 尼·费·杜勃罗文：《普尔热瓦尔斯基传》，吉林大学外语系俄语翻译组译，商务印书馆 1978 年版，第 315 页。

② 普尔热瓦尔斯基在游记中将其叫作俄罗斯人湖。

人伤亡，考察队迫于压力不得不放弃后边的考察计划，往回前往柴达木，并于1885年1月到达罗布泊，时隔8年后再次对这一地区进行考察。结束罗布泊的二次考察后，考察队经克里雅前往和田，并顺和田河及叶尔羌河穿过塔克拉玛干沙漠到达阿克苏，随后翻越天山返回俄国。这次考察，普尔热瓦尔斯基没有完成既定的考察目标，不仅没有进入西藏首府拉萨，也没有到达纳木错湖，甚至没有能够深入藏区。尽管普尔热瓦尔斯基和同伴声称到达了黄河和长江的发源地，并发现了原先不为欧洲人所知的扎陵湖和鄂陵湖，但是他在1883~1885年考察中所走过的大部分地区，特别是罗布泊都是其曾考察过的地区，在考察目标和成果上并没有很大的突破。

然而，由于他在这次考察中进行的殖民主义侵略行为，如打死打伤藏族牧民；在和田进行武装游行，恐吓当地居民，迎合了沙俄政府的对外方针，所以普尔热瓦尔斯基不仅被提升为少将，更获得了科学院的特别金质奖章。而这一点也充分体现出普尔热瓦尔斯基考察的政治性。有关普尔热瓦尔斯基第二次西藏考察旅行的情况记录在《第四次中央亚洲之旅——从恰克图到黄河源、西藏北部边缘地区的研究和过罗布泊沿柴达木盆地的路线》（*Четвертое путешествие в Центральную Азию. От Кяхты на истоки Желтой реки. Исследование северной окраины Тибета и путь через Лоб-Нор по бассейну Тарима*）[①]一书中，该书于1888年在圣彼得堡出版。1888年，普尔热瓦尔斯基计划开展新的旅程，但是因饮用生水，引发伤寒，不幸病逝于比什凯克，就此结束了他的探险生涯。

① 该书中文译本名为《走向罗布泊》，作为亚洲探险之旅丛书中的一部，于2000年由新疆人民出版社出版。

3.1.3 普尔热瓦尔斯基中国边疆地区考察的成果

普尔热瓦尔斯基一生累计考察时间达 12 年，行程累计 31185 俄里[①]，深入乌苏里江流域以及中国西部地区，对所到之处进行了较为细致的考察。由于受到谢苗诺夫人文地理考察的影响，普尔热瓦尔斯基在考察过程中不仅对路线进行军事目测，对主要地点进行纬度、经度和海拔高度的测量，同时还收集民族和人种学方面的资料，采集动物、植物以及地质标本。特别是他对中央亚细亚地区的四次考察，更是被俄国学术界过度赞扬，认为它们“开辟这一地区的地理学、动植物区系的新纪元”，并给人“一种从黑暗的房间走到阳光灿烂的世界的感受”[②]。虽然俄国地理学界给予普尔热瓦尔斯基的评价过高，缺乏客观性，但是不能否认普氏确实在中国边疆史地研究方面取得了一些成果，为其发展做出了自己的贡献。

一、普尔热瓦尔斯基进行一系列天文、水文、海拔、气象等方面的勘测，修正、纠正了当时的亚洲地理描述中的错失，填补了当时亚洲考察领域的空白。在兴凯湖，普尔热瓦尔斯基发现了地质运动的证据，将锡霍特山脉东侧面海的斜坡标在地图上。而在中国边疆地区，他的足迹更是遍及从帕米尔到大兴安岭，长 4000 俄里，宽 1000 多俄里的广阔地区[③]，其中包括了从达赉诺尔到阿克苏的整个大戈壁，横亘大戈壁的阿尔泰山和天山、贺兰山、阴山、祁连山、塔里木、柴达木盆地以及西藏高原等多个地区。普尔热瓦尔斯基在四次中国西部考察过程中开

---

① Н.О.Дубровин. Николай Михайлович Пржевальский – Биографический очерк. СПб.: 1890.стр.479.

② [俄]尼·费·杜勃罗文:《普尔热瓦尔斯基传》，吉林大学外语系俄语翻译组译，商务印书馆 1978 年版，第 408 页。

③ 同上。

创了很多的“第一”，例如，他是第一个对新疆南部地区进行系统科学考察的欧洲人，是第一个到达和田河的欧洲考察家，也还是第一个对昆仑山位置、结构和特点进行深入研究的人。[1]

除此之外，普尔热瓦尔斯基还是天山和西藏边缘山脉间广阔土地、新疆众多绿洲、罗布泊位置以及阿尔金山的发现者。正是凭借这些新发现，普尔热瓦尔斯基打破了欧洲学者有关戈壁沙漠不能通行的论断，解释了马可·波罗途经罗布泊的原因，指出了一条欧洲通往中国的古老通道；改变了昆仑山的直线形态，并查明了其重要的转弯点，证明了昆仑山从帕米尔一直绵延不断直到黄河一带；弄清了西藏高原北部边界的真实情况，还原其向北突出的弧形轮廓。普尔热瓦尔斯基通过实地考察和勘测，否定了德国地理学家洪堡有关亚洲山文结构具有网状特征的观点。同时，他还纠正了洪堡有关“戈壁是一个隆起地区”的看法，并依据戈壁与临近山地的相对高度和位置关系定义戈壁为以石漠和泥漠为主的不平坦洼地。普尔热瓦尔斯基不仅对中国西部山脉进行细致的考察，还对这一地区的主要河流和湖泊进行了探访和测量研究。譬如，他考察了塔里木河及其支流——和田河，到达了青海湖和罗布泊，探访了黄河源区，勘查了长江上游的穆鲁乌苏河流域。

除了地理描述外，普尔热瓦尔斯基在考察中国西部时，还采用天文测量方法测定了 63 个重要位置和约 300 点的海拔高度。[2] 而这填补了当时亚洲地图的空白，纠正了很多地方相对位置的误差。而且在考察中，普尔热瓦尔斯基还克服严寒等不

① [俄]尼·费·杜勃罗文:《普尔热瓦尔斯基传》，吉林大学外语系俄语翻译组译，商务印书馆 1978 年版，第 414、418、421 页。

② 伍光和、唐少卿:《论普尔热瓦尔斯基在亚洲中部地理研究中的地位和作用》，载《兰州大学学报(社会科学版)》，1986 年第 1 期，第 71 页。

利因素，每天进行气象观测，记录所到之处的气候状况，使人们更加了解中央亚细亚地区的气候特征。总之，普尔热瓦尔斯基较为全面地展现了乌苏里江流域和中国西部地区的情况，使人们对那些当时知之甚少的地区有了更为深入的了解。

二、普尔热瓦尔斯基采集众多动植物样本，发现很多新物种，描绘出中国边疆地区动植物的区系特征。普尔热瓦尔斯基在兴凯湖、达赉诺尔、青海湖、罗布泊等地对候鸟迁徙进行了观测，记录下鸟类的飞行路线。此外，普尔热瓦尔斯基不仅发现了诸如野马、野骆驼、啼兔等新物种，同时还收集了数量可观的动植物标本。仅在四次中国西部地区考察中，普尔热瓦尔斯基就收集兽皮 702 张，爬行和两栖动物标本 1200 个，鱼类标本 75 种 643 条，鸟类标本 50 种 5010 只，而植物标本更多达约 1700 种 15000~16000 件。[①] 这些标本及其随附的标签和简要记录不仅极大地丰富了俄国皇家植物园以及俄国皇家科学院的动植物标本收藏，更为日后研究中国西部动植物区系情况提供了重要的资料，促进了俄国中央亚细亚动植物研究的发展。

三、普尔热瓦尔斯基在能力范围内对所到之处的居民进行了人种学研究，记录下他们的生活习惯和风俗，对当地各族居民的外貌、性格特点进行了描述。尽管普尔热瓦尔斯基尽可能地了解描述当地居民的外貌，介绍其风俗及信仰，但是他的民族学研究还停留在表象的描述上，对于语言、文学等更深次的文化内涵没有更多的了解和介绍。这主要是因为在普尔热瓦尔斯基的考察队伍中缺少素质高、语言能力强的翻译。在开展民族学调查时经常是采取传译的方法沟通。一般情况下都

① [俄]尼·费·杜勃罗文：《普尔热瓦尔斯基传》，吉林大学外语系俄语翻译组译，商务印书馆 1978 年版，第 448~449 页。

是他先对哥萨克说俄语，哥萨克译成蒙语告诉蒙古族人，后者再译成唐古特语传递给唐古特人。[1]这种方法不仅费时，而且很难达到预期效果，极大地限制了普尔热瓦尔斯基民族研究工作的开展。

此外，普尔热瓦尔斯基对汉学家和传教士有关中国的研究成果不屑一顾，认为他们只是散播中国的错误信息[2]，不足为信，所以对他们的著作不够重视，致使其在中国民族学方面的知识储备几乎为零。这也造成普尔热瓦尔斯基的民族学考察还停留于风俗习惯、外貌特征等表面现象的研究，对于语言、文学、历史、哲学等文化内涵的研究和考察很匮乏。同时，普尔热瓦尔斯基在选择路线时以避开居民点为首要原则，因此所经之处多为无人居住地区，这使其民族学研究的开展受到很大的局限。

总体来说，普尔热瓦尔斯基的考察活动主要在自然研究方面取得较为丰富的成果。他绘制了多幅路线地图，进行了一系列的地理勘测，还投入精力去收集所考察地区的动植物标本，补充了有关中央亚细亚地区的自然地理研究资料。这些也构成了普尔热瓦尔斯基五次考察成果中最主要的部分。而在人文研究方面，普尔热瓦尔斯基虽然收集了不少当地居民的生产、生活、宗教信仰等方面的资料，但是其研究流于表面，未能进一步对文化内涵进行研究。同时还应该注意到，虽然普尔热瓦尔斯基在亚洲自然地理考察方面确实取得了一些有价值的成果，但是由于其本人的自大狂妄，对中国古文献资料的完

---

① [俄]普尔热瓦尔斯基：《柴达木探险游记选之二——唐古特人》，载《柴达木开发研究》2003年第2期，第73—74页。

② [俄]尼·费·杜勃罗文：《普尔热瓦尔斯基传》，吉林大学外语系俄语翻译组译，商务印书馆1978年版，第129页。

全陌生，以及其考察路线的局限性，也使他的考察出现一些重大的错失。[1]其中最著名的当属罗布泊地理位置的偏差。这不仅导致了普氏自己与李希霍芬男爵的争论，同时也引起世界长达数十年有关罗布泊地理位置的争论。而且由于普尔热瓦尔斯基不尊重所考察地区历史、文化的殖民主义考察态度，令其肆意使用首先发现权，随意更改地名，也造成了文献中地名体系的混乱。

3.1.4 普尔热瓦尔斯基中国边疆地区考察的政治性和功利性

尽管普尔热瓦尔斯基在中国西部考察方面取得了不少成果，并且俄国地理学会，乃至沙俄政府都一再强调其对俄国亚洲地区研究所做出的贡献，但是这却不能掩盖普尔热瓦尔斯基充当侵略活动间谍的事实，以及其追名逐利的真实目的。

首先，普尔热瓦尔斯基是沙俄政府的间谍，是沙俄蚕食中国西部广袤土地计划的先锋。作为一名军官，普尔热瓦尔斯基以维护沙俄政府的利益为己任。虽然为了获得进入中国境内考察，他曾表示愿意放弃自己的军衔，但是当俄土战争爆发后，正在中国西部考察的普尔热瓦尔斯基立即上报，表示要中止考察参战。同时，他在每次考察活动中都肩负着为俄国总参谋部收集军事信息的任务。普尔热瓦尔斯基曾向参谋部提交数十份有关中国的报告，为沙俄侵华政策提供参考意见。在普尔热瓦尔斯基心里中国西部的大片土地是美好的，而中国人却

① 伍光和、唐少卿:《论普尔热瓦尔斯基在亚洲中部地理研究中的地位和作用》，载《兰州大学学报(社会科学版)》，1986 年第 1 期，第 71 页。

是"犹太人加莫斯科的骗子手，一对双料货"[①]。所以他以一个殖民者的姿态蛮横地表示，沙俄政府不仅不应该归还伊犁地区，更要将裕勒都斯及其肥美的牧场收入囊中。此外，在普尔热瓦尔斯基看来武力是最好的护照。因此，军火费用是普尔热瓦尔斯基每次考察支出中比重最多的一部分。并且，普尔热瓦尔斯基在考察途中经常进行军事演习，并曾在和田武装游行，以恐吓当地居民，甚至在第四次中央亚细亚考察中，与青海藏族同胞发生武装冲突。普尔热瓦尔斯基在中国境内犯下的恶行，虽然只是沙俄帝国种种侵略行为的一个缩影，但是也足以说明普尔热瓦尔斯基的探险活动并不是其所主张的纯科学性考察，而是具有极强的政治性和军事性，是沙俄蚕食中国西北领土侵略活动的组成部分。

其次，普尔热瓦尔斯基是出于功利目的才开展考察活动的投机者。普尔热瓦尔斯基开展探险活动的根本目的是获取名誉和财富。在其第二次中央亚细亚考察受阻时，普氏曾表示不愿再追求名誉和财富，要回归田园生活。而这从一个侧面反映出，支撑普尔热瓦尔斯基克服困难、完成种种考察活动的动力远不是他所宣称的对科学的热诚，而是对高官厚禄的贪欲。他为了结交权贵向沙俄皇室赠送动物标本；将自己在乌苏里江流域地区获得的大量动植物标本不是捐赠，而是以 10000 卢布的价格卖给俄国科学院。并且据普尔热瓦尔斯基 1876 年给佩里佐夫的一封遗书中反映，在当时普尔热瓦尔斯基就已经有 11200 元的现金和债券资产。[②] 普尔热瓦尔斯基的种种行为

① [俄] 尼·费·杜勃罗文:《普尔热瓦尔斯基传》，吉林大学外语系俄语翻译组译，商务印书馆 1978 年版，第 99 页。

② [俄] 尼·费·杜勃罗文:《普尔热瓦尔斯基传》，吉林大学外语系俄语翻译组译，商务印书馆 1978 年版，第 473 页。

都说明他是一个市侩的投机者,不遗余力地追名逐利。虽然普氏最终实现了自己的梦想,不仅授封少将,更从一个需要借钱才能到首都考试的穷小子变成坐拥数万家产的庄园主。但是,他的名誉与财富都是用中国西部牧民同胞的鲜血和无数珍稀动物的尸体换取的。这更充分证明了,普尔热瓦尔斯基的探险活动只是以科学考察为名的野蛮侵略行为。

综上所述,普尔热瓦尔斯基是俄国地理学会在十九世纪中后期中国西部考察活动中的代表人物之一,为中国边疆史地研究做出了贡献。而普尔热瓦尔斯基本人也因此不仅在俄国享有极高的赞誉,更在世界获得了不少荣誉。凭借一次乌苏里江流域地区考察和四次中央亚细亚考察所取得的成果,普尔热瓦尔斯基不仅获得莫斯科大学的动物学荣誉博士学位,更成为包括俄国科学院、俄国地理学会、德国柏林地理学会在内的20多家科学研究机构的会员或者荣誉会员,同时还获得俄国、柏林、伦敦、巴黎等地理学会所颁发的奖章。但是,在成就和荣誉的背后也应该注意到,普尔热瓦尔斯基的考察并非纯科学性质的,而是带有极强的政治性。他肆意发表分裂中国的殖民主义言论,枪杀无辜藏族牧民同胞,充当沙俄政府侵华活动的急先锋。他还以科学研究为名无度猎杀藏羚羊、野马等珍稀动物资源,造成不可弥补的资源损失。普尔热瓦尔斯基是集探险者、学者、狂妄的殖民主义者和凶残的侵略分子于一身的十九世纪后期特定历史时代下的产物。他既在亚洲中部地理学史中留下了学者的功业,也在这片土地上深深印刻下沙俄侵略者的罪行。①

① 伍光和、唐少卿:《论普尔热瓦尔斯基在亚洲中部地理研究中的地位和作用》,载《兰州大学学报(社会科学版)》,1986年第1期,第74页。

第二节 波塔宁及其中国西部民族和民俗研究

格里戈利·尼古拉耶维奇·波塔宁(Григорий Николаевич Потанин),俄国地理考察家、植物学家、亚洲民族学研究者,是俄国十九世纪后期至二十世纪初中央亚细亚探险热潮中最重要的考察者之一。他与同时代的普尔热瓦尔斯基、佩夫佐夫被认为是俄国地理学会在沙俄时期中国西部考察史上最重要的三位学者。[①]波塔宁一生共主持进行了五次大型的中央亚细亚考察活动,足迹遍及青海、西藏、蒙古等地区。然而,尽管波塔宁获得了俄国地理学会副主席——谢苗诺夫的全力支持,但是由于缺少军政两界的背景,在考察进行时经费常捉襟见肘。在佩利佐夫(俄国考察探险家,曾于1870~1873年参与普尔热瓦尔斯基的蒙古南部地区考察活动)给普尔热瓦尔斯基的信中曾提到,波塔宁的考察队"装备极差,其参与者好久以来在各方面都忍受着贫困"[②]。而且波塔宁所取得的成果也未得到应有的重视,在俄国对于其本人及考察成果的研究远不及同时代的普尔热瓦尔斯基。虽然始终未受到政、军、学界的关注和追捧,但是波塔宁依然兢兢业业地在中国西部开展各项考察活动,并取得了较为丰硕的成果,不仅绘制地图,采集标本,进行天文测算和地质勘探;更收集整理了大量民间故事和传说;主动参与各项民俗活动并将其情况详细记录下来;还拜访

---

① Л.С.Берг, Всесоюзное географическое общество за сто лет, М.: РИСО АН СССР, 1946, стр.98,102.

② [俄]尼·费·杜勃罗文:《普尔热瓦尔斯基传》,吉林大学外语系俄语翻译组译,商务印书馆1978年版,第484页。

了清朝地方官员和寺庙高级僧侣，与他们进行交流，从一个西方人的视角观察了中国统治阶层的生活；同时记述下中国晚清西北边疆地区主要城市的各种信息。而波塔宁所记录下的中国见闻，不仅帮助科兹洛夫等后来的俄国探险者取得诸如发现西夏黑水城等重要的考古成就，更可以作为补充参考资料，为研究中国晚清西北边疆地区的情况提供了参考。本节将对这位一直未获足够重视的俄国探险家及其中国西部考察情况进行全面的梳理。

3.2.1 波塔宁中国西部考察的地域及路线

3.2.1.1 蒙古地区

波塔宁一生为俄国地理学会主持进行过五次大型的考察活动。其中，1876~1877年的蒙古之行是波塔宁首次独立主持的大型海外考察活动，也正是在这次考察过程中波塔宁初步形成了自己独特的考察风格。1875年，波塔宁向俄国地理学会理事会提交了前往蒙古地区进行考察的申请。事实上，早在十九世纪五六十年代俄国地理学会就已经开始对蒙古地区进行考察研究。在波塔宁提出申请的十九世纪七十年代，俄国地理学会也派遣了多支考察队进入蒙古地区开展考察。其中比较著名的有：1870~1873年的普尔热瓦尔斯基蒙古南部地区考察；马杜索夫斯基1870年和1871年的科布多和乌里雅苏台之行，以及总参谋部大尉索斯诺夫斯基于1872年进行的维尔内谷地（又称黑额尔齐斯）考察等。虽然在波塔宁提出申请之前俄国已经有一些学者针对蒙古地区开展了不少考察和研究，但是波塔宁还是选择了蒙古地区作为自己中央亚细亚考察与研究生涯的首个研究对象。这主要是出于以下方面的考虑：

首先，尽管当时俄国已经开始对蒙古地区进行考察和研究，并取得了一定的成果，但是由于蒙古地区幅员辽阔，仍有一些地方尚未被考察和研究过。在提交给俄国地理学会的申请书中波塔宁回顾了俄国当时的蒙古研究状况，并指出："从托木斯克和叶尼塞省往南，比邻西伯利亚南部边界的区域相比中亚的其他地区而言还很少为人所知；深入中亚的俄国旅行者们向东到达了北京，向西到达了天山，却独留下中央亚细亚的这一地区，并且有关这一地区的信息极少。"[①] 可见，在十九世纪七十年代，尚缺乏对蒙古西北部地区的系统考察与研究。

其次，沙俄政府一直以强国自居，并妄图称霸亚洲，更认为中央亚细亚地区是其后花园，所以在十九世纪七十年代掀起的亚洲未知地区的考察热潮中，不允许其他人在亚洲的这一地区超越自己。[②] 并且在这一时期，一直奉行领土扩张政策的沙俄政府在从清政府手中窃取大片东北地区土地后，又将目光投向在中俄贸易中扮演重要角色的蒙古地区。而波塔宁此时所提出的西北蒙古考察计划正迎合了政府的扩张需求。

由于波塔宁审时度势，顺应上层统治阶层的实际需求，同时还得益于谢苗诺夫的从旁推动，俄国地理学会理事会最终批准了其西北蒙古考察的申请。但是在十九世纪七十年代，俄国地理学会的中央亚细亚考察活动刚刚起步，还处于方兴未艾的阶段；并且波塔宁当时还仅仅是地理学会的准会员，且学会还不能完全确定西北蒙古考察能为沙俄政府的政策制定以及俄国相关学科的发展带来多大的益处，所以学会拨给波塔宁的活动经费共计只有 3400 卢布。但幸运的是，当时俄

---

① П.П.Семенов. История полувековой деятельности императорского русского географического общество 1845-1895 часть 2. СПб.: 1896. стр.551.

② [俄]尼·费·杜勃罗文:《普尔热瓦尔斯基传》，吉林大学外语系俄语翻译组译，商务印书馆 1978 年版，第 86 页。

国财政部出于自身管理的需要，希望就蒙古西北部地区的贸易情况加以了解。所以，时任俄国财政部部长的列伊杰尔恩（М.Х.Рейтерн）向沙皇陛下奏请，由国库拨款给俄国地理学会3000卢布，以派遣波塔宁进行相关调查和研究。而沙皇亚历山大二世批准了这一请求。因此，波塔宁1876~1877年的首次蒙古考察的经费就增加到6400卢布。除此之外，时任西西伯利亚总督的卡兹纳科夫(Н.Г.Казноков)对波塔宁蒙古考察也很感兴趣，不仅给予物资支援，还出钱为考察队配备了地形测绘员，以便绘制沿线地图。尽管俄国财政部和卡兹纳科夫的资助使波塔宁获得了更多的资金开展研究工作，但是同时也给波塔宁的考察活动蒙上了更浓重的政治色彩，并使其一定程度上丧失了独立性。

1876年5月初，波塔宁从圣彼得堡出发，并在斋桑哨所与考察队其他成员会合后，正式开始首次西北蒙古考察旅行。除波塔宁外，1876~1877年西北蒙古考察队的成员中还包括：圣彼得堡大学副博士、蒙古学家博兹德涅耶夫（А.М.Позднеев），地形测绘员拉法伊洛夫中尉（Рафаилов），自然动物学家别列佐夫斯基（М.М.Березовский），标本制作员谢维尔措夫（Северцов）、科罗密措夫（Коломийцов）以及波塔宁的妻子波塔宁娜（А.В.Потанина）。波塔宁首先带领考察队向铁木尔苏湖进发，随后花费了大约17天的时间到达布伦托海。由于在那里没有找到向导，可以带领考察队沿乌伦古河谷到达科布多，所以考察队最终选择往北走，并在黑额尔齐斯河上游翻越阿尔泰山。而普尔热瓦尔斯基曾在1870~1873年的考察中选择过这条路线。离开布伦托海后，考察队于8月30日到达乌伦古湖左岸，沿湖平原地带分布着不少汉族人和土尔扈特蒙古人的村落。考察队继续前行，在渡过黑额尔齐斯河后，到达克朗河，在那里停留一段时间，并对附近地区进行考察。随后，在向导古杰柏的带领下前往科布多城。[1] 波塔宁一行于10月抵达科布多。由于冬季来临，又遭遇暴风雪，前方道路无法通行，考察队留在科布多越冬。在科布多期间，波塔宁等人对这一地区进行全面的研究，既对当地的自然、历史进行了科学考察，同时还收集了不少贸易信息，以完成财政部委派的考察任务。1877年3月底，考察队离开科布多，继续对蒙古西北部其他地区的考察。此时，波塔宁的考察队分为了两队，其中一队由考察队中负责打猎和动物标本制作的人员组成，这队人马向南沿通往呼和浩特的商道到博格多雪山北麓附近进行考察。而波塔宁本人、拉法伊洛夫及其他成员则组成另一队按原计划继续进行考察，就阿尔泰山脉、杭爱山脉和天山山脉的关系问题展开全面的勘探与研究。波塔宁等人翻越阿尔塔因—努鲁山（即阿尔泰山脉的东部延伸），沿乌连—达班山道到达巴尔雷克河上游。随后，考察队又从阿尔泰山脉的南部山麓进入戈壁荒漠，并在翻越与天山平行的梅清—乌拉山后抵达天山，于5月10日抵达哈密城。由于持有乌里雅苏台将军所出具的文书，考察队获得了当地官员的热情款待。离开哈密后，波塔宁等人前往天山东端的卡尔雷克—塔加山的北麓进行考察。随后，考察队翻越泰米尔—乌拉山，到达扎萨克图汗大帐所在地。7月10日，考察队起程前往舒尔根吉河，并于13日返回乌里雅苏台。而后，考察队由乌里雅苏台向北到达科索戈尔湖，从那里前往并到达金吉利克，后转道前往乌兰固木，并于1877年11月1日到达。随后，于5日拉法伊洛夫和波塔宁分头前往比斯克和科布多取回寄存在当地的考察收集品。1878年年

① М.А.Лялина. Путешествия Г.Н.Потанина по Китаю, Тибету и Монголии. СПб.: 1898. стр.4.

初考察全部结束，而波塔宁则于当年春天返回圣彼得堡。在这次考察中，波塔宁率领考察队两次穿越戈壁荒漠，两次翻越阿尔泰山脉，克服困难与不利条件，对乌伦古湖和科索戈尔湖之间以及唐努—乌拉山脉与天山山脉和其他山脉间的各个地区开展了深入的研究，而且其中很多地方欧洲学者当时尚未踏足，并且地图上也未被标明。①

结束第一次蒙古西北部考察后，波塔宁感到由于时间仓促，很多问题未能及时解决，希望可以再次前往这一地区进行补充考察。因此，波塔宁一回到圣彼得堡就向俄国地理学会理事会提出了新的考察计划，拟探访前次考察中未到达的地区，并在当地收集民族学资料，以便开展下一步研究。新的考察计划获得了学会的支持，但是由于学会资金紧张，学会理事会最终只拨付波塔宁 3000 卢布作为考察经费。另外，西西伯利亚活动家卡缅斯基为其捐助了 3000 卢布，因此，第二次蒙古考察的经费为 6000 卢布。但是由于当时沙俄政府与清政府的关系紧张，所以考察的范围限定在蒙古达尔汗地区。在这次考察中，波塔宁考察队的成员除其本人及妻子外，还包括地形测绘员奥尔洛夫及其助手耶里谢耶夫，负责考察中国自然地理研究的阿德里阿诺夫（А.В.Адрианов）②，蒙语翻译博尔金、阿尔泰语和乌梁海语翻译齐瓦尔科夫以及三个哥萨克兵。1879 年 4 月，波塔宁完成了考察的各项准备工作，并且计划在这一年就蒙古西北部地区四大湖泊③的关系问题展开研究。

---

① М.А.Лялина. Путешествия Г.Н.Потанина по Китаю, Тибету и Монголии. СПб.: 1898. стр.29.

② 阿德里阿诺夫毕业于圣彼得堡大学，获物理数学专业的副博士学位。在波塔宁 1879 年蒙古考察期间，他曾以民族学的角度开展了一系列地形测绘工作。

③ 蒙古西北部地区四大湖泊中包括乌布苏湖、吉尔吉斯诺尔湖、哈拉乌苏湖和杜尔加诺尔湖。

1879年6月9日，考察队从科什阿加奇出发，正式开始1879年的考察活动。8月初波塔宁等人到达哈拉诺尔，8月6日抵达科布多，9月7日进入当时西北蒙古最富庶的地区之一——乌兰固木。在乌兰固木作了必要补给后，考察队继续对其他地区开展勘测研究，并抵达萨尔札克—乌梁海人首领的大本营——梅捷列，并由当地向导带领于10月中旬到达乌布苏湖，而在月底探访了达捷列霍尔湖。11月8日，波塔宁一行来到达尔汗地区，参观了那里的寺庙，后从那里前往科索戈尔，并于当月25日抵达图兰，并在12月返回伊尔库茨克，结束了1879年的考察活动。在伊尔库茨克期间，波塔宁整理了考察中所获得的资料，为来年的考察活动做准备，并针对布里亚特阿拉尔斯克部族开展了小型的人文考察，收集了一些民族资料，特别是关于萨满教的信息。1880年2月，波塔宁收到来自沙俄政府方面的消息，由于政治原因，他不能够按计划开展随后的考察活动。但是波塔宁还是利用取回驮畜的机会，继续开展了一个月的考察活动。在这一个月的时间里他成功到达顿诺尔湖地区，并开展了一系列民族学方面的调查。尽管在第二次蒙古地区考察过程中，波塔宁没有能够完成全部两年的考察计划，但是他还是对蒙古西北部地区的重要城镇以及主要湖泊进行了比较全面的考察。

3.2.1.2 安多藏区

结束蒙古地区考察的五年后，波塔宁再次踏足中央亚细亚这片广阔、神秘的土地。而1884~1886年考察的目标锁定为在过去十几年间始终吸引着俄国众多学者前往探密的青藏高原及其周边地区。波塔宁计划从北京出发，向南沿一条还不为欧洲学界所知的全新路线抵达安多地区，并对那里进行考察和研究，随后经蒙古地区返回伊尔库斯克。[①] 除了波塔宁及其妻子外，参与这次考察活动的还有自然及动物学家别列佐夫斯基和彼安基（В.Л.Бианки），以及地理测量和天文学专家斯卡西（А.И.Скасси）。其中，别列佐夫斯基和彼安基负责采集标本和研究当地的动、植物种系情况，而斯卡西则作为测绘员不仅负责测量地形，还同时负责拍摄风景及人物照片，以供日后的研究。因为波塔宁两次蒙古地区考察大获成功，取得了不少珍贵资料，所以俄国地理学会为这次考察拨付了 29500 卢布的经费，而其中 17000 卢布由学会东西伯利亚分会主席、伊尔库斯克著名活动家苏卡切夫（В.П.Сукачев）提供。[②]

1883 年 11 月，波塔宁率领考察队从喀琅施塔得出发，乘军舰于 1884 年 4 月抵达芝罘（即今烟台市），并从那里经天津抵达北京。在北京，波塔宁为接下来的大规模考察活动做了准备，除了租用驮畜，还在天主教教士法维耶（Фавье）的帮助下，雇用到两名会说法语的中国仆役——李和邓（音译）。除此二人外，波塔宁自己在天津雇了会说俄语的崔三（音译）做考察队的仆役兼翻译。在准备好给各地方官员的信函后，考察队于 1884 年 5 月 25 日从北京出发，正式开始考察活动。波塔宁等人首先前往直隶省重要的城市——保定府，随后经唐县、龙泉关，前往中国佛教名山——五台山，并最终于 6 月 2 日抵达那里。在五台山停留数日，对那里的寺庙群做了简短的考察后，考察队于 6 月 13 日离开，前往重镇归化城（即今呼和浩特市旧城），并于 7 月 5 日抵达。7 月 31 日离开归化城后，波塔宁等

① М.А.Лялина. Путешествия Г.Н.Потанина по Китаю, Тибету и Монголии. СПб.: 1898. стр.64.

② Л.С.Берг. Всесоюзное географическое общество за сто лет. М.: РИСО АН СССР, 1946. стр.100.

人进入鄂尔多斯地区,对那里的自然、地理、历史、民族等方面情况进行了一系列考察,并在博罗波尔根松(Боро-Болгысун)更换了一些新的仆役和向导后,于9月21日动身前往陕甘重镇——兰州。考察队在途经花马城(今宁夏回族自治区盐池县)、岷州(今甘肃省定西市岷县)、灵州等地后,最终抵达甘肃首府兰州。由于入冬,考察队不得不做越冬的准备,为来年的大规模考察做好准备。这时,考察队划分了三组,分别进行考察研究活动。其中,斯卡西留在兰州整理图片;别列佐夫斯基往南去搜寻更多的标本;而波塔宁夫妇则前往三川地区(即今青海省民和回族土族自治县南部黄河沿岸),对那里的人文、地理、历史等情况进行考察。而波塔宁也是最早对居住在该地区的土族历史进行系统田野调查的人。[①]

1885年4月初,波塔宁夫妇在三川地区考察三个月后,与斯卡西在尼芝(Ничжи)会合,并于4月15日从那里出发,开始针对西藏东部地区的考察。在1885年的考察过程中,波塔宁首先采纳了向导喇嘛塞伦(Лама Сэрэн)[②]的建议,前往西宁,拜见西宁办事大臣,并获得办事大臣的推荐函。而后来的事实也证明,波塔宁采纳喇嘛塞伦的建议是正确的,凭借西宁办事大臣的推荐函,波塔宁在安多地区的考察进行得很顺利,获得了不少便利。离开西宁,波塔宁一行首先前往考察安多藏区最重要的藏传佛教寺庙——拉卜楞寺。此后于5月29日到达小城——卓尼,并拜访唐古特王公——杨土司。随后,波塔宁等人进入藏东地区,在西古(Си-гу)、卓尔尼河谷、科谢尔恩错河谷等地考察,并到达龙安府(Лун-ан-фу)。而龙安府也是

① 丁淑琴:《从波塔宁考察资料看土族族源》,载《民族研究》,2006年第4期,第95页。

② 喇嘛塞伦是斯卡西1885年从兰州带来的两名新向导之一,一直陪伴波塔宁在安多和中央蒙古地区考察,直至波塔宁抵达恰克图为止。

波塔宁本次考察所到达的最南点。[1] 结束在龙安府的考察，波塔宁率领考察队返回了兰州，并在那里等待别列佐夫斯基和从北京运来的考察经费。拿到经费后，考察队又分成两队，分头进行考察。其中，别列佐夫斯基这队返回西古，继续从事动、植物考察；波塔宁和斯卡西等人则前往塔尔寺考察，并在那里越冬，同时进行民族学考察，顺便打探经蒙古前往恰克图的路线。

1886 年 4 月，波塔宁考察队再次启程，开始新一年的考察活动。他们首先前往青海湖进行考察，后经蒙古前往恰克图，并在途中对土尔扈特蒙古、戈壁阿尔泰地区以及杭爱山脉等地进行考察。最终，波塔宁率领考察队于 1886 年 10 月抵达恰克图，返回俄罗斯，结束了近三年的整个考察活动。在这次考察中，波塔宁对西藏东部、安多地区以及蒙古中部进行了全面的考察，造访归化城、兰州、西宁、尼芝、卓尼等西北重要城市，拜见过包括准噶尔王、西宁办事大臣、唐古特杨氏土司等在内的多位清朝官员。波塔宁对于途中所经的城、镇，甚至村的情况都进行记录，对于重要的城市更是详细记录其历史、地位、商贸情况等信息。而他之所以会格外留心城市的情况也大都是为了沙俄政府侵略扩张政策的制定提供参考资料。

对于中国人，特别是清朝官员及其夫人的近距离观察则是波塔宁不同于以往俄国地理学会考察者的地方。以往以普尔热瓦尔斯基为代表的俄国地理学会考察队多以田野勘测为主，与清政府地方官员交往有限。为数不多的交流也大都是被动的，基本发生在清政府制止俄国考察队违反规定野蛮考察的时候。而波塔宁则不同，他如西方传教士一样主动地与当地

① М.А.Лялина. Путешествия Г.Н.Потанина по Китаю, Тибету и Монголии. СПб.: 1898. стр.174.

清朝官员接触。而他的记录反映出当时中国清朝贵族阶层的生活状态。例如,波塔宁在其游记中曾这样描述准噶尔王,“准噶尔王面黄肌瘦,满脸病容,像个骷髅。后来我们才打听到,他是个大烟鬼”。[①] 而“烟鬼”这个词也经常出现在波塔宁的叙述中,可见当时吸食鸦片在中国西北地区已是一个普遍现象,已成为严重的社会问题。而在波塔宁眼里,中国贵族公子哥儿们虽然已有些近代化,对于外国人已不陌生,不会好奇地看来看去。但这些公子哥儿们出门时还保持着封建的老做派,前呼后拥,小厮成群,没有任何改进。

此外,由于队伍中有女性随行,考察队得以拜会了多位官家女眷。按照中国的传统,贵族妇女不轻易见客,特别是男性客人,所以在以前游记中很难找到有关中国贵族妇女的内容。然而,波塔宁的考察队因有其妻子、俄国著名女探险者——波塔宁娜随行,得以拜访多位清朝贵妇,从而向俄国各界介绍了当时还不大为人所知的清朝贵族妇女的日常生活情况。在波塔宁娜看来,大官的“太太”多数不漂亮,但穿着得体、举止优雅,而且大都好奇心很重,乐见新鲜事物。但是,波塔宁娜对贵族妇女的观察更多的还是停留在表面现象上,没有深入到信仰等价值观层面,这主要是语言不通的原因。同时也应该看到,波塔宁拜访众多地方官员的真实目的并非科学研究,而是谋求更多的便利。例如,波塔宁之所以前往西宁拜会西宁办事大臣,就是为了让西宁办事大臣为自己出具一份介绍函,以便对安多地区开展考察。不论初衷如何,波塔宁及其考察团队真实记录下当时中国城市以及地方贵族阶层的情况,为研究中国晚清社会提供了可供参考的佐证。

① М.А.Лялина. Путешествия Г.Н.Потанина по Китаю, Тибету и Монголии. СПб.: 1898. стр.93.

3.2.1.3 其他地区

除了以上三次考察活动外，波塔宁与别列佐夫斯基和地质学家奥博鲁切夫[①]（B.A.Обручев）一起参与了俄国地理学会组织的1892~1893年四川考察。但是，由于波塔宁的妻子、俄国首位女中央亚细亚研究学者——波塔宁娜[②]不幸在考察途中因病逝世，波塔宁因忧伤过度无心考察之事，本次考察活动实际上是由别列佐夫斯基和奥博鲁切夫两人完成的。此后波塔宁还于1899年再次起程，对大兴安岭地区进行考察。而这也是他最后一次考察旅行。在这次旅程中，波塔宁获得了不少民族学研究方面的资料，描述了当地各族居民的外貌特征、风俗习惯、宗教信仰，并记录了300多首东方叙事诗。

3.2.2 波塔宁的民族学考察成果

与其他俄国地理学会的探险考察家一样，波塔宁也接受了谢苗诺夫所推行的人文地理学理论，并在考察活动中始终采取自然研究与民族学研究相结合的方式。[③]虽然波塔宁在

---

① 弗拉基米尔·阿法纳西耶维奇·奥博鲁切夫（Владимир Афанасьевич Обручев，1863~1956年），俄国著名地质学家、古生物病理学家、地理学家和幻想文学作家，曾多次赴西伯利亚、中央亚细亚、中亚等地考察，并在南山（祁连山）发现数个新的山岭，并对北山（贺兰山）进行过深入的研究。奥博鲁切夫一生致力于中央亚细亚和中亚地区黄土起源、西伯利亚冰川和永冻土、西伯利亚地质构造及其金矿矿田分布以及亚洲“远古黑暗”存在论等领域的研究，撰写了近百篇相关的各类著作，并因此获得俄国及其他国家所颁发的众多奖章。奥博鲁切夫后于1929年当选苏联科学院院士，并在1947年成为苏联地理学会的荣誉主席。

② М.Ф.Матвеева. Исследование центральной Азии – одна из самых ярких страниц в истории русского географического общества . \\ Санкт-Петербург – Китай Три века контактов. СПб.: Европейский Дом, 2006. стр.138.

③ И.Ф.Попова. Российские экспедиции в Центральную Азию на рубеже XIX--XX веков\\ И.Ф.Попова, Российские экспедиции в Центральную Азию в конце XIX—начале XX века. СПб.: АО《Славия》, 2008. 24.

考察过程中也开展了一些地质勘探、动植物系统调查等自然学科方面的研究活动，并取得一些成果。比如，在1879年考察过程中，波塔宁及其所率领的团队就绘制出科什阿加奇—乌兰固木、乌兰固木—科布多和乌兰固木—科索戈尔三幅线路图；测定了6个天文点；对所经地区进行了一系列气压观测；采集80种鸟类标本，千余种昆虫标本，近400种植物标本，以及120个山体岩石样本。[1] 但是，波塔宁本人将更多的精力放在了民族学方面的考察与研究上。在安多考察时，波塔宁更是将团队的动植物考察任务全部交由别列佐夫斯基来负责，而自己则专心开展民族学考察。波塔宁主要在以下几个方面取得了较为丰硕的成果。

3.2.2.1 收集、整理和研究中国民间故事及传说

波塔宁是十九世纪中后期至二十世纪初由俄国地理学会派往中国考察的探险者中最早开始收集民间传说、故事的学者之一。而这也成为他能够在俄国地理学会十九世纪末至二十世纪初中央亚细亚考察与研究的热潮中独树一帜、占有一席之地的重要原因。作为圣彼得堡大学自然学专业的肄业生，波塔宁之所以会对中国少数民族的民间故事和传说产生浓厚兴趣，主要是受同一时期俄国著名蒙古学家——波兹德涅耶夫的影响。波兹德涅耶夫是戈尔斯东斯基教授的学生，被俄国汉学大家王西里称为是继奥·科瓦列夫斯基之后使俄国蒙古学研究重新焕发生机之人。他在1876~1877年受教育部派遣随波塔宁进行蒙古地区考察。在这次考察过程中，波兹德涅耶夫着力收集当地的民间传说，并于1881年以“蒙古部落民

① П.П.Семенов. История полувековой деятельности императорского русского географического общество 1845-1895 часть 2. СПб.: 1896. стр.564.

间文学范例”为题通过硕士学位论文的答辩。[1]而波塔宁显然受到他的影响，不仅在第一次蒙古地区考察时跟随波兹德涅耶夫一起对当地各族民间文学进行记录、整理和研究，甚至在第二次考察蒙古西北地区时，在波兹德涅耶夫未同行的情况下，波塔宁也委派了翻译齐瓦尔科夫对当地所流传的神话传说和民间故事进行记录。在波塔宁四卷本的《西北蒙古概要》中记录了其从当地所收集、记录下的传说故事，并按照故事母体将其分为三十五类，且标注故事采集的地点，为研究蒙古族的起源、历史以及民间文学提供了原始资料。在收集民间传说和故事的同时，波塔宁也参考俄国汉学家的著作对所收集的民间传说进行了初步的研究，并作为注释标注在文后。而波塔宁对民间传说故事的兴趣并未因波兹德涅耶夫的离开而终止，相反却一直延续下来。在安多考察时，波塔宁继续对当地的民间故事、传说进行收集和整理。并在1893年由俄国地理学会出版的游记《中国唐古特——西藏地区和中央蒙古》第二卷中，他将所收集的故事划分为故事、神话、历史传说以及星宿和动物叙事诗四部分，同时在每个部分中按故事的主题加以归类。在波塔宁所收集的众多民间传说和故事中，最有价值的应属不同版本的《格萨尔》片段。

《格萨尔》是世界上最长的史诗，在中国藏族和蒙古族聚集居住区以口头传诵的形式广为流传。它不仅是一部讲述格萨尔王英雄事迹的文学作品，更因融合了不同年代藏民族的历史、社会、自然、科学、宗教、道德、风俗、文化、艺术等知识，而成为研究古代藏族社会的一部百科全书，被誉为“东方的

① 阎国栋：《俄国汉学史（迄于1917年）》，人民出版社2006年版，第598页。

伊利亚特”[1]。波塔宁是俄国早期最重要的《格萨尔》译介和研究学者之一。他在1884~1886年的考察过程中曾聆听并记录下青海湖厄鲁特、安多唐古特、鄂尔多斯蒙古等多个不同版本的《格萨尔》史诗片段，并在向导赛伦喇嘛的帮助下翻译了唐古特版本的藏文《格萨尔》。除了记录沿途所听到的故事片段外，波塔宁在安多地区的一个藏传寺庙中得到了一部相对完整的《格萨尔》藏文手稿，并将该手稿转交给了位于圣彼得堡的皇家公共图书馆保存。而这部手稿据其本人考证应该是欧洲第二部《格萨尔》书稿。[2] 在收集和翻译《格萨尔》故事的同时，波塔宁也对收集的《格萨尔》故事进行了比较研究。他首先将《格萨尔》与考察过程中所收集的其他类似民间故事进行了比较。他发现《格萨尔》与一些蒙古族英雄传说故事的情节非常相似。例如，他将《格萨尔》与流传于科尔沁蒙古的《阿布泰》进行相比时，发现两个故事中的主人公无论是身世还是事迹都存在相似的地方。此外，在将《格萨尔》与有关成吉思汗或铁木真的民间传说故事进行比较后，波塔宁也发现格萨尔王和成吉思汗这两个人物在民间故事中存在不少共同的地方，甚至两个人物的儿子都叫霍尔木斯德（Хормусты）。并且在考察中他还曾听到过乌梁海蒙古人的一个传说故事，该故事的主人公使用了“成吉思汗—格萨尔”这个复名。[3] 波塔宁据此指出，在最早的故事中格萨尔和成吉思汗应该指的是同一个人。除了将《格萨尔》与其他故事进行比较外，波塔宁也

① 周艳琼:《〈格萨尔王传〉:世界最长的史诗》,载《华夏文化》,2006年第2期,第30页。

② Г.Н.Потанин. Тангутско-тибетская окраина Китая и Центральная Монголия Том Второй . СПб.: Издание ИРГО, 1893. стр.114.

③ Г.Н.Потанин. Тангутско-тибетская окраина Китая и Центральная Монголия Том Второй . СПб.: Издание ИРГО, 1893. стр.118.

将不同版本的《格萨尔》故事进行对比研究，得出结论认为很难判定《格萨尔》起源于藏语，并大胆提出突厥语起源说。但其突厥语起源说的依据却仅仅是突厥语版本的故事中同时包含藏语、蒙古语等版本中各自带有的人物。虽然波塔宁所翻译的《格萨尔》不能与汉学家的专业译本媲美，语言生涩，仅能将故事大意转述出来，并且他单纯通过文本比较法所得出的结论也难免以偏概全，但是他确实尽其所能广泛收集了各种不同的版本，这不仅为《格萨尔》的保护做出了贡献，也为俄国，乃至世界的《格萨尔》研究提供了研究素材。

3.2.2.2 考察地方宗教

除了民间故事和传说，宗教也是波塔宁的主要考察课题，而在青藏、蒙古等地广泛流传的藏传佛教更是其重点关注对象。事实上，沙俄政府对地方宗教势力，特别是对以达赖喇嘛为首的藏传佛教的重视由来已久。在沙俄统治阶层看来，教权不仅在青藏地区，而且在其他信奉藏传佛教的地区都是可以同清政府的政权相抗衡的重要力量。在波塔宁的游记中曾这样写道："西藏人臣服于清政府，除此之外，他们也承认住在拉萨布达拉山上的达赖喇嘛的宗教权力。"[①] 而另一位俄国地理学会十九世纪七八十年代重要的考察探险者——普尔热瓦尔斯基也曾经这样感慨道："达赖喇嘛的宗教统治遍及整个内亚、东亚和南亚，不亚于中世纪罗马教皇的统治权……拥有两亿五千万信徒的宗教权力，一经掌握在有经验和有天才的人手里，将是一种可怕的力量。安抚它，笼络它，如果可能的话，就和它交朋友——我觉得，俄国将能从这里获得相当大的利

① М.А.Лялина. Путешествия Г.Н.Потанина по Китаю, Тибету и Монголии. СПб.: 1898. стр.140.

益。”[1] 正是本着谋求利益的最终目的，沙俄政府开始利用各种机会与达赖喇嘛接触，并把进入拉萨进行以宗教考察为名、政治渗透为实的殖民侵略作为中国西部考察活动的根本目的。而俄国地理学会，作为沙俄政府在学术研究界的代表，更是严格执行沙俄政府在西藏及其周边地区研究方面所制定的方针。由学会所派出的考察队都将进入拉萨，拜访以达赖喇嘛为首的藏传佛教统治阶层作为主要的考察任务。但是，由于在十九世纪中后期面对外国列强的侵略，西藏地方政府对外国考察者一律采取禁止其进入拉萨的政策，所以俄国考察队大都采取迂回的方法，先拜访甘南、青海和蒙古等地区与西藏上层僧侣统治阶级有紧密联系的重要藏传佛教寺庙及高级僧侣，借此了解其风俗、历史、宗教仪轨，拉拢关系，以期可以与拉萨方面取得联系。而波塔宁就是其中的一员。

1876 年，波塔宁曾在没有获得清政府批准的情况下强行拜访了当时阿尔泰地区最重要的寺庙——承化寺(其游记中称夏尔苏满)。在 1884~1886 年安多考察时，寺庙，特别是藏传佛教寺庙，更是波塔宁重点考察对象之一，甚至已经到了逢庙必入的地步。在这次考察中，波塔宁首先拜访中国四大佛教名山——五台山，对整个五台山寺庙群进行了约 10 天的考察，并拍摄了照片，不仅为人们保留下光绪年间的五台山群寺的景象，也为后世学者研究五台山寺庙发展、演变提供了影像证据。离开五台山，波塔宁又率领考察队造访了素有“召城”之称的呼和浩特。在一个会说俄语的当地小伙的带领下参观了呼市各个寺庙。进入甘肃、青海地区后，波塔宁则拜访了两座在青海、甘南以及蒙古地区颇具影响的寺庙——拉卜楞寺和塔

① [俄] 尼·费·杜勃罗文:《普尔热瓦尔斯基传》，吉林大学外语系俄语翻译组译，商务印书馆 1978 年版，第 223 页。

尔寺。考察队先于 1885 年 5 月 18 日抵达拉卜楞寺进行考察。因为手持西宁办事大臣的书信，波塔宁及其随行者受到了寺主嘉木样三世[①]和众喇嘛的“皇帝般”的接待，还获准参观嘉木样的昂欠、仓库，并与嘉木样本人会面。而拉卜楞寺是藏传佛教格鲁派六大寺庙之一，在安多地区有“卫藏第二”之称，曾盛极一时，所属下院寺庙过百，形成了一个大型的寺庙群。对于拉卜楞寺宏大的规模，波塔宁曾这样记述道：“对我们来说，拉卜楞寺一点都不像之前看到的佛教寺庙。从远处看，没有任何亚洲的特色；更准确地说，它像一座不大的西欧城镇。”[②]同年 10 月，波塔宁等人返回西宁，后前往位于西宁附近的塔尔寺越冬，并进行民族学方面的考察。塔尔寺也是六大黄庙之一，是藏传佛教格鲁派创始人——宗喀巴大师的诞生地，更是安多地区最重要的寺庙。波塔宁从 1885 年 10 月至来年的 4 月一直逗留在该寺，不仅详细了解了寺中喇嘛的生活情况，藏传佛教格鲁派的历史，更记录下藏历新年一系列民俗活动的情况。在游记中波塔宁记录下新年所跳驱鬼舞的情景，描述了酥油花的制作供奉情况，而这不仅为俄国民众介绍了藏地的风俗，也为研究晚清安多藏区的宗教、民俗积累了资料。尽管波塔宁并非出于单纯的科学目的去参访各个寺庙，但是他在完成政治目的的同时也记录下中国，特别是藏区寺庙的情况，为研究中国晚清西北地区佛教发展情况提供了一定的参考。

除了佛教，萨满教也是波塔宁在宗教研究方面的考察对象。萨满教是中国最古老的宗教信仰之一，在中国东北、西北

① 事实上，波塔宁所见到的应该是嘉木样四世活佛，因为嘉木样三世活佛已经于 1855 年圆寂，而波塔宁到达该寺考察时在位的是嘉木样四世。引自妥超群：《汉藏交界地带的徘徊者》，兰州大学，2012 年，第 59 页。

② М.А.Лялина. Путешествия Г.Н.Потанина по Китаю, Тибету и Монголии. СПб.: 1898. стр.154.

地区拥有不少信众。波塔宁在第一次和第二次蒙古西北地区考察时对科布多、乌里雅苏台等地的萨满教情况进行了考察，拜访了当地的萨满巫师，记录下萨满巫师作法时的各种细节。由于萨满教是一种没有教义、经典，注重经验积累的原始宗教，所以很难通过典籍了解和研究萨满教，而波塔宁的考察记录有助于了解萨满巫师的思想世界和萨满教仪轨，为研究萨满教提供了参考资料。

总体而言，波塔宁对中国西北宗教的研究仍是以观光考察为主，还停留在寺庙建筑、宗教仪式等现象的观察层面，对教义、典籍、教派划分、宗教思想等更深层次的内容并没有涉及。

3.2.2.3 在中国西北地区开展民族调查研究

民族调查与研究是俄国地理学会人文地理研究的重要组成部分。作为俄国地理学会十九世纪七八十年代重要的中国考察组织者之一，波塔宁在历次考察过程中也继承了俄国地理学会的这一传统，对居住在当地的各个民族开展了相对比较全面的调查。在1876~1877年和1879年的蒙古西北地区考察过程中，波塔宁将居住在当地的各民族分为突厥和蒙古两大部族群，其中突厥部族群中包括吉尔吉斯人、乌梁海人、哈密的萨尔特人以及居住在吉尔吉斯诺尔湖西岸的卡托波人；而将蒙古部族群按照地理位置分为东西两支，其中东部主要是喀尔喀蒙古人，西部则包括了狄乌尔比乌特人（дюрбют）、巴伊特人、乌朗克人以及土尔扈特人。波塔宁在考察过程中逐一对各族的历史、起源、风俗、习惯等进行了比较详细的记录。在1884~1886年安多考察时，波塔宁曾在青海和三川地区越冬，并在来自这一地区的向导——桑堂-钦巴的帮助下，对居住在当地的土族进行了考察研究，为解决土族的起源问题提供了参考资料。目前，在国内有关土族起源的问题存在争论，主要有蒙古人说和吐谷浑说两种说法。而波塔宁的土族调查资料为吐谷浑说提供了一些佐证。在游记中,波塔宁按照向导桑堂-钦巴的发音,称土族为"西荣古尔",其中西荣出自蒙语沙勒(шорой)即"土",因此西荣古尔即土人、土民之意。而土与吐谐音,很可能就是吐谷浑人演变过来的。[①] 同时,波塔宁在旅行过程中,对三川土族的宗教习俗进行了考察。他发现,土族人不仅信奉喇嘛教,还供奉道教神仙,更保留了萨满教的痕迹。在土族的村庄中,波塔宁不仅看到了喇嘛庙、嘛尼经杆,同时了解到土族人祭拜包括龙王爷、娘娘在内的道教神祇,更参与了法师作法驱鬼仪式。而吐谷浑人经考证就是同时信奉藏传佛教、道教和萨满教的民族。因此,波塔宁的考察记录可以辅助证明土族与吐谷浑人的关系。但是,由于缺乏参考文献,波塔宁的民族研究以外貌、习俗调查、记录为主,缺少对所收集的民族学资料的深入研究。

综上所述,波塔宁的考察偏重于人文信息收集与研究,并将注意力主要集中在民间文学、宗教考察和民族调查研究等方面,并希望自己所收集的信息"可以一定程度上满足人们的好奇心"[②]。而波塔宁之所以可以在人文考察方面取得一定成果则与其对待当地居民比较公正的态度、尊重并积极参考俄国汉学研究著作、配有高素质的翻译人员以及熟悉当地情况的向导等因素分不开。相比普尔热瓦尔斯基,波塔宁对当地各部族居民及其文化的态度还是比较客观、公正的,在其著作中几乎很难看到贬斥的语言。这种平和、公正的态度使波塔宁愿意与当地居民接触,从而能够深入了解他们的文化。并且作为职

① 丁淑琴:《从波塔宁考察资料看土族族源》,载《民族研究》,2006年第4期,第97页。

② Г.Н.Потанин. Тангутско-тибетская окраина Китая и Центральная Монголия Том Второй . СПб.: Издание ИРГО, 1893. стр. Ⅱ .

业学者，波塔宁尊重其他学者的研究成果，并参阅比丘林、巴拉弟、王西里等俄国汉学家有关中国西部边疆地区历史、宗教的著作，使自己的考察研究不仅仅停留于表面现象的记录，而且能够对其内涵加以初步的研究。同时，在波塔宁的考察队伍不仅有像波兹德涅耶夫这样杰出的学者来担任翻译，更起用像赛伦喇嘛、唐古特人萨姆巴尔查等熟悉情况的当地人做向导。而这不仅减少考察队与当地居民因沟通不畅而产生的误会，也使波塔宁对当地情况有了更深的了解，收集到了更多的信息。

3.2.3 波塔宁中国西部考察的政治目的

尽管相比普尔热瓦尔斯基，波塔宁的考察队无论是从人员配置，还是考察过程上看更像一支科研队伍。但是，波塔宁考察队作为俄国地理学会所组织的中央亚细亚探险活动的一个部分，同样具有一定的政治性，而其最终目的仍是为沙俄政府的统治和侵略活动服务。在 1876~1877 年第一次蒙古地区考察时，波塔宁的考察目的之一就是为俄国财政部调查这一地区的贸易情况。由于俄国在 1868 年取消了奥伦堡和西西伯利亚的税收线路，以致从伊尔库斯克到阿斯特拉罕的整个俄国东部边境缺乏了税收监管。而在十九世纪七十年代，俄国在这一区域针对西伯利亚各省及图尔克斯坦边区的贸易却有了长足的发展。所以，俄国财政部认为有必要对这一地区的贸易点、贸易活动的方向、贸易量及贸易产品的种类进行详细、准确的考察。[①] 基于这种目的，沙俄政府才在当时的俄国财政部部长的奏请下为波塔宁的考察队拨款。由此可见，自筹备阶段起

① П.П.Семенов: История полувековой деятельности императорского русского географического общество 1845-1895 часть 2, СПб.: 1896, стр.552.

波塔宁的蒙古地区考察就已经带有了政治色彩。

此外，需要指出的是，波塔宁在其考察报告中存在带有殖民主义性质的言论。例如，波塔宁在其1881年出版的《西北蒙古概要》第二卷中曾写道，蒙古人在这片土地上共三个汗王或者皇帝：艾岑汗（中国皇帝）、查干汗（俄国沙皇）以及哈雷伊-库尼耶列汗。[①] 而事实上早在十七世纪，清政府就统一了漠南、喀尔喀、漠西等地区的蒙古各部，并设立蒙古衙门[②]，管理蒙古事务，并建立了盟旗管理制度对蒙古进行统治，同时还通过联姻、封赏等手段进一步对蒙古各部进行拉拢。而波塔宁则认为沙皇也是蒙古人的统治者之一，这明显带有殖民主义倾向，说明其考察活动并未摆脱政治影响。而在波塔宁的考察游记中也曾这样记述道："诚实的蒙古人对汉人的行为十分不满，他找到我（波塔宁），义愤填膺地说，汉人从人身上扒走了最后一件衣裳。但是作为一个异国人，我（波塔宁）对此却爱莫能助；法律是偏向汉人的。"[③] 这段记述反映出，波塔宁所代表的俄国帝国主义侵略者希望汉蒙间矛盾不断激化，而这将有助于沙俄统治阶层实现十八世纪就已经提出的策反蒙古王公，侵略中国的计划。[④]

同时，还应该指出的是，由于缺乏对中国历史的深入了解，波塔宁的记述中也存在一些明显的错误。比如，波塔宁在考察呼和浩特的昭君坟时，将昭君的身份介绍成了成吉思汗的妻子，而昭君与成吉思汗生活在相距数百年的两个朝代中。

① Г.Н.Потанин: Очерк северо-западной Монголии. Выпуск II, СПб.: Типография В.Киршбаума, 1881, стр.99.

② 该衙门后来被升格为理藩院。

③ М.А.Лялина. Путешествия Г.Н.Потанина по Китаю, Тибету и Монголии. СПб.: 1898. стр.133.

④ 阎国栋：《罗蒙诺索夫的中国观》，载《俄罗斯文艺》，2011年第2期，第93页。

尽管存在错误与不足，但是不得不承认的是，波塔宁确实收集并保存下大量有关中国西部的民族学、民俗学、民间文学、地形、天文、地质和动植物学等方面的珍贵信息，为日后对这个地区的研究提供了大量文献资料。然而，也应看到，波塔宁考察队与俄国地理学会所派遣其他中国边疆地区考察队一样也带有政治性和殖民主义色彩。所以，应该客观看待波塔宁所取得的成果。但无论如何，波塔宁，作为俄国地理学会十九世纪中后期至二十世纪初中央亚细亚最重要的考察研究者之一，不仅为俄国地理学会的中央亚细亚考察活动书写了重要的一页，更丰富了俄国汉学以及东方学研究的资料，进而促进了俄国汉学以及东方学的发展。

第三节 佩夫佐夫及其中俄贸易观察与研究

佩夫佐夫是俄国地理学会在十九世纪中后期中国边疆地区考察活动中的另一位代表人物。他一生共主持开展了三次中国边疆地区的中短期考察活动（其中两次是非正式的商队随访考察）。虽然无论是从考察的次数，还是从累计时间上，佩夫佐夫都很难与普尔热瓦尔斯基和波塔宁[①]等人相比较，但是由于他在地理测量方法上有所创新，并形成了区别于以往的考察风格，最终得以在俄国中央亚细亚考察黄金时代中占据了一席之地，与普尔热瓦尔斯基、波塔宁一起被后人并称为

① 普尔热瓦尔斯基共完成了五次大型考察以及一次考察的准备工作；而波塔宁共完成了六次考察活动。

俄国地理学会在沙俄时期中国西部考察史上的三杰。[①]

3.3.1 佩夫佐夫及其三次中国边疆地区考察

佩夫佐夫1843年出生于诺夫哥罗德省,7岁父母双亡,后随亲戚生活在圣彼得堡。从圣彼得堡第一中学毕业后,他以旁听生的身份进入圣彼得堡大学学习,后由于家贫弃笔从戎,考入沃罗涅日士官学校,并在1862年毕业后进入部队服役。1867年,佩夫佐夫经推荐成为俄国地理学会会员,并于次年作为青年军官进入总参谋部研究院深造,系统研习了自然科学知识,并学习了动、植物标本的制作方法;民族学收集品和植物标本的保存方式;天文仪器的使用方法以及天文观测和计算的方法等,这为他在日后独立主持、开展地理考察奠定了基础。1872年,佩夫佐夫从研究院毕业,并被派往谢米巴拉金地区任职。后于1875年,调职至奥姆斯克,并在奥姆斯克军事中学教授地理学。在奥姆斯克任职的22年是佩夫佐夫中央亚细亚考察事业的重要时期,他先后两次接受俄国地理学会西伯利亚分会的委托在新疆、蒙古等地区进行考察,成为俄国这一时期重要的中央亚细亚探险考察者之一。1887年,佩夫佐夫回到圣彼得堡,并在两年后接替因病猝死的普尔热瓦尔斯基完成了1889~1990年西藏考察,达到了自己中央亚细亚考察事业的顶峰。结束西藏考察后,佩夫佐夫没有再进行任何的海外实地考察活动,最终于1902年在圣彼得堡逝世。尽管相比同一时期的其他旅行者而言,佩夫佐夫的中国西部边疆地区的考察经历算不上丰富,但是取得了一定的成果,为日后这一地区的

① Л.С.Берг. Всесоюзное географическое общество за сто лет, М.: РИСО АН СССР, 1946, стр.98,102.

研究留下了重要的资料，因此有必要对其三次考察的情况进行系统的梳理。

3.3.1.1 1876年准噶尔考察

1876年5月，年轻的佩夫佐夫作为运粮队护送官随商队一同从斋桑起程前往古城，开始了其首次中央亚细亚之旅——准噶尔考察。他也因此成为俄国首批进入准噶尔盆地及其周边区的探险者之一。佩夫佐夫此次前往准噶尔地区的目的原本仅是保护运粮队安全抵达目的地——古城。但由于商队途中有机会经过布伦托海与古城之间当时还从未有旅行家涉足的区域[①]，所以俄国地理学会西伯利亚分会委托担任护卫队队长的地理学会会员佩夫佐夫尽其所能在沿途进行地理勘测、搜集各类资料。佩夫佐夫的这次准噶尔之行可按照考察价值被划分成两个阶段：第一阶段是从斋桑到布伦托海。由于在佩夫佐夫考察前已经有多支俄国考察队前往这一区域进行考察，所以这一地区的主要坐标点被比较完整地标注在地图上。因此，这阶段的考察价值比较低。而第二阶段是从布伦托海到位于天山山脉丘陵地带、准噶尔南部的古城。因为这一地区在当时对于科学界来说还是完全陌生的，是首次被考察[②]，所以具有很高的考察价值。虽然此次准噶尔之旅并非出于科学目的而专门组织的，其装备、考察路线难免受到一定的限制，但是仍然取得了一些重要的成果。

首先，在地理测量和地质资料收集方面，佩夫佐夫对900平方千米的区域进行了线路测量，采用天文观测法测定了6个地

① П.П.Семенов. История полувековой деятельности императорского русского географического общество 1845-1895, часть 2, СПб.: 1896, стр.37.

② М.В.Певцов. Путешествие по Китаю и Монголии, М.: Государственное издательство географической литературы, 1951, стр.5.

理坐标点，用气压计测量确定了 17 个地点的海拔高度，计算出 4 个点的磁偏角，进行了一系列的地质及矿物观测，并采集了很多矿、岩石标本，为研究这一地区的地理、地质情况提供了资料。

其次，在动植物考察及标本收集方面，佩夫佐夫收集了 18 种哺乳动物和 62 种鸟类的标本，并记录下当地的野骆驼和野马的栖息情况。此外，他还总结出天山北坡的植被分布特征，并根据海拔高度对不同种类的木材分布情况加以描述。

再次，在民族学资料的收集方面，佩夫佐夫收集了各种各样有关准噶尔地区居民的民族学资料，涵盖种族、风俗、生活习惯、宗教信仰等多个方面。同时他还着重考察了当地的贸易情况，为俄国在这一地区发展贸易提供了参考资料。俄国著名地理学家谢苗诺夫也对佩夫佐夫此次非专业考察给予了肯定，并在自己所撰写的俄国地理学会史中如下评价："佩夫佐夫这次卓有成效的旅行在很大程度上获得了俄国地理学会过去一个时期所一直追求的东西，……第一次让人认识了那片著名的土地。而他那篇优秀的文章——《准噶尔旅行随笔》更是 1879 年出版奥姆斯克出版的《俄国地理学会西伯利亚分会学报》第一册中的最大亮点。"[①] 而佩夫佐夫本人因此次地理考察所获得的成果得到了俄国地理学会的认可，并被俄国地理学会授予小金质奖章。

3.3.1.2 1878 ～ 1879 年蒙古及长城以外地区考察

1878 年年初，刚刚完成自己首次蒙古西北部地区考察的波塔宁给俄国地理学会带来了一条信息，说比斯克商人将在当年秋天派遣一个商队从科布多前往呼和浩特，并且该商队沿途将会经过南阿尔泰山脉，而该地区在当时尚没有

① П.П.Семенов. История полувековой деятельности императорского русского географического общество 1845-1895, часть 2, СПб.: 1896, стр.578-579.

一个欧洲人踏足过。[1]因此，学会希望能够利用这次机会抢先对这一地区进行考察，并向前西伯利亚总督卡兹纳科夫（Н.Г.Казнаков）提出请求，希望他能够协助派遣俄国地理学会会员佩夫佐夫及两名地图测绘员随队进行考察。卡兹纳科夫总督不仅同意让佩夫佐夫等人随队考察，还从外贝加尔湖部队中选调了六名通晓蒙语的哥萨克士兵组成护卫队随同前往，而这为语言不通的佩夫佐夫在蒙古地区开展考察活动提供了极大的便利。虽然此次考察不是独立的科学考察，但俄国地理学会依然非常重视，为佩夫佐夫制定了比较具体的考察任务，其中包括：绘制所走路线的草测图；采用天文观测的方法确定数个地理坐标点；描述道路状况；用气压计测定各地的海拔高度；尽可能收集详细的资料对现有的蒙古地图进行修正；在当地收集自然、地理、历史、民族学等方面的各种信息等。

1878年7月，佩夫佐夫首先率领考察队从科通-卡拉善（位于阿尔泰山区的集镇）出发，辗转抵达科布多。随后，考察队与商队一起从科布多沿商道往东南方向行进约400俄里抵达位于杭爱山支脉附近的兹阿普亨耶河。考察队从那里继续前进约600俄里，穿越了戈壁滩，并途经霍尔-穆苏天然界、博罗-托洛果伊（Боро-тологой）和山海戈壁（Шанхай-Гоби）等地后进入蒙古东南部地区，并在翻越阴山后抵达被认为是对蒙贸易一级市场的呼和浩特（归化城）。[2]考察队在呼和浩特停留了数日，对该城及其周边地区进行了探访后，再次起程前往张家口，于1878年12月25日抵达，并在此地过冬。1879年2月，

① М.В.Певцов. Путешествия по Китаю и Монголии, под редакцией и с комментариями Я.А.Марголина, М.: Государственное издательство географической литературы, 1951, стр.68.

② П.П.Семенов. История полувековой деятельности императорского русского географического общество 1845-1895, часть 2, СПб.: 1896, стр.584.

佩夫佐夫考察队离开张家口，沿商道前往库伦，并于3月抵达库伦。在对库伦附近地区进行考察后，佩夫佐夫等人于5月径直前往乌里雅苏台，后取道阿奇特回国。在历时近两年的考察过程中，佩夫佐夫共绘制了近4000俄里的路线草图，确定了28个地点的地理位置，测量了48个地点的海拔高度，收集了380种动、植物标本以及约100种矿、岩石标本。除此之外，佩夫佐夫还详细记录主要贸易城市呼和浩特、张家口、库伦以及乌里雅苏台的情况，并对当时的中俄贸易情况进行了调查。同时，他还通过翻译了解并记录下蒙古东南部地区居民的风俗习惯、宗教信仰等民族学方面的资料。根据此次考察的旅行日记，佩夫佐夫编写了《1878和1879年蒙古及中国长城以外地区之旅的概况》(*Краткий очерк путешествия по Монголии и внутреннему Китаю в 1878 и 1879гг*)一文，并发表于1881年的《俄国皇家地理学会公报》的第6卷第5册中。而他本人也因为在考察中的出色表现被俄国地理学会授予利特克奖章。

3.3.1.3 1889～1890年西藏考察

1888年9月，俄国著名中央亚细亚探险家普尔热瓦尔斯基在其第五次中央亚细亚考察，即第三次西藏考察的途中因病逝世。此次考察的组织者——俄国地理学会于同年12月做出决定，委托与普尔热瓦尔斯基有相似背景，并已经在中国西北边疆地区成功完成两次考察活动的佩夫佐夫接替普尔热瓦尔斯基主持此次考察活动。接到俄国地理学会委托的佩夫佐夫并没有立刻动身继续考察，而是花费了三个月的时间来阅读资料，进行准备。在此期间，佩夫佐夫几乎阅读了所有可以找到的有关新疆、青海、西藏等地区的文献资料，这其中包括：比丘林、卡尔·李特尔、瓦里汉诺夫(Ч.Ч.Валиханов)、库罗帕特金(А.Н.Куропаткин)、普尔热瓦尔斯基、彼得罗夫基斯等人的著作及文章，并有幸获得当时两位著名汉学家贝勒（Э.В.Бретшнейдер）和王西里的帮助和指导。[1]

1889年5月，佩夫佐夫率领罗博罗夫斯基、科兹洛夫（П.К.Козлов）、地质学家博格达诺维奇（К.И.Богданович）以及12名哥萨克护卫兵从普热瓦利斯克出发继续完成俄国地理学会的第三次西藏考察。考察队首先向西抵达伊塞克湖沿岸的平原，从那里向天山主峰挺进，在翻越天山后进入喀什噶尔平原，并于6月3日抵达叶尔羌（今莎车）。考察队在叶尔羌绿洲稍作休整后，沿大道前往卡尔噶雷克（Каргалык），后前往托赫塔洪天然界。1889年9月1日，考察队从托赫塔洪天然界出发前往和田，并于22日抵达。随后，佩夫佐夫等人经齐尔村、科列伊绿洲抵达尼雅，并在那里越冬。在尼雅越冬期间，考察队进行了一系列气象观测，研究入藏路线，并收集了一些有关当地土著居民的民族学资料。

1890年早春，为了能够对尼雅周边地区进行全面的研究，考察队分为三组，分别在这一地区进行考察。其中，博格达诺维奇在和田与科列伊之间的昆仑山北坡进行地质考察；罗博罗夫斯基则从尼雅出发，向北前往车尔臣，后沿车尔臣河而上到达青藏高原；而佩夫佐夫与科兹洛夫则向北进入荒漠考察，并到达了距尼雅约100俄里的伊玛姆·弗扎费勒·萨迪克寺（монастырь Имам-Вжафер-Садык）。1890年4月，考察队重新集合，从尼雅出发，先沿车尔臣线向东南方向前进，后向南沿托兰霍芝河而上，于5月初抵达卡拉塞村。考察队在此地再次分组行动，其中一组翻越昆仑山进入青藏高原进行考察，而另一组则留下放牧携带的牲畜。6月16日，佩夫佐夫与

① М.В.Певцов. Труды тибетской экспедиции 1889-1890гг, часть I, СПб.: Типография М.Стасюлевича, 1895, стр.22.

科兹洛夫和罗博罗夫斯基一起带领4名哥萨克沿阿克苏河入藏。在塔锡湖，考察小队分开从两个方向进行考察：佩夫佐夫与罗博罗夫斯基向南，而科兹洛夫沿河向东而上。佩夫佐夫在抵达海拔15500英尺的山地无人区后返回，回程途中与科兹洛夫会合，但由于所带补给不足而放弃了随后的考察返回到卡拉塞。7月10日，佩夫佐夫带领考察队离开卡拉塞前往阿昌（Ачан），后沿车尔臣河前进，在曼达雷克（Мандалык）天然界处，考察队分组进入西藏地区进行最后阶段的考察，其中罗博罗夫斯基带领一队人向东南方向走，而佩夫佐夫、科兹洛夫和博格达诺维奇等人则直接往南走。直至当年的9月底，佩夫佐夫等人对青藏高原北部的考察才宣告结束。佩夫佐夫则率领考察队离开曼达雷克，向下一个目标——罗布泊进发。在完成罗布泊的考察后，考察队前往叶尔羌河，后沿大道经库尔利亚（Курля）绿洲、喀什噶尔，最终抵达乌鲁木齐。完成对乌鲁木齐的考察后，佩夫佐夫率领考察队取道玛纳斯、呼图百（Хутубей）返回俄罗斯，并于1891年1月1日跨过边境，3日抵达斋桑，结束整个旅程。

在此次考察中，虽然没有全部完成普尔热瓦尔斯基所制定的考察目标[①]，仅对昆仑山山脉、青藏高原北缘、靠近科里亚(Керия)河上游至罗布泊之间的区域进行了考察，并在回程时

① 普尔热瓦尔斯基为其第三次西藏考察制订了一个两年计划。他原计划在1888年秋从卡拉科尔出发经天山前往阿克苏并沿和田河前往和田；然后经科里亚前往车尔臣，从那里前往加斯，并在加斯设一个储备仓库，且留下七八个哥萨克看守。1889年春夏，对位于加斯以南及西南部的西藏西北部地区进行考察。随后返回储备仓库，在更新补给并替换驮畜后，于1889年早秋前往拉萨。如果受到欢迎，则将对西藏东部省份——卡尔进行考察。如果受到拉萨方面的抵触，考察队则由此地发回，前往柴达木，并在1889年年底至1890年年初将整个储备仓库迁移至此。1890年春夏，根据情况选择是在西藏东北部地区还是在西藏西部至拉达克的这一地区进行考察。1890年深秋结束整个考察。引自 П.П.Семенов. История полувековой деятельности императорского русского географического общество 1845-1895, часть 3, СПб.: 1896, стр.1095.

选择了两条之前没有走过的路线，并对沿线地区进行了考察。但是考察队还是取得了比较丰富的成果。佩夫佐夫等人共绘制了约10000俄里的路线图；确定了约50个地点的地理坐标，并在其中10个地点进行了磁观测；测定了约50个地点的海拔高度；拍摄了150张资料照片。此外，佩夫佐夫等人还带回了60种共计200件哺乳动物标本（其中包括50副骨骼标本），220种共计1200件鱼类标本，20种共计150件鱼类标本，40种共计300件两栖动物标本以及200种昆虫标本。[①] 而考察队所带回的这些标本资料在回国后交由相应学科的专家与其他相关资料一起加以研究。

此外，在此次考察中佩夫佐夫除了就当地居民的风俗习惯、宗教信仰等情况进行民族学调查外，还对当地的古代遗迹进行了初步的考古记录。佩夫佐夫此次的主要考察目的地是中国典籍中所记载的西域地区。在历史上这一地区作为东西交流的重要通道孕育出灿烂的文明。随着时间的推移，自然条件的变化以及战争的影响，西域地区的很多文明都消失在茫茫沙漠之中，但是却遗留下大量珍贵的遗迹。虽然佩夫佐夫因缺乏基本的考古知识而无法对在地理考察过程中所遇到的遗迹进行考古发掘，但是他却一一将其详细记录下来，并有意识地向当地的老居民打听有关遗迹的历史故事，以期为日后的进一步考察与研究留下线索和资料。例如，他在游记中就曾记录了这样一条线索：“一位居住在叶尔羌（莎车）十八年的人告诉他，据他认识的很多土著居民说，在叶尔羌（莎车）以东40俄里的沙漠边缘有一大片科内-鞑靼人（Конё-татар）的古城遗址。在那里房屋的地基清晰可见，还保存着很多大树的树

① М.В.Певцов. Труды тибетской экспедиции 1889-1890гг, часть I, СПб.: Типография М.Стасюлевича, 1895, стр.3-4.

桩，已经无人居住。在这片废墟中，当地人常找到一些家庭用品、各种工具的碎片，甚至有时还能发现一些金银器。”[①] 除此之外，佩夫佐夫在自己所撰的游记中还提及他在和田、车尔臣以及乌鲁木齐附近所发现古代遗迹的情况。

除了佩夫佐夫，与其同行的罗博罗夫斯基、科兹洛夫以及博格达诺维奇也都在各自所关注的领域得到了一定的成就。特别是博格达诺维奇不仅对天山、昆仑山以及新疆南部地区的地质情况进行了研究，更在昆仑山，特别是喀什噶尔地区发现了多个金矿，并对其情况进行了详细的描述。而有关此次考察的过程及研究成果由佩夫佐夫、博格达诺维奇、罗博罗夫斯基和科兹洛夫共同编辑成三卷本的《1889~1890 年西藏考察丛书》（其中，第一卷是佩夫佐夫编写的《1889 和 1890 年新疆南部地区、昆仑山、青藏高原北缘以及准噶尔之旅》（1895）；第二卷是由博格达诺维奇所编写的《新疆南部地质研究》（*Географические исследования в Восточном Туркестане*）（1892）；第三卷是由罗博罗夫斯基和科兹洛夫共同编写的《偏离西藏考察路线的其他地区游览》（*Экскурсия в сторону от путей тибетской экспедиции*）。此次西藏考察的成功不仅使佩夫佐夫的名字被记入了俄国中央亚细亚考察史册，更使其获封少将军衔，并享受每年 500 卢布的养老金。

3.3.2 佩夫佐夫的实用主义考察理念

普尔热瓦尔斯基、波塔宁和佩夫佐夫在俄国中央亚细亚

① И.Ф.Попова. Российские экспедиции в Центральную Азию на рубеже XIX--XX веков[C]\\ И.Ф.Попова, Российские экспедиции в Центральную Азию в конце XIX—начале XX века. СПб.: АО《Славия》, 2008, стр.24.

考察研究史上形成三足鼎立之势。三者彼此之间既有相同地方,又各有千秋,共同撑起俄国地理学会十九世纪中后期中国西部地理考察的帷幕。相比较而言,虽然佩夫佐夫在自然地理以及动植物谱系研究方面无法与普尔热瓦尔斯基相提并论;在民族学研究方面又远远逊色于波塔宁,但是,他却胜在考察成果的实用性上。佩夫佐夫在选择考察对象时注重成果的实效性,并考虑沙俄政府在经济发展以及对外侵略政策的实际需求。所以,他在考察过程中不仅仅是研究学者,更为沙俄政府充当了中国地方经济调查者以及中国民族政策观察员的角色。

首先,佩夫佐夫是俄国派往中国考察其地方经济情况的调查员。可能是因为有两次跟随商队旅行的经历,佩夫佐夫在考察过程很重视对地方经济情况的考察,尤其关注俄国对华贸易的情况,为沙俄政府制定相关经济发展政策提供了重要的参考资料。佩夫佐夫在1876年考察古城的过程中曾了解到,虽然古城的长期居民不多,但是该地的商贸活动却因为数量庞大的驻军而异常活跃。据他个人统计,在1876年古城的城内中共有约200家店铺和差不多20个批发仓库。[①] 同时,他还发现当地对铁以及金属制品的需求量很大,该类商品在当地的价格也很高。因此,佩夫佐夫在游记中建议俄国商人在此地销售铁及金属制品,认为这必定是有利可图的买卖。而在蒙古地区进行考察时,佩夫佐夫不仅记述了呼和浩特、张家口、库伦、乌里雅苏台等城镇的贸易及工业地位,更对中俄间的贸易情况进行了较为全面的了解,并有针对性地给出了自己的建议。佩夫佐夫曾于1878年年底在张家口越冬时,从当地的俄

① М.В.Певцов. Путешествия по Китаю и Монголии, под редакцией и с комментариями Я.А.Марголина, М.: Государственное издательство географической литературы, 1951, стр.56.

国买办处得知，俄国对中国茶叶的需求量很大，特别是西伯利亚地区的需求量更是增长迅速。但是，在通常情况下，俄国在武汉或福州茶厂所生产出的商品都是海运至伦敦，再运至俄国的欧洲部分，或者直接从中国运往敖德萨，而很少走天津—张家口—库伦—恰克图—伊尔库斯克—鄂木斯克—下诺夫哥罗德的陆路线路。而造成这种局面的原因：一方面是因为陆路运输的费用远高于海运的费用。据佩夫佐夫了解到的情况，当时采用水路运输一普特茶叶的成本约为 1 卢布 50 戈比（其中包括手续费和保险费用），而陆路运输一普特茶叶的成本则高达 10 卢布。另一方面则是因为水路运输的时间比陆路运输的时间短。当时，乘轮船从伦敦和马塞尔到中国各港口需 45~55 天，而如果走天津——下诺夫哥罗德的陆路线路则至少需要 6 个月。同时，佩夫佐夫还了解到，中国—敖德萨的直航海运被俄国在华的客商认为是成本最低、速度最快的茶贸线路。但是，佩夫佐夫并没有附和在华俄商的这种观点，而是在全面了解了中俄茶叶贸易以及茶叶在俄销售的情况后，并结合其所了解到的地理考察成果，大胆地提出了一条他认为是通往东西伯利亚地区最便捷的茶道，即先采用海运，再换成阿穆尔河（黑龙江）河运，将茶叶送至东西伯利亚地区。[①]

此外，佩夫佐夫在与华俄商的交流中还了解到，俄国在对华贸易中长期处于不利地位，并且中俄间的贸易量更是在最近的几年中急剧下降。针对这种情况，佩夫佐夫也给出自己的解决方案，即“以木材换茶叶”计划。他在考察中发现，中国的房屋大都采用土木结构，需要使用大量的木材，而中国长城

---

① М.В.Певцов. Путешествия по Китаю и Монголии, под редакцией и с комментариями Я.А.Марголина, М.: Государственное издательство географической литературы, 1951, стр.158, 159.

以外地区人口稠密,森林资源匮乏,所以木材价格很高。所以,佩夫佐夫认为如果可以将俄国的木材运输到中国西北地区,将会获得丰厚利润,增加对华贸易量,减少俄国对华出口逆差。在提出建议的同时,佩夫佐夫在游记中也结合了解到的情况分析了"以木材换茶叶"计划的可行性。除了木材,他还建议将南乌苏里沿海地区的海带出口至中国西北地区,以获取利益。佩夫佐夫通过一系列考察还认为:"有必要扶持俄国远东地区与中国和日本的贸易关系。"①

除了贸易情况,佩夫佐夫也很重视考察当地的农业种植情况以及水利灌溉设施。佩夫佐夫通过考察发现中国长城以北地区的农业已经达到相当高的水平,可以在比较贫瘠的土地上耕种,并认为俄国农艺师值得花几年的时间来研究中国的耕种方法②,以提高俄国的农业技术水平。所以在游记中,他详细描述了其所见到的耕种与畜牧方法,并记录下当地主要的农作物品种。此外,佩夫佐夫也对中国西北地区的灌溉技术给予比较高的评价,认为中国的灌溉技术已经达到了"完美的地步"③,并在游记中对相关的水利灌溉措施的修建和使用进行了记述。同时,城市中手工业发展情况也是佩夫佐夫的主要考察对象。在其西藏地区的考察游记中就曾记录了昆仑玉的雕刻、瓷器及铁器等的制作等情况。

总体来说,佩夫佐夫在考察过程中总以是否有助于俄国经济发展为前提来选择研究对象,并结合俄国的实际情况给

① М.В.Певцов. Очерк путешествия по Монголии и северным провинциям внутреннего Китая, Омск: 1883,стр.159.

② М.В.Певцов. Очерк путешествия по Монголии и северным провинциям внутреннего Китая, Омск: 1883,стр.163.

③ М.В.Певцов. Путешествия по Китаю и Монголии, под редакцией и с комментариями Я.А.Марголина, М.: Государственное издательство географической литературы, 1951, стр.58.

出了自己的建议。这也是佩夫佐夫实用主义考察理念的体现。但同时也应该指出，由于佩夫佐夫是站在沙俄利益维护者的角度上进行经济研究的，加之其本人缺乏必要的经济理论知识，所以其所得出的结论相对肤浅，并没有把握住问题的实质。例如，他在论述俄国产品与英国等西方国家所生产的商品相比在华缺乏竞争力的原因时，没有看到这是由于俄国落后的生产力造成的，而是将原因简单地归结为中国人偏好买便宜货。但无论如何，佩夫佐夫还是从一个西方人的角度上记录下中国西部地区在十九世纪中后期的经济发展状况，一定程度上为后人了解清末中国西部地区经济史提供了参考资料。

其次，佩夫佐夫还担任了沙俄政府中国民族政策观察员的角色。沙俄政府始终关注清政府在西北边疆地区的民族政策动向。佩夫佐夫考察准噶尔地区时正值左宗棠 1876 年正式出兵西征之时。因此，在考察过程中佩夫佐夫有意识地向当地官员打听相关信息。同时，佩夫佐夫也在考察途中遇到了一些遭到破坏的城市。那些曾经人口稠密的城镇，现在到处是残垣断壁，而原来的居民一部分在战乱中被杀，还有一部分则逃往东部地区。清政府为了增强被毁城镇的农业生产，以供给驻扎在此地的部队需求，责令当地官员从布伦托海向古城等地移民。佩夫佐夫也沿途遇到了一批带着牲畜及全部家当的移民。而佩夫佐夫在游记中所记述的内容与中国典籍中记载大体一致，二者能够相互比对，对还原历史本貌具有一定的参考价值。

此外，佩夫佐夫在考察过程中还关注了清政府对蒙古人的政策。在准噶尔考察时，佩夫佐夫重点关注了从俄国东归并定居于准噶尔地区的蒙古土尔扈特部的情况。在他看来，回迁后的土尔扈特人的生活状况并不好，不仅居住的草场土地贫瘠，并且还受到了地方官员的苛待。[①] 而在 1878~1879 年的考察过程中，佩夫佐夫则将清政府与蒙古之间的关系作为考察的重点。他经过考察研究认为，蒙古人对于清政府并不友善，并且对于沉重苛捐杂税以及政府的压迫颇有微词。而清政府也就是通过与蒙古王公和亲，以及收买拉拢当地活佛来维系着与蒙古的关系。佩夫佐夫认为："时至今日蒙古人已远不是清政府刚开始统治时的样子了，他们对博格多汗国（即清政府）的统治构不成严重的威胁。而统治蒙古不仅不能给清政府带来利益，相反甚至给它带来巨额的亏空。但是，由于经济上的高度依存又使得清政府不能不重视与蒙古的关系。"[②]

总体来说，佩夫佐夫是根据沙俄政府的实际需求来开展考察的。并且他在游记中侧重描述清政府与西部少数民族之间的不融洽，以及蒙古人、东干人等少数民族族群对清政府的不满。而这也正反映出佩夫佐夫考察中国民族政策的实质是为沙俄侵华计划寻找可能的突破口和潜在的"盟友"。所以佩夫佐夫的政治观察自始至终带有针对性和目的性，也因此其所得出的结论缺乏公正的立场，难以保持客观。此外，佩夫佐夫与同一时期由俄国地理学会所派遣来华的地理探险家一样接受了谢苗诺夫的广义地理考察理论，在考察过程中他不仅进行一系列的地理测绘、地质勘测，收集矿岩石样本；更尽可能地收集动植物标本，研究当地的动植物谱系，收集有关当地居民的民族学资料。在继承的同时，佩夫佐夫也有所发扬。首先，在地理勘测方法上，他创新利用两颗星星的位置来测定一

---

① М.В.Певцов. Путешествия по Китаю и Монголии, под редакцией и с комментариями Я.А.Марголина, М.: Государственное издательство географической литературы, 1951, стр.29-30.

② М.В.Певцов. Очерк путешествия по Монголии и северным провинциям внутреннего Китая, Омск: 1883,стр.93.

地的地理宽度，而该方法后以其名命名，并被写入地理教学课本中。其次，在民族学考察方面，佩夫佐夫则将主要的考察精力放在了与俄国本国经济发展以及对外扩张联系紧密的中国西部地方经济发展状况以及清政府对西北各少数民族的政策上，使其考察具有更强的实用性。而这也是佩夫佐夫区别于其他探险家的主要特征。同时也应看到的是，作为俄国地理学会在沙俄时期中国考察的组成部分，佩夫佐夫的考察也带有明显的双重性，即在进行科学考察的同时为沙俄政府的统治服务。这一点在其选择考察对象方面得到了充分的体现。由于佩夫佐夫始终站在俄国军官的立场上开展考察活动，所以其所得出的结论不能完全客观地反映现实。但无论如何，佩夫佐夫记录下中国西部地区在十九世纪七八十年代的自然、地理、历史、经济、社会、民族民俗等方面的情况，是了解和研究中国西部地区发展史的重要参考资料。

第四节　其他中国考察与研究活动

虽然在俄国地理研究学界看来，普尔热瓦尔斯基、波塔宁以及佩夫佐夫三人共同构成了俄国地理学会在 1870~1898 年的中央亚细亚地区考察的“躯干”，但是这也只是冰山的一角而已，远不能勾画出俄国地理学会这一时期中国考察研究活动的全貌。在近 30 年的时间里，俄国地理学会还组织或参与了众多的中国边疆史地考察与研究活动。

3.4.1 十九世纪七十年代

首先,俄国地理学会在1870年正式以自己的名义组织了第一支中国考察队——阿穆尔河(黑龙江)考察队。这支考察队首先于1870年4月5日到达北京,经休整于同年4月30日从北京出发,正式开始对黑龙江地区的考察。考察队从北京到山海关,往东北方向走辽东线:从奉天到吉林,经齐齐哈尔、墨尔根到达黑河。俄国著名汉学家巴拉弟也参与了这次考察活动,并对中国东北地区的民族和建筑进行了研究,其研究成果于1872年以"南乌苏里地区见闻"为题在北京出版。书中描述了中国东北地区的历史,并附带了北京—瑷珲(黑河)的线路图。[①]此外,俄图尔克斯坦省总督冯·考夫曼(К.П.Ф.Кауфман)也于1870年派遣了一支带有军事和科学双重目的的考察队前往泽拉夫尚上游地区进行考察。其中,科学考察的部分由费德缅科(А.П.Федменко)以俄国地理学会通讯会员的身份主持。此外,科学考察分队中还包括了费德缅科的妻子、矿业工程师伊凡诺夫(Д.Иванов)和梅申科夫(Д.К.Мышенков)以及东方学家库诺姆(А.Куном)等人,而所获得的科学成果均提交学会审阅。另外,俄国地理学会会员考利巴尔斯(А.В.Каульбарс)也分别于1869年和1870年对天山地区进行了研究[②],并在1875年出版的《俄国皇家地理学会通用地理学通报》第4卷中刊发了自己的研究成果及考察中所获得的资料。

1871年夏秋,时任俄国北京物理天文馆馆长的弗里特舍

---

① Этнографическая экспедиция Амурского и Уссурийского края.//Годовые отчеты Имераторского Русского Гегографического общества за 1870г.. СПб.: 1871г.

② Сведения о двух поездках, совершенных бароном А.В.Каульбарсом в западной части Тянь-Шаня и в Мусартский проход. //Известия Императорского Русского Географического Общества. Т.7, СПб.: 1871г.

(Г.А.Фритше) 完成自己的山东之行。在此次考察过程中，他共计在 27 个地点进行了地理、地磁以及地形高度的测量。紧接着，弗里特舍又在 1873 年进行了一次短期的蒙古地区考察。他于当年的 4 月 23 日从北京出发，用时 58 天抵达中俄边境。①

此外，俄国地理学会西伯利亚分会委托德博夫斯基（В.И.Дыбовский）于 1871~1876 年在阿穆尔河（黑龙江）与符拉迪沃斯托克（海参崴）及日本海之间区域开展动物地理考察。在考察过程中，德博夫斯基曾于 1873 年春抵达额尔古纳河，对栖息在当地的动物种系进行考察；并于 1873 年冬至 1874 年夏在乌苏里江流域开展考察；1874 年 8 月初，起程前往兴凯湖。但由于大雨引发洪水耽误行程，德博夫斯基直至 1874 年 10 月底才抵达日本海沿岸，并于当年 12 月完成霍尔河的考察。②

几乎在同一时间，俄国地理学会还委托喀山大学民族、考古学副博士罗文斯基（П.А.Ровинский）为其开展了一系列民族学方面的考察。1871 年，罗文斯基与奇卡诺夫斯基等人一起对安加拉河上游地区进行考察。同年 7~8 月他在外贝加尔湖地区开展民族学研究，9 月则加入了布宁兄弟的考察队经多伦诺尔前往北京，并到达天津。③1872 年，罗文斯基在俄国地理学会西伯利亚分会的协助下乘船沿阿穆尔河（黑龙江）进行考察，并在途中收集了不少民族研究方面的资料。1873 年，罗文斯基对居住在东西伯利亚及其相邻地区的各民族开展了较

---

① Д-р г. Фритше. О дорогах, ведущих от Кяхты через Монголию в Ургу и Калган.// /Известия Императорского Русского Географического Общества. Т.15, СПб.: 1879г.

② Отчет Дыбовского и Годлевского в 1876г. / /Известия Сибирского отдела Императорского Русского Географического Общества. Т.8,кн.3 и 4, Иркутск: 1877, стр.115-135.

③ П.А.Ровинский. Сведения о следов торгового каравина братьев Бутинных. / / Известия Императорского Русского Географического Общества. Т.1, кн.2, Иркутск: 1877, стр.115-135.

为全面的调查与研究。

另一方面,俄国外交部亚洲司、财政部和军部于1874年共同组织了一次中国考察。此次考察由俄国地理学会正式会员索斯诺夫斯基(Ю.А.Сосновский)上校主持。除了索斯诺夫斯基外,考察队成员中还包括地理测绘员马图索夫斯基(З.Л.Матусовский)、医学博士皮亚谢茨基(П.Я.Пясецкий)、摄影师博雅列茨基(А.Э.Боярекий)以及两名翻译和三名哥萨克护卫兵。考察队于1874年10月底从圣彼得堡出发前往买卖城(即恰克图),后经蒙古、张家口来到天津,并在天津登船沿海路到达汉口。考察队在汉口改为内河航运,从长江转汉江,并最终抵达洛阳,随后改走陆路抵达兰州。在兰州,考察队与时任甘陕总督的左宗棠会面,并与其签订了运粮至古城的协议。[①] 离开兰州后,考察队经安西、哈密等地前往古城,并于1875年年底从古城穿越荒漠,经由斋桑返回俄国。[②] 从考察路线上不难看出,此次考察的范围比较大,涵盖了中国的中部、东部、西部三个地区的多个重要城市。尽管考察的地域广,途经的重要城市多,但是此次考察的科学成果并不丰富。仅马图索夫斯基绘制了路线图,皮亚谢茨基收集了一些动植物标本。出现这种尴尬情况主要因为:第一,此次考察纯粹是一次以政治、经济为根本目的的中国调研活动。俄国外交部、财政部和军部在制订考察计划时,规定考察队:1. 要研究和测量从斋桑经准噶尔到四川的路线,并给出实现通贸所需的条件及费用;2. 如果能够沿此线路进一步发展对华贸易,则要指出领事馆、办事处及洋行的设立地点;3. 要尽可能全面地收集经过地区的信

① 这一协定也是佩夫佐夫作为护卫官于1876年前往准噶尔的直接原因。

② Ю.А. Сосновский. Экспедиция в Китай в 1874-75гг. //Известия Императорского Русского Географического Общества. Т.15, СПб.: 1876, стр. 143-154.

息、中国政府所采取的政策以及其他各种资料。[①] 从组织方为考察队所制定的任务可以看出，1874~1875 年考察的目的仅局限在经济与政治方面，未包含任何的科学考察内容。同时，俄国地理学会作为专业的地理考察机构并没有参与本次考察的组织。所以，此次考察在筹备之初就不具备取得重大科学发现的条件和基础。

第二，考察队内部对考察的目的、性质问题也出现了分歧，并引发了队员间的持续争论。皮亚谢茨基曾于 1880 年出版一部名为"1874~1875 年中国考察"的著作。在书中，皮亚谢茨基除了介绍整个考察的情况，更重要的是为自己辩解，阐明其对考察领导者的不满。通过这部书可以反映出，考察队队员在考察过程中出现了分歧，并且没有及时协调解决，致使彼此之间不断争斗，最终妨碍了整个考察活动的开展。[②] 虽然考察的结果不尽如人意，但是比之其他亚洲腹地考察队，索斯诺夫斯基等人还是完成了从太平洋的长江河口至波罗的海涅瓦河口的第一次不间断考察[③]，并因此得以名留史册。除此之外，俄国地理学会西伯利亚分会还于 1874 年参与了东西伯利亚总督及边区总部所组织的沿日本海和鞑靼海峡沿岸的军事测绘考察。此次考察由博利舍夫（Л.А.Большев）主持。考察队从伊尔库茨克出发，乘船沿阿穆尔河（黑龙江）抵达兴凯湖，后沿陆路前往绥芬河，而后再次乘船抵达符拉迪沃斯托克（海参崴）。虽然在考察途中遇到了一些麻烦，但是博利舍夫等人还是取得了一定的成果，完成了既定的测绘任务，并收集了不少

① П.П.Семенов. История полувековой деятельности императорского русского географического общество 1845-1895, часть 2, СПб.: 1896, стр.588-589.

② П.Я.Пясецкий. Путешествие по Китаю в 1874-1875гг. Т.1, СПб.: 1890.

③ П.П.Семенов. История полувековой деятельности императорского русского географического общество 1845-1895, часть 2, СПб.: 1896, стр.589.

有价值的气候、民族学和自然历史资料。[1]

1875年，俄国地理学会组织了以涅伊曼（К.К.Нейман）为首的勘查加考察活动。考察队乘坐盖达马克号到访日本海各港，并抵达上海、天津和北京，最后经蒙古返回伊尔库斯克。在考察过程中除沿途进行科学勘测外，涅伊曼还收集了一些自然历史资料。紧接着，西伯利亚总督费杰利克斯男爵（Пл.А.Федерикс）于1876年派遣总参部格里博斯基（Грибский）上校前往南乌苏里地区进行考察。俄国地理学会西伯利亚分会派遣会员、自然学副博士格列波尼茨基随行。此次考察的核心内容是研究乌苏里边区及当地居民的经济状况，弄清在边区实现殖民地统治所需的条件并确定殖民地化的最终意义。[2]西伯利亚分会还是为格列波尼茨基制定较为全面的科学考察手册。依据手册的规定，格列波尼茨基在考察过程中既需要对乌苏里江流域地区的自然地理条件，也要对当地的生产力状况、工业贸易发展水平以及民族民俗情况进行考察与研究。本次南乌苏里之旅共持续了四个月的时间。由于时间短促，所以考察队未能到达中国人聚集的刀毕河及苏昌地区进行考察。尽管如此，格列波尼茨基还是基本完成了学会为其制定的任务，不仅对乌苏里江与绥芬河间分水岭的地质情况进行了描述，收集了各种动、植物标本，并捕获了几只朝鲜龟，考察了当地粮食、鸦片及药草的种植情况，还带回了人参的种子，更在乌苏里江流域地区发现几个新煤矿。根据自己的考察成果，格列波尼茨基编写并向分会提交了《中国人及朝鲜人在乌苏

---

① Л.А.Большев. О путешествии в Китай.// Известия Императорского Русского Географического Общества. Т.12, СПб.: 1876, стр.107-128.

② П.П.Семенов. История полувековой деятельности императорского русского географического общество 1845-1895, часть 2, СПб.: 1896, стр.635.

里边区殖民地化事业中的作用》[1]和《乌苏里边区的民族民俗概述》[2]两篇文章。

除了中国东北以及北部地区考察外，俄国地理学会这一时期在新疆以及帕米尔高原地区也开展了不少考察活动。首先，俄国地理学会在这一期间对伊犁地区以及新疆其他地区进行了较为全面的考察。1876~1878年，学会会员穆什科托夫（И.В.Мушкетов，后成为俄国地理学会自然地理学部部长）在七河省地区进行考察，以为俄国皇家植物园收集标本。考察过程中，穆什科托夫于1878年春夏造访准噶尔西部，并到达乌苏市。[3]

此外，马特维耶夫上校（П.П.Матвеев）也于1878年完成了自己的乌苏之旅。其此行的目的是与金将军（伊犁将军）会面。马特维耶夫于2月28日从伊宁出发，3月16日即到达了乌苏，3月28日就返回了伊宁。尽管此次旅程的时间很短，但是马特维耶夫在有限的时间里取得在当时有一定价值的成果。首先，他找出两条通行条件相对比较好的伊犁河谷至准噶尔西部的路线，并绘制了路线图；其次，他在26个地点测量了当地的海拔高度；最后，他收集了有关中国部队及准噶尔西部局势的信息。马特维耶夫此次考察的报告后被收录在了1879年的《图尔克斯坦公报》中。[4]

1878年，园艺家费季索夫（А.М.Фетисов）为给圣彼得堡植物园收集植物标本前往伊犁河谷地区考察。与其同行的还

---

① Известия Сибирского отдела ИРГО, T.VIII, выпуск 5-6, 1877, стр.155-170.

② Известия Сибирского отдела ИРГО, T. IX, выпуск 1-2, 1878, стр.1-37.

③ И.В.Мушкетов. Геологическая экспедиция на Алтай.// Известия Императорского Русского Географического Общества за 1879г. T.15, СПб.: 1880, стр. 117-143.

④ П.П.Семенов. История полувековой деятельности императорского русского географического общество 1845-1895, часть 2, СПб.: 1896, стр.723-724.

有动物标本制作员谢宁（Сенин）。谢宁受谢维尔措夫的委托为其在该地收集鸟类标本，而费季索夫除进行原定的植物标本采集工作外，还受地理学会穆什科托夫的委托前往白山采集岩石样本，以为后者能够弄清改善的地质构造等问题。但由于在考察过程中，费季索夫遇到了阻碍未能到达白山，没有完成穆什科托夫考察并采集该山岩石样本的嘱托。1879 年，列科尔 (А.Э.Регель) 完成了从伊宁经天山至吐鲁番的考察。此次考察依然是以植物研究为主，所获得的植物标本交给了植物园，动物标本给了科学与博物馆，少量矿石样本转交给了矿业学院进行研究。[①]

此外，沙俄政府于 1876 年吞并了与喀什噶尔接壤的浩罕汗国，并将更名为费尔干纳州。为了确定与喀什噶尔的边界，总督冯·考夫曼决定在当年夏天派代表团访问喀什噶尔，并沿途进行科考研究。代表团以总参部上校库罗帕特金（А.Н.Куропаткин）为首，成员包括库罗帕特金的弟弟小库罗帕特金（Н.Н.Куропаткин）、地图测绘员斯塔尔采夫（Н.Старцев）和苏纳尔古罗夫 (А.Сунаргулов)、医生埃连以及自然学家维利京。考察队于 1876 年 5 月从塔什干出发，经苦盏、浩罕和马尔格兰等地前往奥什，并从那里转向前往喀什。在经历了匪帮袭击等意外事件后，考察队最终于 10 月 25 日抵达喀什。在那里稍作休整后，库罗帕特金一行人于 11 月 19 日再次起程前往阿克苏。考察队对阿克苏及其周边地区进行了简短考察，随后经邦城、库车等地最终于 1877 年 1 月抵达库尔勒，在那里与阿古柏伯克进行会谈。其间，小库罗帕特金和维利京对喀什噶尔及巴格喇赤湖进行了为期四天的考察。2 月 6 日，考察队从库尔

① А.Э.Регель.Путешествие в Турфан в 1879г. Известия Императорского Русского Географического Общества за 1881г. Т.17, СПб.: 1887, стр. 199-215.

勒返回阿克苏，并为了绘制更全面的路线图，从阿克苏选择了不同的路线返回俄国。其中，以库罗帕特金为首的一队选择翻越天山前往卡拉科尔；另一队则以苏纳尔古罗夫带队，选择了阿克苏—吐鲁番—别叠里山—卡什卡苏—伊塞克湖流域—卡拉科尔的路线返回。考察结束后，此次考察的领队库罗帕特金于1879年出版了《喀什噶尔》一书。他在该书中描述了新疆南部地区的历史地理情况，介绍了该地区当时的军事、工业和贸易发展状况，并刊载了考察的详细日志和路线。[①] 因为此次考察所取得的成果，库罗帕特金获得了俄国地理学会颁发的小金质奖章。

除了库罗帕特金外，维利京也根据考察过程中所获得资料编写了《塔里木流域的自然条件》一文，并发表于1877年的《自然》杂志上。1877年，穆什科托夫开始了其阿尔泰及帕米尔地质考察。通过这次考察，穆什科托夫第一次说明了帕米尔高原的地质构造并解释博罗尔山脉的存在问题。[②] 此外，他还描述了帕米尔、阿尔泰及天山北部的地质特征。同年秋，谢维尔措夫与斯卡西和施瓦尔茨（Шварц）一起开始在喀什噶尔河上游进行考察。此次考察为期约一年，志在研究天山与帕米尔的地形和地质关系。[③]1880年，穆什科托夫再次起程，前往天山—帕米尔边区，对泽拉夫尚冰川进行研究。穆什科托夫在此次考察中取得了诸多成果，对泽拉夫尚山脉的冰川情况进

① А.Н.Куропаткин. Кашгария. Историко-географический очерк страны, её военные силы, промышленностьи торговля. СПб.: 1879.

② П.П.Семенов. История полувековой деятельности императорского русского географического общество 1845-1895, часть 2, СПб.: 1896, стр.759.

③ Ф.Ф.Шварц. Астрономические наблюдения, магнитные и баромитрические наблюдения, произведенные в 1880г.// Известия Императорского Русского Географического Общества. Т.18.выпуск 1. СПб.: 1882, стр.45-76.

行了较为全面的考察，被认为“不可超越，无法复制”[①]。在1881年的俄国地理学会年会上，穆什科托夫因其在图尔克斯坦和外伊犁地区研究方面的贡献，被学会授予康斯坦丁金质奖章。

3.4.2 十九世纪八十年代

进入十九世纪八十年代，俄国地理学会首先于1881~1882年组织了一次库页岛考察。本次考察的费用共计5600卢布，由学会承担。萨哈林考察由学会正式会员博利亚科夫（И.С.Поляков）主持，自然学家尼科利斯基(А.М.Никольский)担任其助手。博利亚科夫在考察后向俄国地理学会提交了库页岛考察报告，该报告涵盖库页岛自然、地理、历史、民族等各方面的内容。[②] 而尼科利斯基则根据自己所收集到的动物群系资料编写了《库页岛及其脊椎动物群系》一文，并于1889年将其发表。紧接着，1882年至1883年年初，俄国地理学会派遣列科尔对阿穆达里亚河上游及帕米尔高原进行考察。学会对列科尔的此次考察给予了更多的关注，不仅为其提供了1500卢布的资金，还请什图边多尔夫（О.Э.Штубендорф，俄国总参谋部军事测绘科科长，曾主持俄国地理学会数理地理学部的工作）为其设计考察路线，并通过什图边多尔夫请总参谋部为列科尔配备了地图测绘员。结束了1882~1883年的考察后，列科尔紧接着又开展了帕米尔高原的专项考察，以探寻各

---

① П.П.Семенов. История полувековой деятельности императорского русского географического общество 1845-1895, часть 2, СПб.: 1896, стр.773.

② И.С.Поляков. Путешествие на остров Сахалин. // Известия Императорского Русского Географического Общества за 1883г. Т.19. СПб.: 1884.

个当时尚未解决有关帕米尔高原问题的答案。[①] 而俄国驻华领事德米特列夫斯基(Д.А.Дмитревский)于 1886 年完成了自己的汉口考察,并在返程时沿陆路从沁阳返回北京。

在中国西北边区考察方面,作为天山第二高峰的汗腾格里峰由于其东邻托木尔峰,西邻伊塞克湖盆地,北邻伊犁河谷,南邻阿克苏绿洲(位于塔里木盆地的北缘)的特殊地理位置,被俄国地理学会在十九世纪八九十年代给予了极大的重视,派遣了数支考察队前往这一地区进行考察。1884 年年底,谢苗诺夫和穆什科托夫所提交的天山汗腾格里峰考察的建议得到学会理事会的批准,并同时获得了斯捷皮总督科尔帕科夫斯基(Г.А.Колпаковский)的支持。学会委任矿业工程师伊格纳杰耶夫(И.В.Игнатьев)为此次考察的领队,另指派植物学家克拉斯诺夫(А.Н.Краснов)和地图测绘员亚历山大罗夫(А.Александров)随行。考察队最终于 1886 年春从维尔内出发,同年秋返回,共计约半年的时间。虽然此次考察的时间比较短,但还是取得了一些成果:他们弄清了汗腾格里峰地形地质方面的基本情况及其特点;采集了火山岩石标本,并将其与周边地区的山脉进行比较研究,分析其山岩成分的异同,弄清相邻山脉间的地理联系;对汗腾格里峰上的冰川进行了研究,分析了不同坡面的地形因素对冰川形成的影响等。并且在考察途中,考察队队员克拉诺夫还到达了此地的中国边界。[②] 伊格纳杰耶夫于 1887 年 2 月在俄国地理学会的全体大会上宣读了此

① А.Э.Регель. Путешествие на Памир. Орографический характетер Памира. Известия Императорского Русского Географического Общества за 1884г. Т.20. СПб.: 1885.

② А.Н.Краснов. Предварительный отчет о гео-ботанических исследованиях в восточном Тянь-шане и его предгориях.// Известия Императорского Русского Географического Общества за 1887г. Т.23. СПб.: 1888.

次考察的研究报告。[①]

同时,俄国著名中央亚细亚探险考察者格鲁姆-格尔日麦洛[②]（Г.Е.Грумм-Гржимайло）也在1884~1887年对天山、阿尔泰山及帕米尔高原等地进行了四次短期旅行考察,开启了其中国西部边疆地区考察的生涯。在这四次短期考察期间,他不仅获得大量有关这一地区的资料,也为其以后的大型考察积累了宝贵经验。1884年,由尼古拉·米哈伊洛维奇亲王殿下出资,俄国地理学会派遣格鲁姆-格尔日麦洛前往图尔克斯坦边区及布哈拉汗国进行考察。格鲁姆-格尔日麦洛在穆什科托夫以及两位矿业工程师伊万诺夫（Д.Л.Иванов）和奥沙宁(В.Ф.Ошанин)的帮助下制定了此次考察的路线。格鲁姆-格尔日麦洛计划考察卡拉库尔、阿莱河谷,并沿着穆克苏河深入,攀登费德琴科冰川,对马尔康苏河进行研究。除进行专业的动物研究外,格鲁姆-格尔日麦洛还将在考察过程收集民族学资料,测量海拔高度并绘制路线图。考察队于1884年5月从奥什出发,走奥什—瓦基尔—卡拉卡吉克线,并于同年9月结束考察返回奥什。此次考察的报告最终发表于1884年的《俄国地理学会公报》上。

1885年,格鲁姆-格尔日麦洛延续前一年的考察工作,继续在阿尔泰、帕米尔地区进行考察。相较第一次考察,此次考察的规模进一步扩大。考察队伍中还加入了两名标本制作员以及地图绘制员罗季奥诺夫。此次考察从3月开始,至8月结束,共进行了5个月的时间。格鲁姆-格尔日麦洛对栖息在当

---

① 该报告后发表于1887年的《俄国地理学会公报》的第23卷上。

② 格鲁姆-格尔日麦洛（1860~1936年）是俄国著名中央亚细亚旅行者、动物学家、地理学家、民族学家及东方历史学家,曾多次赴中国西部边疆地区旅行考察,一生共撰写并出版了200余部有关中央亚细亚地区考察与研究的文章和著作。

地的动物进行了研究，并收集了一些标本，而罗季奥诺夫则绘制了路线图。此次考察结束后，格鲁姆-格尔日麦洛返回圣彼得堡，并在俄国地理学会的全体大学上宣读了此次考察的报告。该报告后发表在1886年的《俄国地理学会公报》上。

1886年，还是在尼古拉·米哈伊尔洛维奇亲王的支持下，格鲁姆-格尔日麦洛受学会派遣从奥什出发前往天山西部分支的南侧进行考察。格鲁姆-格尔日麦洛此行的主要目的是对帕米尔、阿尔泰以及天山的动物区系进行研究。在此次考察过程中，他抵达了喀什噶尔，并受到当时的喀什领事——彼得罗夫斯基（Н.Ф.Петровский）的接待。格鲁姆-格尔日麦洛对天山高原的动物地理关系进行了研究，并将所获得的帕米尔动物区系资料与天山支系资料进行了比较研究。

1887年，格鲁姆-格尔日麦洛与弟弟小格鲁姆-格尔日麦洛（М.Е.Грумм-Гржимайло）一起前往帕米尔高原，希望对谢利陶山脉以东的帕米尔地区的动物区系情况进行考察。格鲁姆-格尔日麦洛兄弟经过阿赖河，外阿赖山脉，沿卡拉库尔河东岸抵达库达尔河，并由此向南深入穆尔加布，随后访问阿克苏等地。在此次考察中，格鲁姆-格尔日麦洛兄弟在地理、民族民俗学以及动物学研究方面都取得了一定的成果。首先，在地理学方面，他绘制了2000俄里的地形图；在塔尼玛斯河上游发现了冰川，并加以研究；测量了20个新坐标点的海拔高度，并对老坐标点的测量值加以检查；解释了喀喇昆仑山系西部山脉的走向；为具有地理研究价值的地点拍摄了照片；对帕米尔的气候情况进行观测，指出当地的最高与最低温度，测量早晚温差变化。其次，在民族民俗学研究方面，格鲁姆-格尔日麦洛兄弟则进行走访调查，获取帕米尔居民分布情况、牲畜种类和数量等方面的统计数据，收集有关坎巨提人的信息，同时为所遇到的当地居民、建筑遗迹以及各种牲畜拍摄照片以作为研究资料。再次,在动物学及动物地理学方面,他们则收集了一些脊椎动物标本和少量的昆虫标本。①

在格鲁姆 - 格尔日麦洛考察阿尔泰及帕米尔地区的同时,俄国地理学会还派遣了格龙布切夫斯基(Б.Л.Громбчевский)对喀什噶尔及和田等地区进行了考察。此次考察是格龙布切夫斯基 1883 年开始的经帕米尔至坎具特人统治区之行的延续及补充。在考察中,格龙布切夫斯基进行了一系列地理勘测、绘制路线地图、收集动植物以及岩石标本、记录坎具特人的语言、民族学资料并拍摄了 125 幅资料照片。考察结束后,格龙布切夫斯基在 1888 年 12 月举行的俄国地理学会全体大会上宣读了旅行报告并展示了其所获收藏品,并因此次考察所取得的突出成绩获得了学会颁发的小金质奖章。② 此次考察所获各类资料交由相应学科的专家加以后续深入研究。1888 年,谢苗诺夫继 1858 年后再次起程对泽拉夫尚河谷上游进行了考察,并在 1888 年的《俄国地理学会公报》的第 24 卷第 5 册中发表了有关此次考察的文章。

1889 年,格龙布切夫斯基对穆斯塔克山东侧及西藏的西北部进行了研究。在考察过程中,他曾到访帕米尔高原、喀什噶尔、西藏、尼雅以及和田等地,并且期间还与佩夫佐夫西藏考察队于尼雅相遇,并共同在西藏西北部地区开展考察。③ 格龙布切夫斯基此次考察于 1889 年 7 月开始,1890 年的 10 月

---

① П.П.Семенов. История полувековой деятельности императорского русского географического общество 1845-1895, часть 3, СПб.: 1896, стр.1072.

② Экспедиция Б.Л.Громбчевского на Памире. // Известия Императорского Русского Географического Общества. Т.25. СПб.: 1889, приложения.

③ Экспедиция Б.Л.Громбчевского на Памиры.//Отчеты Руского Географического общества за 1889г. СПб.: 1890.;Тибетская экспедиция Б.Л.Громбчевского. //Отчеты Руского Географического общества за 1890г. СПб.: 1891.

结束，历时 1 年，取得较为丰富的成果。不仅绘制了约 7200 俄里的地形图，沿途建立 73 个天文观测点，测量 350 个地点的海拔高度，更在各地收集了不少民族学、植物学以及地质学方面的研究资料，同时还拍摄了约 200 张资料照片，并撰写了 4 大卷旅行日志。[①] 同年，格鲁姆 - 格尔日麦洛兄弟再次获得尼古拉·米哈伊洛维奇亲王的专项捐款，并在总参谋部、俄国地理学会以及斯捷皮总督科尔帕科夫斯基的共同协助下完成了对中国西部地区考察。此次路线由谢苗诺夫、著名地图绘制员博利舍夫（А.А.Большев）以及曾参与波塔宁 1884~1886 年唐古特及西藏考察的斯卡西共同制定。考察队于 1889 年 5 月底从贾尔肯特出发，三日后抵达伊宁。与伊宁领事乌斯皮恩斯基（В.М.Успенский）会面后，格鲁姆 - 格尔日麦洛等人于 6 月 3 日从伊宁起程前往天山地区。此后，格鲁姆 - 格尔日麦洛兄弟考察了伊犁与准噶尔的界山——博罗哈利山，访问西北地区重要城市乌鲁木齐，并从那里前往博格多 - 乌拉山脉考察，后从那里前往古城。考察队从古城经中央沙漠前往准噶尔中部，以期捕获野马。9 月初，格鲁姆 - 格尔日麦洛等人结束准噶尔考察，返回古城，继而前往天山南侧人口稠密、经济繁荣的吐鲁番考察，并在那里越冬。在 1899 年 10 月至 1890 年 2 月，格鲁姆 - 格尔日麦洛兄弟对吐鲁番以及哈密地区进行了全面的研究，并对其附近的北山和天山进行了考察。1889 年 2 月，考察队离开吐鲁番盆地，沿天山南麓前往安西、肃州、安多、南山等地考察，并穿越黄河抵达了青海湖。最终，格鲁姆 - 格尔日麦洛兄弟在 1890 年 5 月到达嘉峪关，并由此折返，翻越北山和天山，经古城、乌鲁木齐、玛纳斯等地，在 11 月 13 日抵达俄国边

① П.П.Семенов. История полувековой деятельности императорского русского географического общество 1845-1895, часть 3, СПб.: 1896, стр.1113.

境。在近两年的考察过程中，格鲁姆-格尔日麦洛兄弟完成了中国西部地理考察史上的多个突破。例如，他们是研究博格多-乌拉山脉（该山脉海拔4255米）的首批学者；首次发现了低于海平面130米的吐鲁番盆地[①]；填补了哈密沙漠的地理考察空白。[②]除此之外，格鲁姆-格尔日麦洛兄弟还对北山及天山进行了补充考察，弥补原有资料中的不足，增添气候、动植物区系以及地质构造等方面的新资料。除此之外，受国家财产部的委托，兄弟二人在当地还收集了适于在俄国播种的经济作物。在格鲁姆-格尔日麦洛兄弟在西部进行考察的同时，俄国地理学会的法籍会员马尔滕（Мартэн）也于1889年从北京经内亚各地前往兰州，后途经罗布泊和喀什噶尔前往图尔克斯坦地区。[③]

除了新疆、帕米尔高原等地区外，俄国地理学会对其他地区也给予一定的关注。1887年，时任阿穆尔沿岸地区总督的科尔夫（А.Н.Корф）男爵发起了一次中国考察活动。此次考察由加尔纳克(Гарнак)兄弟[④]主持，而其主要研究目标是蒙古高原的东部边缘以及兴安岭的西麓。考察队首先从敖德萨出发，乘船前往上海，后辗转抵达天津，并最终于1887年的6月到达北京。在做完必要的准备后，加尔纳克兄弟离开北京前往张家口，并从那里开始正式的考察活动。离开张家口后，考察队首

---

① 文中所使用的译名是Люкчунская впадина，而不是现在常用的Турфанская котловина，但是根据文中的描述，作者所指的应为吐鲁番盆地。

② Г.Е.Грумм-Гржимайло. Описание путешествия в западный Китай. Москва: Государственное издательство географической литературы, 1948, стр.5-7.

③ Экспедиция Маптэна в Гансу.//Отчеты Руского Географического общества за 1889г. СПб.: 1890.;Экспедиция чл.-сотр. Мартэна в Ганьсу. //Известия Императорского Русского Географического Общества. Т.25. СПб.: 1889.стр.429.

④ 在兄弟二人中，Э.Л. 加尔纳克(Э.Л.Гарнак)当时担任俄国地理学会自然地理学部的秘书。

先沿商道前往多伦诺尔，并于同年7月15日向北前往宗库伦天然界。结束对河谷地区的考察后，加尔纳克兄弟转而前往达尔罕-乌拉城，并由此地向东北方向前进，以便对兴安岭西麓及东麓进行全面研究。考察队在翻越兴安岭后进入蒙古草原，对喀尔喀地区进行了较为深入的研究，并在考察过程中抵达了重要的贸易城市——海拉尔。最终，加尔纳克兄弟率领考察队于当年9月底抵达额尔古纳河沿岸的旧楚鲁海图岗哨，并由此返回俄国。在此次考察中，加尔纳克兄弟顺利地完成了对兴安岭整个西麓以及东麓部分地区的考察与研究。他们不仅绘制了详细的路线图，还收集了当地气候、植被以及人口等方面的资料，并拍摄了不少资料照片，既为有关这一地区的研究提供了依据，也为经由此路线来往于中俄两地的商队，乃至俄国在这一地区的军事行动提供了便利。[①]

1888年，由俄国地理学会会员拉德罗夫（В.В.Радлов）院士发起，俄国地理学会和俄国科学院共同派遣圣彼得堡大学语言学系东方部的四年级学生卡塔诺夫（Н. Ф. Катанов）前往直隶、新疆等地进行为期四年的考察，对居住在中亚地区的各突厥族群开展民族学以及语言学方面的研究。在此次考察过程中，卡塔诺夫到达了乌鲁木齐、哈密、吐鲁番和伊宁等地，对当地居民进行了深入的考察，并收集了不少民族学和语言学方面的资料。考察结束返回圣彼得堡后，卡塔诺夫还在1893年5月19日召开的俄国地理学会全体大会上就考察的部分成果做了精彩的报告，而此次报告的全文刊载在同年出版的《俄国地理学会公报》上。[②]

① Путешествие действ. чл. Э.Л.Гарнака на Хинган. //Отчеты Руского Географического общества за 1887г. СПб.: 1888.

② Н.Ф.Катанов. Среди тюрских племен.// /Известия Императорского Русского Географического Общества. Т.29. СПб.: 1893.стр.519-541.

此外,俄国地理学会正式会员伯克基洛夫(Д.Покотилов)于1889年完成了从北京至中国北方的佛教圣地——五台山的考察,对那里的寺庙情况进行了比较全面的研究,并在1893年独立出版的《俄国地理学会通报》第22卷上刊发了自己的研究报告。同样是1889年,亚德林采夫(В.М.Ядринцев)也完成对鄂尔浑河上游的蒙古部分地区的考察。[①] 此外,学会会员叶利谢耶夫(А.В.Елисеев)还于1889年作为医生随考察队从敖德萨前往符拉迪沃斯托克(海参崴),对远东地区进行考察,其间到访日本、南乌苏里等地,取得了一系列的天文资料。[②]

除实地考察外,随着中俄贸易量的增加,俄国商界急需对途经地的地理、气候等情况进行了解,所以俄国地理学会及其分会在其期刊上刊发了多篇相关地区的旅行日记。例如,1890年,俄国地理学会东西伯利亚分会在"科科文和巴罗夫"贸易商会的资助下,由波塔宁担任编辑,在分会通报的通用地理第一卷中刊发了瓦谢涅夫(А.Васенев)1888年兰州至秀安及汉中考察的游记,彼得罗夫(А.Е.Петров)1888~1889年库伦至张家口贸易考察的游记,沃罗比耶夫(А.Воробьев)1889年库伦至汉口考察以及沃罗萨托夫(И.Волосатов)的数篇有关归化城(呼和浩特)贸易情况的文章。[③] 此外,在十九世纪八十年代末出于沙俄政府修建西伯利亚大铁路的需要,俄国地理学会对整个西伯利亚地区进行彻底、全面的勘测与研究。其中,由谢苗诺夫和格鲁姆-格尔日麦洛(Г.Е.Грумм-Гржимайло)主持

① Н.М.Ядринцев. Путешествие на верховья Орхона к развалинам Каракорума. // /Известия Императорского Русского Географического Общества. Т.26. СПб.: 1890.стр.257-271.

② А.В.Елисев. Отчет о поездке на дальний Восток. // /Известия Императорского Русского Географического Общества. Т.26. СПб.: 1890.стр.333-379.

③ П.П.Семенов. История полувековой деятельности императорского русского географического общество 1845-1895, часть 3, СПб.: 1896, стр.1151.

对阿穆尔州的现有地理资料进行全面研究。而东西伯利亚分会派遣总参部上校博德里（Н.П.Бодырь）前往萨彦进行考察。而俄国地理学会西伯利亚分会则于 1889 年派遣其会员奥博鲁切夫（В.А.Обручев）对东西伯利亚地区进行地形及地质研究。

3.4.3 十九世纪九十年代

进入十九世纪九十年代，俄国地理学会派遣了两支大型考察队前往中国内陆省份——甘肃及四川，对亚洲高原的东部边缘（安多及青海高原）进行了深入的研究。1892 年，俄国地理学会派遣由波塔宁、奥博鲁切夫以及别列佐夫斯基（М.М.Березовский）组成的考察队前往四川和青藏地区进行科学考察活动，由波塔宁担任领队。虽然学会名义上是派遣了一支考察队，但实际上波塔宁、奥博鲁切夫和别列佐夫斯基三人是各自独立开展研究活动的，根据兴趣自主选择考察目标和路线。三人之间唯一的联系仅存在于考察经费的发放上。学会统一将经费发给考察队领队波塔宁，并由他分配给奥博鲁切夫和别列佐夫斯基。1892 年 12 月，波塔宁及妻子波塔宁娜、标本收集员卡什卡洛夫（Кашкаров）从北京出发前往四川，到访西安、成都、临安、峨眉山、大江麓（Да-цзян-лу）等地，并打算由川入藏进行考察。但是由于波塔宁娜病重，波塔宁仅派随行的卡什卡洛夫前往巴塘（Батан），在雅鲁藏布江两岸采样，收集植物标本后即结束考察返回北京。相比波塔宁因意外事件草草结束考察，奥博鲁切夫在 1892~1894 年的考察中取得较为丰硕的成果。1892 年 9 月，他从恰克图出发，于 12 月到达北京。奥博鲁切夫沿途对恰克图—库伦—张家口的商道进行了考察，并因撰写了《恰克图至张家口商道地质研究概述》(*Краткий геологический очерк караванного пути от Кяхты до Калгана*[①])一文而被称为十九世纪后半期以来走过此线路最专业的地质学家。[②] 在北京经过5个星期的休整后,奥博鲁切夫再次启程前往兰州。考察队先前往太原府,后向西往位于阿拉善边缘的宁夏,后沿黄河左岸抵达兰州。奥博鲁切夫在前往兰州的途中对鄂尔多斯南部以及其他之前未被关注的地区进行了考察,并写成《汾州府至兰州一线的地质研究概述》(*Краткий геологический очерк пути от Фын-Чжоу-Фу до Лань-Чжоу*)[③] 一文,并被收录于《蒙古中部、鄂尔多斯、甘肃东部以及山西北部的地形和地质概述》(*Орографический и геологический очерк центральной Монголии, Ордоса, восточной Гансу и северной Шаньси*)[④] 中。离开兰州后,奥博鲁切夫沿大道,从东部翻越南山前往凉州,后辗转抵达肃州,并拜访了居住在那里的比利时人斯普林贾尔德,此人曾在格鲁姆-格尔日麦洛进行最后一次中央亚细亚考察时为其服务。此后,考察队离开肃州沿通往玉门关的道路前往南山,随后抵达柴达木盆地的北部,并经青海湖至丹噶尔。结束在丹噶尔的考察后,奥博鲁切夫继续前行来到西宁,并从那里经甘州返回肃州。在肃州时,他对周边的南山、北山和天山东部进行了考察,并完成附带地图的研究报告。该报告提交俄国地理学会审议,并最终发表于1894年出版的《俄国地理学会公报》第30卷第一册中。

1893年9月,完成肃州及其周边主要山脉的考察后,奥博鲁切夫再次起程,并于10月底到达阿尔泰南部,后渡过黄河进

---

① 刊载于1893年出版的《俄国地理学会公报》的第29卷上。

② П.П.Семенов. История полувековой деятельности императорского русского географического общество 1845-1895, часть 3, СПб.: 1896, стр.1142.

③ 该文于1893年发表在《俄国地理学会公报》第29卷第5册中。

④ 该篇长篇论文刊载于1894年出版的《俄国地理学会公报》第30卷第2册中。

入蒙古中部地区。1894 年 1 月底，考察队抵达了甘肃南部，随后经祁连山南部、广元等地入川。结束四川部分的考察，并于波塔宁会面后，奥博鲁切夫按照学会的指示于 1894 年 5 月底返回肃州，对南山进行二次考察，以便对 1893 年未来得及考察的南山中部进行补充研究。[①] 此后，考察队沿驼道经伊宁过北山抵达哈密，并于 8 月中下旬从哈密沿天山南麓前往吐鲁番，后经吐鲁番于 9 月 2 日到达乌鲁木齐，并从那里直接经伊宁、玛纳斯等地回国。奥博鲁切夫在 1892~1894 年的考察中取得了较为丰富的成果，特别是在地质学研究方面。在两年的考察过程中，他在中国境内共行进了 14000 俄里，对其中的 12000 俄里的区域进行了地质研究；同时，他还采集了约 600 种各类矿岩石的标本，确定了约 600 个地点的海拔高度，进行了一系列的气象观测，并收集了不少气候资料。[②] 而有关奥博鲁切夫此次考察的所有成果全部收录在其所撰写的长篇文章《中央亚细亚及其东南边缘地区山志》（*Орография центральной Азии и её ю.-в. окраины*）[③] 中。

与此同时，此次四川考察队的另一位主要成员——别列佐夫斯基也展开了自己的独立考察活动。1892 年 2 月，别列佐夫斯基从北京出发，首先前往西安府，后经汾县等地至霍县，并以霍县为基点进行了一次长距离的环形考察。结束霍县的环形考察后，别列佐夫斯基于 1893 年 1 月抵达四川北部的隆安府，随后由此前往四川首府成都。在从波塔宁处拿到经费后，返回隆安，并从 1893 年 4 月至 1894 年 1 月在隆安附近进行深

---

① 根据此阶段的考察成果，奥博鲁切夫写成《南山中部概述》一文，发表于 1894 年出版的《俄国地理学会公报》第 30 卷第 6 册中。

② П.П.Семенов. История полувековой деятельности императорского русского географического общество 1845-1895, часть 3, СПб.: 1896, стр.1148.

③ 刊载于 1895 年出版的《俄国地理学会公报》第 31 卷第 3 册中。

入的考察。此后，他前往松潘，并在那里对当地的雪山进行了约 8 个月的考察。考察结束后，别列佐夫斯基返回俄国。在 1892~1894 年的四川考察中别列佐夫斯基主要是在各地从事地理勘测、标本采集的工作。

在 1892 年派遣波塔宁等人进行四川考察的次年，俄国地理学会又派出由罗博罗夫斯基[①]和科兹洛夫组成的中央亚细亚考察队，此次考察的主要目的是从西北向东南对中央亚细亚进行研究，而其中最重要的一项任务则是对格鲁姆 - 格尔日麦洛兄弟在 1889~1890 年考察发现的吐鲁番盆地开展进一步的深入考察。1893 年 6 月 15 日考察队从普热瓦利斯克出发，9 月 23 日抵达托克逊，并在那里分为三组继续进行考察，其中，科兹洛夫向南前进并沿途进行考察；罗博罗夫斯基沿察利塔噶山北麓对盆地的南部边缘进行考察；而大队人马则沿大路前往吐鲁番。最后，考察队的所有成员在吐鲁番集合。对吐鲁番进行考察后，罗博罗夫斯基和科兹洛夫于 11 月分两队沿不同路线前往沙洲。罗博罗夫斯基选择了沿察利塔噶山不经过哈密前往沙洲的路线，而科兹洛夫所选择的吐鲁番—塔里木—杜拉尔（新城）的路线则更加艰险，因为需要穿越罗布泊荒漠。事实上，从罗布泊到沙洲有两条线路——山路和荒漠路，其中山路被英国人利特利杰里及其妻子于 1893 年采用[②]，所以科兹洛夫为追求首创性选择了更困难的荒漠路线。最终，罗

① 罗博罗夫斯基是活跃在十九世纪八九十年代俄国著名中央亚细亚探险考察者，曾三次参与俄国地理学会的中央亚细亚考察，特别是在中央亚细亚的自然地理学研究方面取得了一定的成绩。对于罗博罗夫斯基，曾与其有过两次合作的科兹洛夫对他给予了较高的评价，认为他“极其谨慎和虔敬地深入洞察地理环境，并以同样谨慎的态度将其原貌保留下来”（引自 И.В.Козлов. В.И.Робровский(1856-1910)// Землеведение. 1911, кН.1-2, стр.136-143）。

② П.П.Семенов. История полувековой деятельности императорского русского географического общество 1845-1895, часть 3, СПб.: 1896, стр.1158.

博罗夫斯基和科兹洛夫分别于1894年1月8日和28日先后抵达沙洲。在沙洲稍作休整后，罗博罗夫斯基和科兹洛夫再次分开，各自进行独立的考察。罗博罗夫斯基带领自己的大部队前往南山和北山进行考察。而科兹洛夫在前往苏来河、玉门山以及南山等地考察，并造访了什波擎（Шибочин）河沿岸的万佛寺，后于4月21日返回沙洲。7月，科兹洛夫与罗博罗夫斯基在可可乌苏会合，后分别行动：科兹洛夫前往大雪山考察；罗博罗夫斯基则前往南青海湖山脉进行考察。1895年6月，考察队准备回程。返程时，罗博罗夫斯基和科兹洛夫还是选择了不同路线。前者走的是古城—乌鲁木齐—斋桑的传统路线，而后者则选择了乌鲁木齐—玛纳斯—准噶尔北部的新线路。此次耗时约两年的考察取得了一系列的成果，对研究中国西北的地质、地理情况有一定的参考意义。

除上述两个大型考察队外，俄国地理学会会员格里岑（Г.С.Голицын）于1890年前往伊宁和喀什噶尔考察。自然学家格尔岑于1892年前往图尔克斯坦边区进行昆虫学研究。而雅沃尔斯基（И.Л.Яворский）则于1894年对吉萨尔山和哈兹列奇苏丹进行了考察，对天山以及帕米尔地区的冰川开展进一步的研究。1898年，克列缅茨[①]（Д.А.Племенц）从巴尔纳乌拉出发，经阿尔泰前往科布多，随后从那里前往准噶尔和天山东部，并在吐鲁番附近进行了民族学方面的考察。[②]在这次考

① 德米特里·亚历山德罗维奇·克列缅茨（Дмитрий Александрович Клеменц），俄国民族学家，曾就读于喀山大学和圣彼得堡大学物理数学系，1880年因参与革命组织而被捕，后流放东西伯利亚15年。在西伯利亚期间，克列缅茨致力于西伯利亚和蒙古各游牧民族的民族、民俗研究，并在《俄国地理学会东西伯利亚分会公报》上发表了多篇有关蒙古研究的文章和札记。此外，他还出版过多部民族学研究方面的著作。1896年，结束流放生涯的克列缅茨移居圣彼得堡，并担任科学院亚历山大三世民族学博物馆的保管员。

② Д.Клеменц. О снабжении его инструментами при поездке в Лукчунскую котловину. // Известия Императорского Русского Географического Общества. Т.34. СПб.: 1898. стр.737.

察中，克列缅茨收集到多幅古代佛教绘画，并将其带回国内交由俄国著名东方学家奥登堡进行深入研究。

在四川、新疆、青藏高原等地考察的同时，俄国地理学会也没有放弃传统的东北及蒙古地区考察活动。在东北地区的考察方面，俄国地理学会派出了多支考察队对这一地区进行更为深入的研究，尤其对兴安岭及其周边地区研究给予了关注。1891 年，俄国总参谋部派遣了一支兴安岭—阴山考察队，以便获取有关这一地区的新资料为俄国的军事行动服务。总参谋部指派时任俄国驻天津军事代表的学会会员普加塔（Д.В.Путята）上校主持此次考察活动。考察队于 1891 年 5 月 5 日从天津出发，9 月 13 日返回。其间，普加特等人两次翻越阴山，到访张家口、平泉州等地。[①] 此外，考察队还沿直隶平原北部进行考察，而这一线路在普加特之前尚没有欧洲旅行家踏足过。[②] 此外，1892 年，矿业工程师巴采维奇（Л.Ф.Бацевич）对库页岛进行了地质考察，并于次年将考察报告提交俄国地理学会。同时，王室成员亚历山大·米哈伊洛维奇大公则分别在 1892 年和 1893 年到访北京和张家口以及南乌苏里边区等地，俄国地理学会著名考察家拉德杰（Г.И.Радде）随同大公一起前往上述地区考察。同年，学会东西伯利亚分会曾派遣托姆斯科大学教授科尔任斯基（С.М.Коржинский）前往阿穆尔州考察。考察途中，科尔任斯基曾到访小兴安岭，以及阿穆尔河（黑龙江）流域。而在蒙古地区考察方面，俄国地理学会及其分会也有所斩获。首先是东西伯利亚分会会员杜勃洛夫

---

① Д.В.Путята. Предварительный отчет об экспедицииии на Хинган в 1891г. // Известия Императорского Русского Географического Общества. Т.28. СПб.: 1892.стр.149-178.

② П.П.Семенов. История полувековой деятельности императорского русского географического общество 1845-1895, часть 3, СПб.: 1896, стр.1187.

（Я.П.Дубров）在蒙古地区开展了民族学和考古学方面的研究。其次，学会会员拉德罗夫院士也于1892年在喀喇克鲁姆遗址进行考察，并发现了新的文字，为研究中央亚细亚地区的历史和地理提供了新资料。

1892年，由植物园出资，俄国地理学会派遣托姆斯科植物博物馆保管员克雷洛夫（П.Н.Крылов）前往萨彦岭地区进行考察。在考察过程中，克雷洛夫绘制了路线图，测量了各地的地理高度，收集了岩石及植物标本，并在1893年出版的学会公报第29卷中以“乌梁海地区之旅”为题发表了此次考察的报告。[①] 与此同时，著名蒙古学家波兹德涅耶夫也开始了其历时两年的蒙古民族学考察。波兹德涅耶夫首先从恰克图出发，沿色楞格河向西南方向前行，抵达东扎萨克和舒呼尔扎萨克旗，后转而向东南到达库伦，并从库伦沿军、邮道前往乌梁海和科布多进行考察。在完成乌梁海及科布多的考察后，波兹德涅耶夫又沿商道前往张家口，并于1892年12月中旬从张家口前往北京和天津，随后前往呼和浩特，并在结束呼和浩特的考察后返回张家口。此后，波兹德涅耶夫在蒙古东南部地区开展考察，并在抵达热河后，向北取道沙拉穆伦河返回俄国。[②] 回国后，波兹德涅耶夫于1893年11月20日举行全体大会对此次蒙古地区考察的主要成果做了简要的报告，并于1898年出版了根据此次考察的情况及成果编写的两卷本著作——《蒙古及蒙古人》。[③]

① П.Н.Крылов. Путешествие в Урянхайскую землю. //Известия Императорского Русского Географического Общества. Т.28. СПб.: 1892.стр.274-280.

② А.М.Позднеев. Поездка по Монголии в 1892-1893гг.// Известия Императорского Русского Географического Общества. Т.28. СПб.: 1892.стр.145-184.

③ А.М.Позднеев. Монголия и монголы. т.1,т.2. СПб.:Типография Императорской Академии Наук, 1896, 1898.

第五节 小结

通观俄国地理学会1870~1898年的中国边疆史地考察活动，无论是从数量上还是从质量上都远远超过了上一时期。在这一时期，俄国地理学会的考察目标逐步从东北边区向西迁移，后又进一步向西南内陆偏移。在十九世纪七十年代时，学会还基本以乌苏里江、阿穆尔河（黑龙江）流域等地区考察和蒙古西北部地区考察为主线；到了十九世纪八十年代时考察的主旋律已经变为中央亚细亚地区（杭爱和滕泰山脉以南，长城、南山和阿尔金山以北，大兴安岭以西以及帕米尔高原以东的区域[①]）；而进入十九世纪九十年代后，考察的重心进一步南下，移动至离中俄边境比较远的四川、青藏高原等地区。虽然考察的重点发生了变化，但是之前的重点考察区域并未因此而被忽视，依然派遣考察队进行更为深入的研究。随着考察重点目标的转移，俄国地理学会的考察半径不断扩大，几乎囊括了大半个中国。

在考察的内容上看，俄国地理学会依旧秉承谢苗诺夫所倡导的广义地理考察理念，对一个地区进行包括自然与人文在内的全面考察，只是对于不同的区域有不同的侧重。对于在上一时期已经进行过考察并取得一定自然科学研究成果的区域，如乌苏里江流域、阿穆尔河（黑龙江）流域以及蒙古等地区，学会将考察的主要内容设置为人文考察，重点研究当地的经济水平、贸易状况以及民族关系等。而对于之前没有考察过的

① Т.И.Юсупова. П.К.Казлов - Выдающийся исследователь Центральной Азии.// Санкт-Петербург – Китай. три века контактов. СПб.:《Европейский дом》,2006. стр.164.

地区，则采取以路线开拓、地图绘制、地质、地理勘测、动植物标本收集为主，民族学研究为辅的考察方式。

同时也应看到，俄国地理学会考察重点的变化与沙俄侵华活动的发展有关。十九世纪七十年代后，沙俄政府的侵华活动逐渐从东北地区向西北的蒙古地区以及西南的青藏高原地区转移，所以作为政府资料收集员的俄国地理学会也将考察的重点做出了相应的调整。

虽然无论是考察重点的迁移，还是考察内容的变化都无一不体现出俄国地理学会半官方科研机构的性质，表明其服务于沙俄政府的根本目的。但无论如何，俄国地理学会在1870~1898年这近三十年的时间里涌现出像普尔热瓦尔斯基、波塔宁、佩夫佐夫、格鲁姆-格尔日麦洛、罗博罗夫斯基等一批优秀的考察旅行家，开展了一系列的中国边疆地区考察与研究活动，取得了一些比较有价值的成果，为中国边疆史地的研究留下了较为丰富的文献参考资料。

第四章

中国边疆史地考察与研究的第三时期（1899~1917年）

随着新世纪的来临，俄国地理学会也进入了自己中国边疆史地研究的新时代，同时也迎来了在中央亚细亚考察与研究方面的新领军人物——科兹洛夫。虽然在科兹洛夫独木支撑下俄国地理学会的中国边疆史地考察与研究领域不复从前璀璨光辉，但是依然取得了一些极具价值的成果。因此，可以将 1899~1917 年称作俄国地理学会中国边疆史地考察与研究的第二次繁荣期。

第一节　科兹洛夫及其黑水城考古发现

彼·库·科兹洛夫（Петр Кузьмич Козлов）是俄国地理学会继普尔热瓦尔斯基之后所打造出的另一位著名的中央亚细亚探险家。在奥博鲁切夫院士看来："彼得·库兹米奇·科兹洛夫是普尔热瓦尔斯基的学生与旅伴中最优秀的一个。"[①] 确实，科兹洛夫续写了俄国在中央亚细亚考察探险领域的辉煌，成为整个俄国地理学会中国边疆史地考察与研究活动发展后期的代表性人物。

① В.А.Обручев. Памати терх замечательных русских путешественников.// Вопросы егографии. Сб 35. Физическая география Азии. М.:1954. стр.26.

4.1.1 科兹洛夫及其中央亚细亚探险考察活动

4.1.1.1 初识海外考察

1863 年，彼得·库兹米奇·科兹洛夫出生于斯摩棱斯克一个贫困下层阶级家庭。科兹洛夫的年少时光平淡无奇，直到与普尔热瓦尔斯基相遇，他的人生才发生了翻天覆地的变化。因为普尔热瓦尔斯基的提携和帮助，科兹洛夫得以从一个穷苦的农村青年逐步成长为享誉世界的知名探险家。因此，他对普尔热瓦尔斯基始终心怀感激和敬重之情，并将普氏视为自己伟大的父亲。[①]

1882 年，19 岁的科兹洛夫与正在为自己第四次中央亚细亚考察物色考察队成员的普尔热瓦尔斯基相遇。普氏被科兹洛夫在旅行考察方面所表现出的天分吸引，遂邀请科兹洛夫加入自己的第二次西藏考察队。但是，普尔热瓦尔斯基的邀请附带了较为严格的条件，即科兹洛夫要在一年内完成他所规定的全部任务，这其中包括作为自考生从斯摩棱斯克实科中学毕业，掌握多项探险旅行的实用技能以及在索菲娅步兵团服役三个月。[②] 尽管普尔热瓦尔斯基所提出的条件很苛刻，但是科兹洛夫为了抓住这难得的机会还是努力在一年之内完成了所有任务，获得了参与普尔热瓦尔斯基 1883~1885 年西藏考察的资格，从而开启了自己探险事业的大门。1883 年秋，20 岁的科兹洛夫追随普尔热瓦尔斯基从恰克图进入中国，行进约 7800 千米，先后考察了黄河源地区、西藏北部地区、罗布泊、塔

---

① П.К.Козлов. Николай Михайлович Пржевальский – первый исследователь природы Центральной Азии. СПб.: 1913, стр.84.

② Т.И.Юсупова. П.К.Казлов - Выдающийся исследователь Центральной Азии.// Санкт-Петербург – Китай. три века контактов. СПб.:《Европейский дом》,2006. стр.156.

里木河等地，完成了人生中最重要的一次飞跃。虽然在此次考察中科兹洛夫仅仅扮演助手和跟班的角色，没有独立完成任何科学考察研究活动，但他还是在旅行过程中学习到了考察知识和技能，更被中央亚细亚原始的山地自然美景深深吸引，并由此将中央亚细亚作为自己毕生追求的目标。[①]

1885年，结束首次中央亚细亚之旅的科兹洛夫进入了圣彼得堡步兵士官学校继续深造，并在1888年毕业后再次受邀参与普尔热瓦尔斯基的第五次中央亚细亚考察。但是，由于普氏因病在考察即将开始时去世，所以俄国地理学会的此次大型考察活动最终由另一位俄国著名中央亚细亚旅行家——佩夫佐夫主持完成。而科兹洛夫也因此获得向不同风格探险考察前辈学习的机会，这为其日后形成自己兼容并举的考察特点奠定了基础。在1889~1890年的考察过程中，科兹洛夫跟随考察队从卡拉塔尔出发，经伊塞克湖进入中国境内，并在翻越天山后抵达南疆地区，后访问叶尔羌（莎车）、喀什噶尔、尼雅等地，并最终沿昆仑山麓到达罗布泊。在此考察中，科兹洛夫继承了普尔热瓦尔斯基对动物学研究的热忱，负责全队的动物学考察与研究工作。此外值得一提的是，他在1890年返俄途中，在塔里木河左侧支流孔雀河与巴格拉什河（即博斯腾河）完成了两次独立的考察，并因在独立考察中的出色表现获得了俄国地理学会授予的普尔热瓦尔斯基奖章。[②]而这也是科兹洛夫个人考察事业的一次突破。随后，科兹洛夫于1893年再次受俄国地理学会的派遣，协助罗博罗夫斯基对中央亚细

① П.К.Козлов. Русский путешественник в Центральной Азии. // Избранные труды к столетию со рождения (1863-1963). М.: издательство АН СССР, 1963, стр.25.

② 王希隆、丁淑琴:《科兹洛夫的探险生涯及其第六次考察》，载《西北师大学报（社会科学版）》，2001年第6期，第48页。

亚地区进行考察。此行的主要目的是对昆仑山尚未研究的东部山系（南山山脉，即祁连山脉）、吐鲁番盆地和长江流域进行研究。[①]1893年6月，考察队从普热瓦利斯克出发，翻越天山后，先后探访吐鲁番、哈密、祁连山等地，并在考察完黄河源头后分别沿古城—斋桑线和乌鲁木齐—北准噶尔线返回俄国。在这次历时约两年半的考察中，科兹洛夫进一步显现出其在中国边疆史地考察方面的能力。在此次旅程中，科兹洛夫不仅独立完成了一系列的地理考察和地质勘测活动，更在罗博罗夫斯基途中突患中风的情况下接管了整个考察队的领导工作，成为此次考察的实际领导人。

4.1.1.2 初露头角

虽然在1893~1895年的考察过程中科兹洛夫已经展现出其领导大型考察队的能力，但真正使其迈出了奔向巅峰第一步的却是1899~1901年的蒙古及青藏高原之行，而此次考察也是科兹洛夫独立领导的首次中央亚细亚考察活动。1899年4月，科兹洛夫率领由18人组成的考察队从圣彼得堡出发，由于他选择从蒙古经新疆和青海至四川，后入藏考察的路线，所以考察队的首站定为阿尔泰，并从恰克图进入中国境内，后途经科布多、阿尔泰山、中央戈壁、腾格里沙漠等地，走河西走廊抵达西北重镇——西宁。科兹洛夫等人在完成青海湖的新一轮考察后，起程前往新疆柴达木地区。在结束新疆地区的考察后，科兹洛夫又率领考察队前往四川，并抵达昌都，后由此进入青藏高原地区。科兹洛夫考察队在对长江和黄河发源地进行考察后折返兰州，随后经库伦回国。虽然在1899~1901年的这次旅行中科兹洛夫仅考察了青藏高原的东南和北部地区，未能

① Т.И.Юсупова. П.К.Казлов - Выдающийся исследователь Центральной Азии.// Санкт-Петербург – Китай. три века контактов. СПб.: *Европейский дом*, 2006. стр.157.

按计划深入西藏核心地区,但他还是取得了一些很有价值的科学研究成果。他不仅沿途对10000多千米的区域进行了勘测,带回了大量自然历史研究数据,更在中央亚细亚那些从未被研究过的地区收集了大量动物标本,为研究当地的动物地理学情况提供了珍贵的资料。除了从事自然科学方面的考察与研究外,科兹洛夫在此次考察过程中还开展了一些民族学研究,对居住在西藏东部的各游牧民族进行了考察,收集了很多有意义的民族学信息。结束此次考察后,科兹洛夫返回圣彼得堡,并根据考察旅行日志编写并出版了五卷本的长篇著作《蒙古与喀木》(*Монголия и Кам*)。为了表彰其在1899~1901年蒙藏考察中所取得的成绩,俄国地理学会授予科兹洛夫学会最高荣誉奖章——康斯坦丁金质奖章。除此之外,科兹洛夫也因为此次考察的成功而受到了世界亚洲研究界的关注,成为多国研究学会的荣誉会员。在结束首次独立考察的四年后,科兹洛夫于1905年再次受沙俄政府及俄国地理学会的委托前往库伦进行考察。而科兹洛夫此行最重要的也是唯一的成果就是以俄国地理学会的名义正式拜会了滞留在那里的十三世达赖喇嘛土登嘉措。有关此次访问十三世达赖喇嘛的具体情况被科兹洛夫详细记录在《西藏的达赖喇嘛》(1907年)一文中。

4.1.1.3 登上巅峰

1907年对于科兹洛夫来说是一个重要的年份,因为他在这一年迎来了自己人生中最重要的一次考察。正是因为这次考察使科兹洛夫成为继普尔热瓦尔斯基之后享誉世界的俄国中央亚细亚探险家。1907年,科兹洛夫受俄国地理学会的委托前往中国开展新一轮的大型考察活动。此次考察所需费用共计30000卢布,由沙俄政府直接从国库中拨付。考察队由科兹洛夫、切尔诺夫(А.А.Чернов, 莫斯科大学地理学教授)、纳帕尔科夫(П.Я.Напалков, 地理测绘员)以及切蒂尔金(С.С.Чедылкин, 植物及昆虫学家)四人组成。此外,考察队还配备了由 10 人组成的护卫队。虽然此次考察的投入不小,但是俄国地理学会没有对考察内容进行具体的要求,仅就考察地域进行了比较笼统的规定。根据俄国地理学会的要求,科兹洛夫等人应在为期两年的蒙川考察活动中对蒙古中部和南部地区进行考察;同时对包括青海湖在内的库库诺尔地区开展进一步的研究;此外还抵达四川西北部,在那里收集自然和历史收藏物。对于这次考察,科兹洛夫本人在行前也是充满了期待,并希望能在蒙古沙漠中发现古城遗址;在青海湖中发现人居住的岛屿;在四川发现最丰富的动植物群落。[①]1907 年 10 月中旬,科兹洛夫率领考察队离开圣彼得堡,首先前往莫斯科,并于 11 月 10 日由莫斯科乘火车前往伊尔库斯科,后辗转前往恰克图,并在那里完成最后阶段的准备工作后于 12 月 28 日进入中国境内,正式开始考察活动。考察队首先抵达库伦,并由此向西南直奔内蒙古的额济纳旗,希望能够找到消失在茫茫沙漠中的死城——哈拉浩特。

1908 年,科兹洛夫根据蒙古地区流传的有关这座西夏古城的传说在额济纳旗进行一系列的测量,最终找到了该城遗址,并于当年 3 月下旬对哈拉浩特(黑城)遗址进行了第一次探索性考古发掘,获得了十大箱珍贵文物。随后,考察队于 3 月底离开额济纳旗,前往阿拉善旗首府定远营(巴彦浩特),并在此地将发现的哈拉浩特文物寄回俄国进行评定。考察队于 7 月上旬离开定远营,起程前往此行的第二个目的地——安多藏区。科兹洛夫选择了腾格里沙漠—永登—大通河谷—湟

① [俄]科兹洛夫:《死城之旅》,陈贵星译,新疆人民出版社 2000 年版,第 2—3 页。

水河谷的路线，并在途中对位于西宁附近的青海湖及塔尔寺进行了考察。此后，科兹洛夫率领考察队一路南下，于10月底抵达贵德，并在那里越冬。其间，科兹洛夫追随老师普尔热瓦尔斯基的足迹来到天堂寺，并拜会了该寺活佛——乔典呼图克图。同年，科兹洛夫收到了来自俄国地理学会的指示，并根据此指示改变了随后的考察计划，放弃了四川之行，折返戈壁沙漠对哈拉浩特进行补充发掘。1909年1月，考察队重新整装出发，开始了新一年的考察活动。科兹洛夫等人首先前往甘南名寺——拉卜楞寺，再次对该寺进行详细的考察。在拉卜楞寺考察期间，科兹洛夫获知，离京返藏的十三世达赖喇嘛土登嘉措已经抵达塔尔寺。为了获得达赖喇嘛的支持，实现俄国地理学会深入西藏核心地区进行正式考察的愿望，科兹洛夫决定让大部队先期前往兰州等候，自己则只身快马前往塔尔寺拜会达赖。经过六天的急行，科兹洛夫于2月22日到达塔尔寺，两次拜会了十三世达赖喇嘛土登嘉措，并在取得十三世达赖喇嘛同意俄国派遣考察队进入西藏进行科学研究的口头承诺后，离开湟中前往兰州。3月15日，科兹洛夫与大部队在兰州会合，并在3月下旬北上前往额济纳旗，对哈拉浩特进行二次考古发掘。考察队于5月22日抵达哈拉浩特，并立即开始了为期一个月的补充发掘工作。科兹洛夫在此次发掘过程中取得了更大的收获。他在遗址中发现了一座佛塔，里面完整保存了大批西夏文书、经卷、佛教画像和塑像以及其他极具研究价值的文物。在将所发现的文物洗劫一空后，科兹洛夫率队于6月16日离开哈拉浩特，经喀尔喀蒙古、库伦，并于同年7月从恰克图出境回国。虽然科兹洛夫在1907~1909年中国之行中没有能够看到竹海，抓到熊猫，实现对四川动植物群系的考察，但是他在额济纳旗的重大考古发现将他的名字与西夏研究永远地联系在一起，开创了俄国，乃至世界西夏学研究的新纪元。

此后，由于第一次世界大战以及俄国十月革命的相继爆发，科兹洛夫没有能够再进行任何的中国考察活动，直至1923年才再一次受更名后的苏联地理学会的委派前往蒙古地区进行考察。事实上，他此次考察的目标最初定在西藏，并已经取得中华民国北京政府颁发的通行许可证，甚至得到了十三世达赖喇嘛派专使送来的"割符"[①]，但是由于英国政府的极力反对，以及国际局势的突变，科兹洛夫最终未能实现对西藏中心地区的首次正式科学考察，而改道前往蒙古地区开展了为期三年的考察研究。虽然未能成为俄国地理学会首位获准进入拉萨进行正式考察的旅行家不免使科兹洛夫抱憾终身，但他在三年的蒙古地区考察中也没有空手而归，并取得了重大的考古发现。在这次考察中，科兹洛夫不仅对哈拉浩特进行第三次考古挖掘，更在库伦（今乌兰巴托市）附近的肯特山发现了汉代匈奴大型墓葬群——诺颜乌拉墓葬群。而这一重大考古发现同哈拉浩特的挖掘一道被苏联专家指定为20世纪最重要的发现。[②]随着1926年蒙古地区考察的结束，科兹洛夫的中央亚细亚探险生涯也落下了帷幕。此后，科兹洛夫定居圣彼得堡，并于1935年病逝，享年73岁。

① "割符"是十三世达赖喇嘛给科兹洛夫，准许其进入拉萨进行考察的信物。该割符一分为二，切口呈锯齿状，一半在科兹洛夫手中，另一半守卫前往拉萨必经之山口的士兵手中，两半对合，即可放行。

② [俄]科兹洛夫：《死城之旅》，陈贵星译，新疆人民出版社2000年版，第8页。

4.1.2 科兹洛夫在中国边疆史地考察与研究方面的成果

作为俄国地理学会中国边疆史地考察第三时期的代表人物，科兹洛夫在长达44年（1883~1926年）的海外探险考察生涯中取得了不少具有科学研究价值的成果，并因此不仅获得了俄国地理学会所颁发的普尔热瓦尔斯基银质奖章、康斯坦丁金质奖章（俄国地理学会的最高荣誉），还得到了英国地理学会授予的奠基者奖，意大利地理学会的大金质奖章以及法国科学院的齐哈乔夫奖，更获聘成为五个俄国科学学会以及多家外国学术组织的荣誉会员，并在1928年当选为乌克兰科学院院士。而科兹洛夫的考察成果大体可以简单划分为人文历史和自然地理两个方面，其中以人文历史方面成果最为突出，特别是在蒙古地区的两次重大考古发现更将他推上了探险考察事业的巅峰。

4.1.2.1 科兹洛夫的黑水城考古成果

在科兹洛夫为俄国地理学会所取得多项中国边疆史地考察成果中，黑水城西夏文献及文物无疑是其中最具价值的那颗明珠。西夏是由党项人建立的少数民族政权，在中国历史上曾兴盛一时。西夏政权在其鼎盛时期曾统治过河套与河西走廊地区，后逐渐衰落，并最终于1227年被大蒙古国所灭。随着西夏国的灭亡，由党项人结合汉族河陇、吐蕃及回鹘文化创造出的西夏文明也埋葬在了茫茫沙漠之中。在科兹洛夫黑水城考古发现之前，对于西夏的了解一直停留在史书典籍和民间传说故事的零星记录中。直至1909年，科兹洛夫在黑水城的意外考古发现才让人们重新有机会深入了解这一西域古文明昔日的风采。因此，科兹洛夫的西夏发现被认为是二十世纪继甲骨文、汉简、敦煌文书之后的又一次重大的文献发现。[①]

事实上,俄国地理学会对于死城——哈拉浩特的探寻始于十九世纪八十年代。曾于1884~1886年在蒙古及西藏地区考察的波塔宁从居住在额济纳旗的土尔扈特人那里获知"有一座古城废墟叫作额尔克·哈拉·布流克城(即哈拉浩特),它位于额济纳河水系一条流向东方的支流尽头处。传说在那里可以看到一座不大的城郭(城墙),周围有许多被黄沙掩埋的房屋遗址,城墙四周积满了流沙。挖开黄沙,有时还能找到一些银器"。[②]但是很可惜波塔宁本人并没有找到哈拉浩特遗址。此后,俄国地理学会又陆续派遣格鲁姆-格尔日麦洛、奥博鲁切夫等人前往这一地区继续寻找古城遗址的下落,但是始终一无所获,直至1908年3月科兹洛夫才在当地向导巴塔老人的帮助下找到了这座尘封已久的古城,揭开了西夏文明的神秘面纱。

成功找到死城——哈拉浩特的科兹洛夫在当地进行了疯狂的文物盗掘,并将大批文物和文献运回俄国。现在,这些珍贵的文物、文献资料被分别保存在艾尔米塔什博物馆(冬宫博物馆)东方部和俄罗斯科学院东方学所圣彼得堡分所。对于科兹洛夫从哈拉浩特盗走文物及文献的数量,由于一直缺少完成的编目,所以始终还没有定论,但是据估算不少于10万件。[③]而根据科兹洛夫后来自己回忆,他从哈拉浩特"运出40

① 史金波:《百年西夏学》,载《光明日报》,2001年3月27日;转引自:阎国栋:《俄国汉学史(迄于1917年)》,人民出版社2006年版,第632页。

② [俄]E.N.鲁勃·列斯尼切钦科、T.K.沙弗拉诺夫斯卡娅著:《黑水死城(上)》,崔红芬、文志勇译,载《西北第二民族学院学报》(哲学社会科学版),2005年第1期,第36页。

③ 景永时:《俄国西夏学研究评述》,载《西北第二民族大学学报》(哲学社会科学版),2003年第4期,第12页。

驮，骆驼运出了一个保存完好的图书馆，计有2.4万”[①]。事实上，仅在苏布尔干（佛塔）中他就找到约2000卷的西夏文书、300多幅多种材质的佛像画、制作水平各异的金属和木质佛像、铜币、舍利塔等文物。中国西夏研究学者白滨在参观俄罗斯科学院东方学所收藏的黑水城文献后发出了这样的感叹：“东方学所中所收藏的黑城文献究竟有多少？收藏了近一个世纪了，可以说家底还不太清楚，……望着那紧紧塞满柜中密密麻麻的书籍经卷，真说不清其中还蕴藏着什么珍籍宝卷。”[②]而中国学者史金波等人自1996年开始同俄罗斯学者合作对俄藏黑水城西夏文书进行整理并出版了系列丛书——《俄罗斯科学院东方研究所圣彼得堡分所藏黑水城文献》，截至2011年已陆续出版了14辑，其内容涵盖语言文学、历史法律、社会文学、古籍译文和佛教经典五大类的文献资料。此外，冬宫博物馆也对收藏在那里的黑水城出土文物和艺术品进行编目，至今已完成包括绘画、泥塑像、木雕像、泥玩具、小塔婆、陶瓷残片、金属制品、漆器残片、佛教法事冠冕、生活用品、钱币以及农具在内的3000余件收藏品的编目工作。[③]

得益于科兹洛夫在黑水城的重大考古发现，俄国汉学自1909年起又增加了一个新门类——西夏研究。俄国的西夏学研究自科兹洛夫所斩获的黑水城文献运抵圣彼得堡俄国地理学会之时起至今已经有百余年的历史了。[④]俄罗斯的西夏学研究依托丰富的文献、文物资源取得了一系列丰硕的成果，并

---

① 王希隆、丁淑琴：《科兹洛夫的探险生涯及其第六次考察》，载《西北师大学报（社会科学版）》，2001年第6期，第50—51页。

② 白滨：《寻找被遗忘的王朝》，山东画报出版社1997年版，第60页。

③ 景永时：《俄国西夏学研究评述》，载《西北第二民族大学学报》（哲学社会科学版），2003年第4期，第12—13页。

④ 俄罗斯西夏学研究曾因肃反运动及第二次世界大战出现过十年的停滞期。

于二十世纪六七十年代达到顶峰。俄罗斯的西夏学研究主要围绕科兹洛夫在1908~1909年所获得的珍贵文献展开，其内容大致包括黑城文献整理、考订、编目和叙录；西夏语言文字研究；西夏文、汉文、蒙古文及藏文文献研究；西夏历史文化研究；出土文物和艺术品研究等多个方面[①]，并涌现出伊凤阁（被认为是俄国西夏学的开拓者）、聂历山（被认为是苏联西夏学的真正奠基人）、孟列夫、克恰诺夫、克平、丘古耶维奇、苏敏等一批优秀的西夏学者。虽然科兹洛夫在哈拉浩特所取得的成果为俄罗斯在世界西夏学界占据优势地位奠定了坚实的基础，但是其本人对于西夏学的研究就如同斯坦因之于敦煌学一样，由于教育水平的限制加之缺乏汉学知识，只能充当文物、文献资料的"搬运工"，而没有能力进行任何深入研究。科兹洛夫这种"有力搜寻和挖掘而无力进行研究"的情况是这一时期俄国地理学会中国研究活动中的一个普遍现象。而这反映出，随着俄国的中国边疆史地研究逐步深入，俄国地理学会的知识结构已经无法满足高水平研究的需求。面对有米无人可做的情况，无力组织人力开展深入研究的俄国地理学会最终只能无奈放弃这一领域。

4.1.2.2 科兹洛夫的民族学考察成果

科兹洛夫在七次考察活动中深入中国西北大部分地区，广泛与分布于当地的蒙古族、藏族、东乡族、回族、土族和撒拉族进行交往，对当地各族居民的生活习惯、风俗人情开展了较为详细的观察和记录，为研究二十世纪初中国西北民族的情况提供了重要的参考资料。在科兹洛夫所接触的大小官员、王公贵胄、僧俗两界人物中引起当时俄国军、政、学三界最多关注

① 景永时：《俄国西夏学研究评述》，载《西北第二民族大学学报》（哲学社会科学版），2003年第4期，第12—13页。

的当属十三世达赖喇嘛土登嘉措。而与这位达赖喇嘛的两次带政治色彩的会面也成为科兹洛夫在沙俄时期的考察活动中除黑水城考古发现外的又一亮点。

深入西藏核心地区和与达赖喇嘛建立联系长久以来一直是沙俄政府希望借助俄国地理学会之力完成的计划。早在普尔热瓦尔斯基1879年第一次西藏考察时就将进入拉萨考察定为最重要的考察目标之一。但因为西藏地方政权当时拒绝任何外国人入内而被迫在那曲折返。虽然此后波塔宁、佩夫佐夫、奥博鲁切夫等人都曾对西藏边缘地区进行考察，但是始终没有获得许可深入西藏开展考察。除了设法进入拉萨考察外，俄国探险者们也曾通过各种渠道尝试与西藏达赖喇嘛建立联系。像波塔宁等人就曾借助考察布达拉宫关系紧密的拉卜楞寺和塔尔寺的机会，试图通过这两座寺庙的活佛间接与达赖喇嘛取得联系，但是尝试并不成功。直至1905年科兹洛夫与达赖喇嘛在库伦的第一次会面才为俄国地理学会派遣正式科学考察队深入西藏赢得了一些希望。

1905年6月1日，科兹洛夫在库伦第一次见到了西藏僧俗最高统治者达赖喇嘛，并按照藏族礼仪向达赖喇嘛敬献了哈达。此后，科兹洛夫在库伦停留了约两个月的时间，并多次拜会十三世达赖喇嘛土登嘉措，交换礼品。对于这位避难至此并被清政府革除封号的西藏最高统治者，科兹洛夫却给予了很高的评价。虽然在1905年库伦访问期间，科兹洛夫与十三世达赖喇嘛相处了两个月的时间，但由于十三世达赖喇嘛当时的处境尴尬，所以科兹洛夫没能够得到任何有意义的承诺。但是，他却坚持认为待十三世达赖喇嘛重返拉萨后，必将为俄国人打开科考和通商的大门。[①]

四年后，1909年科兹洛夫在考察途中再次拜会了十三世达赖喇嘛。这次短暂的计划外会面收获了惊喜。十三世达赖喇嘛土登嘉措在会面后请科兹洛夫向沙俄政府转达，希望俄国能够派遣旅行家、研究学者来藏，对西藏山区的自然情况和人口状况进行更为深入的研究。也就是说，俄国终于获得入藏进行正式科学考察的许可。但是后来因为辛亥革命、"一战"以及俄国十月革命相继爆发，国际政治局势发生巨大变化，科兹洛夫乃至俄国地理学会没有能够应邀派遣考察队前往西藏开展正式的考察活动。虽然科兹洛夫完成了俄国地理学会中国边疆史地考察黄金时代未能实现的梦想，不仅两次拜会十三世达赖喇嘛，并与其进行了较为深入的交往。但是，他却没有在交往中取得更多有价值的科学研究成果，更多的是充当沙俄政府与西藏地方政府间的"信差"，为两方传递消息，充分表现出其考察政治性的一面。

此外，科兹洛夫在考察过程中还广泛结交地方权贵。在他的交往名单中就包含了喀尔喀蒙古塞音诺颜部巴尔金扎萨克、额济纳蒙古土尔扈特部扎萨克贝勒达齐、阿拉善蒙古和硕特部扎萨克亲王特色楞、青海湖藏族恰姆鲁族长以及青海贵南鲁仓千户等。通过观察，科兹洛夫发现在相对开化的蒙古地区，上流统治阶层的生活已经近代化，甚至开始欧化。像阿拉善亲王家族不仅过着定居的生活，还按欧洲习惯使用天鹅绒台布和白色小名片，甚至对于欧洲的时局也很了解。这使科兹洛夫能够轻松地与蒙古王公交流，获得他们的帮助。而生活在青藏腹地的各藏族部落则相对封闭，还保持着原始习俗，并且

① П.К.Козлов. Тибет и Далай-лама. Петроград: 15-ая государственная типография, 1920. стр.72.

非常排斥外国人的到来。

在接触王公权贵的同时，科兹洛夫也没有放弃针对普通民众的民族学调查。在他的旅行游记中，详细记录了有关蒙、藏、东乡、土、撒拉等各族人民的家庭状况、婚丧嫁娶风俗以及宗教信仰的情况。特别是他有关甘肃、青海地区特有的东乡族、土族和撒拉族的实地考察记录更是弥补了民国前相关资料缺乏的不足。虽然科兹洛夫只是平铺直叙式地为后人讲述了他在考察途中的所见所闻，没有开展深入的研究，但他所记录下的西北民族田野调查资料却对了解和研究二十世纪初中国西北边疆地区的民族和社会情况具有重要的意义，成为后世学者重要的民族学研究资料。

4.1.2.3 科兹洛夫的自然地理考察成果

作为俄国地理学会的专职探险考察人员，科兹洛夫始终没有忽略地理勘测、动植物区系研究以及标本收集等方面的工作。据统计，科兹洛夫一生共收集到2.5万余件动植物标本。仅在1899~1902年的考察中，科兹洛夫就获得了750种爬行和两栖动物标本，400种鱼类标本，以及多达8万余种的昆虫标本。此外，他在首次独立领导的考察中还在西藏东北部收集了千余种鲜花植物标本，而同期在此考察的英国探险家仅收集了295种。同时，在其《蒙古与喀木》一书的动物学日志中记载了超过1400种哺乳动物、5000多种鸟。[①]而在地理研究方面，科兹洛夫曾撰写《罗布泊》一文，并发表在1898年的《俄国地理学会公报》上。此外，在他的游记、报告中也都详细记述了所考察地区的地形、地貌情况。同时，在考察过程中科兹洛夫还拍摄了不少资料照片，真实记录下了当时中国西北地区自

① 王希隆、丁淑琴:《科兹洛夫的探险生涯及其第六次考察》，载《西北师大学报(社会科学版)》，2001年第6期，第53页。

然地理面貌。虽然在地理学，特别是动物地理学研究方面，科兹洛夫取得了一些成果，但是却无法与普尔热瓦尔斯基等人相比较，加之其在考古研究方面所取得的成果太突出，所以其在地理学方面的研究成果被湮没在了考古亮点之后，鲜少引起人们的关注。

4.1.3 科兹洛夫考察活动的政治性和功利性

作为俄国地理学会中国边疆史地考察活动的重要组成部分，科兹洛夫的考察活动和其他俄国地理学会所组织的中国考察活动一样具有明确的政治意图，其始终不变的宗旨是为沙俄政府的侵华计划服务。例如，科兹洛夫在1905年受俄国地理学会的委托前往库伦拜会十三世达赖喇嘛就是一次披着科学外衣的政治行为。科兹洛夫此次库伦之行的根本目的就是笼络这位西藏最高政教首领，为沙俄政府侵略中国西藏的政策服务，使俄国在与英国的西藏之争中能够抢占优势地位。此外，科兹洛夫在考察过程中一改以普尔热瓦尔斯基为代表的“军人探险家”拒绝与当地人交往的考察作风，积极与各蒙古王公贵族进行接触。这从表面上看是为自己的考察活动创造便利的条件，但实际上科兹洛夫是在为沙俄政府的侵略蒙古计划寻找可以利用的工具，扩大俄国在这一地区的影响力。因为在二十世纪初，沙俄政府结束对中国满洲地区的侵略后又将罪恶的触角伸向了蒙古地区。在俄国人看来，蒙古位于通往中国内地、西藏、喜马拉雅高原、印度和中央亚细亚的咽喉之地，是必须与之建立“保护关系和俄国势力范围”的地区。[①] 而

① 周伟洲主编:《英国、俄国与中国西藏》，中国藏学出版社2000年版，第254页。

科兹洛夫作为军人探险家的代表人物之一也深受这股政治图谋的影响。

此外，科兹洛夫的考察活动还带有功利性。与普尔热瓦尔斯基相似，科兹洛夫之所以走上探险考察的道路，是因为希望能够借此改变命运，摆脱贫苦，获得名利地位。所以，科兹洛夫的考察普遍是重结果、轻过程，片面地追求实物成果的数量，这使得其所获成果之间缺乏联系，不能形成一个完整的体系，不利于进一步的深入研究。以黑水城考察为例，科兹洛夫之所以会冒风险进入沙漠寻找哈拉浩特城遗址，并不是因为对该城的历史有了深入的了解后希望实地印证典籍中的记载，而只是为了捞取更多能吸引上层阶级眼球的资本而凭感觉行动的莽撞之举而已。至于从佛塔中带回的那数以十万计的文物、文献，对于科兹洛夫来讲只是换取名声、金钱和地位的工具，对于它们背后的历史研究价值是一无所知。

而政治性和功利性也导致科兹洛夫的考察存在很多问题和不足。首先，浓重的政治色彩使科兹洛夫的考察在很大程度上丧失了科学应有的公正性和客观性。例如，他对于那些有利于沙俄侵略扩张计划实施的蒙古王爷极尽赞美之词，并百般讨好，更赠送手表、锦缎、珊瑚手镯、留声机等物品来拉拢关系；而对于那些看透沙俄侵略本性的藏族同胞则嗤之以鼻，不仅说他们野蛮、好战，更用枪口对准抵抗侵略、维护中国领土完整的同胞，分别在琐图和雀儿山地区的比穆拉山口制造了两起血案。所以，科兹洛夫在游记中所记述的内容并不能全面、真实地反映十九世纪末至二十世纪初中国西北边疆地区的实际情况。

其次，科兹洛夫疯狂的掠夺行为也对自然生态系统和出土文物造成了无法弥补的破坏。科兹洛夫所考察的地区生态环境大都十分脆弱，而他为了追求成果的数量而大规模、无节制地捕杀当地的野生动物，这无疑对当地的自然环境造成了严重的破坏。此外，由于科兹洛夫没有受过专业的考古培训，所以在考古发掘过程中造成了很多无法补救的损失。在他的游记有这样的记述："我们发现了两幅画在网状物上的汉文书画，我永远也无法忘记那幸福的时刻，无法忘记它们给我和我的同伴所带来的强烈震撼。当我们展开画，呈现在我们面前的是用浅蓝色和浅玫瑰红色颜料勾勒出的几尊坐像，这些人物被画得栩栩如生，极富表现力和整体美感。……它们是那样的美丽，那样的无与伦比。……但是，一旦举起画或者画布，大块的颜色就立即像轻轻飘荡的幽灵一样从画布上消失，所有的魅力顷刻间消失得无影无踪。"[①] 由于不懂得考古挖掘的程序，更对出土文物的保存方法一无所知，使科兹洛夫在挖掘过程中未能完整保存下所有的文物，造成很多珍贵的文物资料彻底消失，无法复原，给日后的研究造成了无法弥补的缺憾。

总体来说，科兹洛夫的探险考察生涯大体可以划分成两个阶段：在二十世纪前他因为对蒙古、西藏、新疆等地的自然生态考察而为人们所熟知；而在进入二十世纪之后他的名字则因为两次重大的考古发现被永远载入史册。然而，成果和荣誉不能掩盖其对自然环境的破坏，对动植物资源的过度消耗以及对中国珍贵文物的疯狂掠夺。由于缺乏考古发掘的知识和技能，科兹洛夫发掘哈拉浩特古城遗址的同时也造成无法弥

① П.К.Козлов. Монголия и Амдо и мертвый город Хара-хото.М.:Государственное издательство,1923,стр.300. 转引自 Е.Н. 鲁勃·列斯尼切钦科、Т.К. 沙弗拉诺夫斯卡娅著：《黑水死城（上）》，崔红芬，文志勇译，载《西北第二民族大学学报》（哲学社会科学版），2005 年第 1 期，第 36 页。

补的破坏，使很多珍贵信息就此消失。但无论如何，科兹洛夫都是俄国地理学会二十世纪初中国边疆史地考察活动中的代表性人物，为世界认识了解中国西部地区的历史、地理、自然生态以及民族情况贡献了自己的力量。

第二节　其他主要考察活动

在这一时期，除了科兹洛夫，齐比科夫（Г.Ц.Цыбиков，也译作崔比科夫）的西藏民族学考察是俄国地理学会中国边疆史地考察研究方面的另一大亮点。贡博奇扎布·采别科维奇·齐比科夫是俄国布里亚特族人，俄国的东方学家，被认为是十九世纪下半期至二十世纪初俄国藏学的代表人物之一。他同巴拉弟、奥登堡等一起促成俄国藏学向苏联藏学的转型，并将苏联的藏学研究推向新的高度。[①] 青年时期的齐比科夫曾在库伦学习汉语、蒙语及满语，并于 1895 年进入圣彼得堡大学东方系，师从波兹德涅耶夫、王西里等俄国著名东方学家、汉学家。1899 年，他以优秀的成绩从圣彼得堡大学毕业，并获学校颁发的金质奖章和甲等毕业证书。同年 11 月，齐比科夫开始了自己首次也是唯一一次海外田野考察，并因此名留史册。

1899 年 11 月 26 日，齐比科夫乔装成布里亚特朝拜十三世达赖喇嘛，带领一队阿拉善蒙古人从库伦出发，横穿阿拉善，抵达首个考察目标——位于西宁市郊的塔尔寺。塔尔寺建于十六世纪，是藏传佛教六大寺庙之一，是青藏高原以外最重要

① 张晓梅：《俄罗斯对藏文史籍的翻译及其藏学研究》，中央民族大学，2012 年，第 31 页。

藏传佛教中心之一。在塔尔寺稍作休整并进行必要的考察后，齐比科夫一行由此前往位于甘南夏河县的拉卜楞寺。该寺建于1769年，与塔尔寺一样也是藏传佛教六大寺庙之一。然而，对塔尔寺和拉卜楞寺的民族学考察并不是齐比科夫此行的最大成就，因为早在十九世纪八十年代，俄国地理学会另一位民族学考察旅行家——波塔宁就曾到访这两座寺庙并对其进行考察研究。对于齐比科夫来说，此次西藏民族学考察的最大亮点出现在考察拉卜楞寺之后。因为他没有像其前辈，如普尔热瓦尔斯基、波塔宁、格鲁姆-格尔日麦洛等人一样，在抵达西藏边缘地区之后就止步不前，而是继续深入并最终到达了西藏的中心——拉萨，揭开了这座神秘圣城的面纱。

在拉萨考察期间，齐比科夫不仅探访了全藏最重要的寺庙——布达拉宫，更接受了十三世达赖喇嘛土登嘉措的灌顶赐福。初见布达拉宫，齐比科夫不免赞叹它的宏伟壮丽，并在游记中写道："布达拉宫建在那高高的山上，有400多米长，差不多1000个房间。"[①] 而对于颇具争议的十三世达赖喇嘛，齐比科夫则认为他是一个"面相上看也就十三岁的漂亮男孩，但是却有着坚强的性格，因为现在他已经在西藏的世俗和宗教事务中表现出了很多的独立性和能量"[②]。而齐比科夫之所以给予这位曾两度被革封号又两次临阵脱逃的达赖喇嘛如此正面的评价，主要是因为在齐比科夫到达拉萨前，十三世达赖喇嘛刚经过激烈的权力斗争，取得西藏的完全统治权，并在亲政的初期推行了一系列改革，颁布了诸如取消死刑、禁止买卖官职

---

① Л.С.Берг. Всесоюзное географическое общество за сто лет. М.: РИСО АН СССР,1946, стр.115.

② Ж.Д.Доржиев, А.М.Кондратов. Путь в Тибет. М.: Издательство «Мысль», 1973, стр.40.

等措施。而改革也正是当时陷入激烈社会矛盾的俄国社会所思索的出路。因此，推行“新政”的十三世达赖喇嘛在俄国学者心中留下了革新派先锋的形象。同时，在齐比科夫拜见十三世达赖喇嘛的1902年正是俄英两国争夺西藏控制权的关键时刻。如果此时与西藏最高统治者搞好关系自然就手握重要的砝码，在竞争中处于有利的地位。因此，齐比科夫褒扬十三世达赖喇嘛更多的是为沙俄政府所做的巴结、奉承之举而已。

除了布达拉宫，齐比科夫在拉萨期间还朝拜了位于拉萨市内的大昭寺和小昭寺，并还前往参拜了位于拉萨市郊的拉萨三大寺——甘丹寺、哲蚌寺以及色拉寺。此外，齐比科夫还前往后藏重要城市——日喀则，并探访了当地最大的藏传佛教寺庙——扎什伦布寺。可以说，齐比科夫在此次西藏之行中是借助朝圣喇嘛的身份遍访各大藏传佛教名寺。[①] 虽然对西藏宗教情况进行较为专业的观察、记述和研究是齐比科夫拉萨地区考察最重要的任务，但同时他也没有放松对当地风俗习惯、人口分布、民族构成、建筑风格等世俗生活的情况考察。据其调查，拉萨当时的常住居民主要由藏族人、汉族人以及穆斯林组成。在藏族居民中，男性人口只占总数的三分之一，所以西藏妇女成为当地的主要劳动力，并且在当地依然保留着落后的一妻多夫以及一夫多妻的婚姻习俗。

1902年，齐比科夫结束了在西藏中心区的考察返回俄国，并在1903年举行的俄国地理学会全体大会上介绍此次西藏民族学考察的情况。虽然此次西藏之行仅是以朝圣为伪装的非正式科学考察，但也取得较为突出的成果，特别是在东方学研究方面。因为齐比科夫在考察过程中偷拍了大量的珍贵照片，

① 齐比科夫此行考察了全部藏传佛教格鲁派六大寺庙，分别是：塔尔寺、拉卜楞寺、甘丹寺、哲蚌寺、色拉寺和扎什伦布寺。

而这为了解西藏十九世纪末二十世纪初的城市样貌提供了重要的影像资料。此外,他还带回来300多卷珍贵的藏文木版印刷书。而这些书籍现在已经成为俄国科学院圣彼得堡东方学所收藏的藏语善本中的瑰宝。[①] 对于齐比科夫及其考察,俄国著名东方学家奥登堡也给予了充分的肯定。奥登堡认为:"没有人像齐比科夫一样准备得如此充分;也没有谁像他一样为我们如此全面而仔细地描述这些西藏圣地的情况;更没有谁像他一样能够自由地进入这些地方。"[②] 对于齐比科夫后来根据日记所撰写的研究性旅行游记——《佛教香客在圣地西藏》[③],奥登堡则赞扬其中"保存下了原汁原味的西藏僧侣阶层以及赴藏朝拜者的生活"[④]。

虽然齐比科夫此次能够进入拉萨考察固然创造了俄国地理学会西藏地区考察与研究的历史,但是为什么是齐比科夫成了第一个吃上螃蟹的人,而非比其更有名气的探险者呢?这其中既有其自身条件的原因,同时也受当时西藏局势因素的影响。就齐比科夫的自身条件而言,他具备乔装朝拜达赖喇嘛前往西藏考察的条件。首先,他是来自外贝加尔地区的布里亚特人,拥有蒙古人的相貌;其次,他本身来自一个布里亚特的佛教家庭,自幼信奉藏传佛教;再次,他曾在库伦学习过蒙、汉、满语,后又在圣彼得堡大学东方系跟随王西里等汉学大家学

---

① Ж.Д.Доржиев, А.М.Кондратов. Путь в Тибет. М.: Издательство «Мысль», 1973, стр.5.

② С.Ф.Ольденбург. От редакции//Г.Ц.Цыбиков. Буддист-Паломник у святынь Тибета// Г.Ц.Цыбиков. Избранные труды в двух томах. Первый том. Новосибирск: Наука сибирского отделения, 1991.стр.30.

③ 该书已经由王献军翻译成中文,并于1993年由西藏人民出版社出版。

④ С.Ф.Ольденбург. От редакции//Г.Ц.Цыбиков. Буддист-Паломник у святынь Тибета// Г.Ц.Цыбиков. Избранные труды в двух томах. Первый том. Новосибирск: Наука сибирского отделения, 1991.стр.30.

习，拥有良好的语言基础和较为充足的知识储备。正是因为同时具备这些优势，使他成为乔装进入西藏考察的不二人选。

同时，沙俄政府在西藏地区所组织的间谍网络也为齐比科夫进入拉萨提供了帮助。沙俄政府利用西藏不限制僧人进入西藏求学的政策，派遣了大量布里亚特喇嘛以求学为名前往西藏从事间谍活动，这批间谍在十九世纪末已经形成了一定规模，并且已有人混入了上层统治集团，为西藏僧俗统治阶级灌输亲俄思想。这使得西藏僧侣统治阶层对沙俄政府并不十分排斥，对从俄国来的布里亚特喇嘛们也给予很多的方便。

此外，西藏地方政府对外态度的转变也为齐比科夫进入西藏提供了契机。随着清政府的国力日渐衰落，官员腐败，致使一直以来禁止外国人进入西藏的政策在当地并不能切实地执行。根据齐比科夫游记中的记述可知，其实在他入藏之前，其行踪就已经被人知晓，但是他通过贿赂检查哨卡的小官吏最终得以蒙混过关。另外，自 1895 年英国武装入侵西藏后，西藏地方政府被迫转变一直以来所奉行的对外封闭政策。由于英国侵略者一再扬言要进行二次战争，西藏统治阶层也希望能够与其他强国联系，并借助其力量与英国抗衡。在齐比科夫考察西藏前后，十三世达赖喇嘛就曾先后三次派遣其近臣布里亚特喇嘛德尔智出使俄国请求帮助。并且在齐比科夫考察结束后的 1903 年，十三世达赖喇嘛土登嘉措为躲避英国的第二次侵略战争，而准备逃亡俄国，但后因清政府的阻止而未能成行。虽然此次十三世达赖喇嘛没有到达俄国，但也可以看出，二十世纪初的西藏已经不再故步自封，偏安一隅。随着列强侵略步伐的不断深入，曾经闭门谢客的拉萨也不得不被迫打开自己的大门，而这也为齐比科夫进入这一“藏传佛教的圣城”创造了条件。由此可见，齐比科夫所谓的“首入拉萨”并非首次，也不是其个人或者俄国地理学会的单独努力所造就的，而是沙俄政府长期精心暗中部署加上国际时局共同作用下的结果。

在齐比科夫之后，另一位来自外贝加尔的布里亚特人巴拉京（Б.Б.Барадийн）受俄国地理学会委托于1905年前往甘南地区，对拉卜楞寺及居住在此的唐古特人进行了考察。巴拉京是圣彼得堡大学东方系的旁听生，曾因在西藏民族学研究方面所取得的成就被俄国地理学会授予普尔热瓦尔斯基奖章。在1905~1907年的考察过程中，巴拉京对居住在拉卜楞寺附近的唐古特部族进行较为深入、全面的民族学调查。在其所提交的报告中，巴拉京不仅记述了当地独特的走婚习俗，还关注了当地妇女的社会地位。据他所了解，当地女子都很独立和自由，甚至可以同时拥有多位丈夫。此外，在巴拉京的笔下唐古特人一改以往野蛮、好战的形象，而变成了善良、好客、直爽、热情，但又不失真诚和高尚的民族。[①] 此外，巴拉京还在游记中记述了藏族人的天葬习俗。他认为，这种埋葬方式反映出藏族人的价值观。在藏族人看来，人死后躯体就变成易朽的普通物体了，应该高尚地将其加以利用，而在此类情况下最好的利用方式就是喂食动物。[②] 结束为期两年的考察后，巴拉京返回俄国，并在1908年1月底的俄国地理学会的全体大会上做了有关此次拉卜楞寺唐古特民族考察的报告。[③]

除了对青藏地区进行深入的民族学考察外，俄国地理学会在这一时期也对中国其他边疆地区予以了关注。例如，学会在1899年再次派遣波塔宁出马，前往大兴安岭地区进行田野

① Л.С.Берг. Всесоюзное географическое общество за сто лет. М.: РИСО АН СССР,1946, стр.117.

② Б.Б.Барадийн. Путешествие в Лавран (Буддийский монастырь на северо-восточной окраине Тибета) // Изв. РГО, Т45. 1909, №1, стр.203.

③ 该报告讲稿发表在1909年出版的《俄国地理学会公报》第45卷上。

考察，这也是波塔宁的最后一次田野考察。虽然此次考察的规模远不及之前的蒙古、青藏、四川考察，但还是在地理勘测、民族学研究等方面取得了一些成果。1903 年，格鲁姆 - 格尔日麦洛前往蒙古西部和图瓦地区考察。在这次考察旅行中，他对当地的经济、习俗、历史和文物古迹都进行了较为深入的研究。根据所获得的资料，格鲁姆 - 格尔日麦洛编写了长篇研究专著《蒙古西部和乌梁海边区》。该专著后由俄国地理学会在 1914~1930 年分三卷四册陆续出版。该书的后两卷包含有关蒙古西部和乌梁海等地区的丰富历史和民族学研究资料，并加入了相关领域研究文献的详细目录。正是得益于其内容详细、全面，使这部著作至今仍被蒙古学家参考、引用。[1]

此后，奥博鲁切夫分别于 1905 年、1906 年和 1909 年对与俄国接壤的准噶尔地区进行考察。在这次考察中，他着重对这一地区进行了较为详细的地理描述。而这也正是奥博鲁切夫此次考察特别珍贵的地方，因为在他之前几乎没有旅行家到过这一地区，并且有关此地的研究成果也不丰富。[2] 经过考察，奥博鲁切夫将准噶尔阿拉陶及其周围地区划入天山山脉；而将萨乌尔和塔尔巴哈台归入蒙古阿勒泰中。同时，他还分析了植物中西的地域分布特点，从而进一步确定了自己的山脉地貌划分论的正确性。他指出，准噶尔阿拉陶的延伸山脉——巴尔雷克山和梅里山上生长着茂密的天山蓝杉林；而塔尔巴哈台和萨乌尔则是西伯利亚落叶松的天下。此外，奥博鲁切夫进一步肯定准噶尔的地理意义，更把天山—阿尔泰间的这一区

① А.Г.Исаченко,Н.Т.Агафонов,С.Б.Лавров,Э.М.Мурзаев,Ю.П.Селиверстов. Русское Географическое общество. 150 лет. М.: АО *Прогресс*, 1995. стр.93.

② А.Г.Исаченко,Н.Т.Агафонов,С.Б.Лавров,Э.М.Мурзаев,Ю.П.Селиверстов. Русское Географическое общество. 150 лет. М.: АО *Прогресс*, 1995. стр.86.

域叫作“通往中国的大门”[①]。有关此次考察的具体情况及其对准噶尔等地区的研究，奥博鲁切夫都详细地记录在三卷本的《边疆准噶尔》(*Пограничная Джунгария*)中。

1906~1907年，俄国地理学会则秘密派遣卡尔·古斯塔夫·马奈尔格伊姆(Карла Густав Маннергейм)前往新疆地区考察。在考察途中，马奈尔格伊姆花费大量时间对位于喀什噶尔、吐鲁番地区的古代遗迹进行了查看和描述，并拍摄了照片，甚至为其中几处遗迹绘制了草图。1907年，多罗郭斯泰斯基(В.Ч.Дорогостайский)受学会委托前往蒙古北部地区考察，对库苏古尔湖西岸、泰斯河河谷等地进行走访调查，并在当地收集了不少动植物标本。

第三节　小结

总体来看，俄国地理学在1899~1917年的中国边疆史地考察，在地域上与前一个时期相比没有明显的变化，但是所派遣考察队的数量明显减少，规模也远逊于鼎盛时期的水平。而在这一时期，俄国地理学会的中国边疆史地考察多以民族学调查和考古挖掘为主要研究任务。之所以出现这种状况主要是以下因素造成的。

第一，经过俄国地理学会及其分会会员们60多年的不断努力，俄国地理学会中国考察版图中几乎囊括了中国边疆地区的所有省份，基本完成了对当地的初级地质地理勘测研究。

① В.А.Обручев. Пограничная Джунгария. Т3, вып.1. Л.:1932.стр.90.

因此，在此时需要改变以往以数量取胜的粗放式发展方式，实现一个由量变到质变的飞跃，进行更深入的民族、历史、考古等方面的考察与研究。

第二，随着二十世纪初各类专业的东方学研究机构的成立，俄国地理学会在中国边疆史地考察与研究领域的优势地位大大削弱。首先，俄国东方学学会于1900年2月成立。紧跟着，俄国研究中亚和东亚委员会于1903年成立。随后俄国东方学家协会于1910年在哈尔滨组建。此外，俄国考古学会和科学院各相关委员会也积极开展中国边疆史地考察与研究活动。这些雨后春笋般成立的专业学会、委员会增加了竞争，改变了俄国地理学会一枝独秀的地位，分摊了沙俄政府所提供的考察资金和资源。特别是当以俄国著名东方学家奥登堡院士为首的俄国研究中亚和东亚委员会成立后，俄国地理学会被直接从中央亚细亚地区考察的“一哥宝座”上挤了下来。

尽管如此，不能否认的是，俄国地理学会在这一时期还是取得令世界震惊的重大发现，为世界汉学，特别是西夏学研究的发展贡献了力量。

第五章

俄国地理学会涉及中国考察与研究的出版物

除了参与和组织实地考察活动外，在学会刊物上发表研究文章，单独出版学术著作也是俄国地理学会中国边疆史地研究的重要组成部分。在俄国地理学会的出版物中主要包括期刊、专著（专论、著作集）以及地图三部分。其中，期刊是俄国地理学会传播学术研究成果的主要阵地。

在俄国地理学会所主办的各类期刊中，创刊最早的是《俄国地理学会年报》（*Годовые Отчеты Русского Географического общества*），于 1845 年出版第一期，直至 1911 年停刊。（此后，还于 1915 年发行了一期）同时，《俄国地理学会年报》也是俄国地理学会在沙俄时期发行时间最长的定期刊物，共计 67 年。[①]《俄国地理学会年报》的内容丰富，既包括学会会员的名单、地理学方面知名学者的讣告，也刊载俄国地理学会当年所开展研究和考察活动的情况报告书。年报是俄国地理学会的年度工作总结，内容涵盖学会一年中开展的全部活动，因此能反映出俄国地理学会发展变化情况。在学会创立之初，首期年度报告只分为管理工作和学术著作等两个部分，另包含两条讣告。其中，学术著作的部分也仅仅分学部进行了总体情况介绍，未进行更细致的划分。而随着学会的发展、科研活动的增多，年报的内容也是越来越丰富，栏目也是越来越繁杂。以 1876 年的年报为例，该年的年报就共分为十章，并随附五个附录。在十个章节中超过半数（共六个章节，分别是第二、三、四、六、七、八章）是

① Л.С.Берг. Всесоюзное географическое общество за сто лет. М.: РИСО АН СССР,1946, стр.249.

有关科学研究活动的内容,特别是第二、三章。在1876年年报的第二章介绍学会实地考察的情况,内容涉及普尔热瓦尔斯基罗布泊和西藏之行以及波塔宁西北蒙古考察等学会当年所进行的全部考察活动。第三章中则详细列举了学会当年的期刊及著作出版情况。[①] 而年报内容的由少到多,栏目的由简到繁体现出俄国地理学会在沙俄时期从生涩走向成熟,并达到辉煌的发展轨迹,所以1845~1911年和1915年所出版的67本《俄国地理学会年报》是了解俄国地理学会发展史的重要文献资料。

除了年报之外,《俄国地理学会公报》(*Известия Русского Географического Общества*)[②] 是俄国地理学会一个重要的学术期刊。它自1865年创刊,至今仍在发行,是俄国地理学会发行时间最长的学术刊物。在《俄国地理学会公报》中不仅介绍学会的运营情况以及各学部、委员会活动开展情况,印发在学会全体大会上所选读的文章,还刊载学会会员所撰写的研究文章和绘制的地图。例如,在1881年所出版的《俄国地理学会公报》中刊发了波塔宁的西北蒙古地区考察报告。此外,在同年的公报中还发表了博利亚科夫动物学研究概论——《普氏野马》。而普尔热瓦尔斯基的1879~1880年蒙古、西藏地区考察的天文及气压测量结果和罗博罗夫斯基的西藏、喀什噶尔考察报告,分别刊载在1883年和1892年出版的《俄国地理学会公报》上。除了学会会员所编写的游记、研究文章外,公

---

① Указатель к изданиям Императорского русского географического общества и его отделов с 1876 по 1885 год. СПб.: типография В.Безобразова и Коми, 1887, стр.17.

② 该刊曾多次更换名称:在设刊之初称为《俄国皇家地理学会公报》(*Известия Императорского Русского Географического Общества*),自1920年称为《国家地理学会公报》(*Известия Государственного Географического Общества*),后更名为《全苏地理学会公报》(*Известия Всесоюзного Географического Общества*),并沿用这一名称直至1991年苏联解体前。自1992年起至今一直采用《俄国地理学会公报》(*Известия Русского Географического Общества*)的名称。

报上还会刊载一些新闻信息。像在1870年的《俄国地理学会公报》上就刊有中国文献信息以及蒙古使团前往西藏迎请新任呼图克图的内容，并在图书目录索引中加入了《上海亚洲学会通讯》的相关内容。同时，《俄国地理学会公报》也是一部综合性的期刊，不仅能够了解俄国地理学会的运营与研究开展情况，也能够通过它知道俄国史地、民族、时事等多方面的研究现状，无疑是研究俄国地理学会研究史的重要文献。同时也应该指出，《俄国地理学会公报》与《俄国地理学会年报》在内容上有重复的地方，特别是考察报告的部分，因此可以相互补充、对比来进行参考。

除了年报与公报外，俄国地理学会在沙俄时期还主办其他一些期刊读物。例如，1846~1859年和1861~1864年出版的《俄国地理学会通讯》（*Записки Русского географического общества*），1851~1860年出版的《地理学会通报》（*Вестник Географического общества*），1853~1864年出版的《民族学集刊》（*Этнографический сборник*），1867~1925年以及1917年出版的《地理学会民族学部通讯》（*Записки Географического общество по отделению этнографии*），1866~1915年出版的《地理学会统计学部通讯》（*Записки Географического общество по отделению статистики*），1890~1916年出版的《鲜活的古代》[①]（Живая старина）。这些刊物中都刊载了不少有关中国边疆地区考察与研究的文章。

不仅俄国地理学会总部主办发行各类期刊，其各个分会也发行自己的期刊，志在介绍分会科研活动的开展情况，刊载会员的研究成果和学术文章。其中，在1870~1929年发行的《西

① 由维谢罗夫斯基（А.Н.Веселовский）、裴平（А.Н.Пыпин）等人倡导创办的学术季刊，志在帮助首都和各地方学者进行交流民族学研究资讯。

伯利亚分会公报》(*Известия Сибирского отдела*),1856~1886年发行《西伯利亚分会通讯》(Записки Сибирского отдела)(西伯利亚分会自 1878 年改称东西伯利亚分会),1890~1896 年发行的《通用地理学通讯》(*Записки по общей географии*),1889~1896 年发行的《民族学通讯》(*Записки по этнографии*)以及 1898~1932 年发行的《图尔克斯坦分会公报》(*Известия Туркестанского отдела*)(图尔克斯坦分会自 1928 年起称为中亚分会)中刊载了不少中国边疆史地研究方面的文章,是研究俄国地理学会中国边疆史地考察与研究史不可或缺的重要参考文献资料。

除了定期出版的刊物外,俄国地理学会还单独出版了一些游记、研究著作、译著。其中与中国边疆史地考察与研究有关的主要著作简略地列于下表中。尽管表 1 中仅包括俄国地理学会在沙俄时期所出版的有关中国边疆史地研究方面的最重要著作,但是不难看出其中几乎囊括了这一时期学会所组织的所有中国边疆地区考察活动。不仅在当时起到了一定的推广中国知识的效果,也为日后对这一地区的深入研究提供了丰富的资料。

表:俄国地理学会出版的中国边疆史地考察与研究类主要著作一览表[①]

作者	书名	年份	备注
卡尔·李特尔	《亚洲地学》及其补充(*Землеведение Азии* и его дополнения)	1858~1895	译著,共计十卷

① 该表编制时参考 Л.С.Берг. Всесоюзное географическое общество за сто лет. М.: РИСО АН СССР,1946, стр.250-252.,并以作者第一部著作的出版时间的先后顺序进行排列。

续表

作者	书名	年份	备注
谢苗诺夫	《俄罗斯帝国地理统计学词典》（*Географо-статистический словарь Российской империи*）	1862~1885	共五卷
	《俄国皇家地理学会半世纪活动史》（*История полувековой деятельности Русского географического общества*）	1896	共三卷
谢维尔措夫	《图尔克斯坦地区考察及天山地区研究》（*Путешествие по Туркестанскому краю и исследование горной страны Тянь-шаня*）	1873	
普尔热瓦尔斯基	《蒙古和唐古特人地区》（*Монголия и строна тангутов*）	1875~1876	共两卷
	《从伊宁过天山到罗布泊》（*От Кцльджи за Тянь-шань и на Лоб-нор*）	1878	
	《第三次中央亚细亚之旅——从斋桑过哈密到西藏和黄河上游》（*Третье путешествие в Центральной Азии. Из Зайсана через Хами в Тибет и на верховья Желтой реки*）	1883	
	《第四次中央亚细亚之旅——从恰克图到黄河源、西藏北部边缘地区的研究和经罗布泊沿柴达木盆地的路线》（*Четвертое путешестие в Центрольной Азии. От Кяхты на истоки Желтой реки, исследование северной окраины Тибета и путь через Лоб-нор по бассейну Тарима*）	1889	

续表

作者	书名	年份	备注
库罗帕特金	《喀什噶尔》（*Кашгария*）	1879	
波塔宁	《西北蒙古概要》（*Очерк северо-западной Монголии*）	1881~1883	共两卷，1877~1880 年考察的成果
	《中国青藏边区及蒙古中部》（*Тангутско-тибетская окраина Китая и центральная Монголия*）	1893	共两卷
马克西莫维奇（К.Максимович）	《普尔热瓦尔斯基中央亚细亚考察的科学成果》（*Научные результаты путешествий Пржевальского по Центральной Азии*）	1889	第一、二卷的植物学部分
沃伊科夫（А.И. Воейков）		1895	气象观测部分
佩夫佐夫	《佩夫佐夫所率领 1889~1890 年西藏考察队的成果著作集》（*Труды Тибетской экспедиции 1889-1890г. под начальством М.В.Певцова*）	1895	第一卷：佩夫佐夫的报告《新疆、昆仑、青藏高原北缘和准噶尔之旅》（*Путешествие по восточному Туркестану, Кунлуню, северной окраине Тибетского нагорья и Чжунгарии*）
博格达诺维奇(К.И. Богданович)		1892	第二卷《新疆地质研究》（*Геологические исследования в восточном Туркестане*）

续表

<table>
<tr><th>作者</th><th>书名</th><th>年份</th><th>备注</th></tr>
<tr><td rowspan="2">格鲁姆-格尔日麦洛</td><td>《中国西部地区考察概述》
（Описание путешествия в Западный Китай）</td><td>1896，
1899，1907</td><td>共三卷</td></tr>
<tr><td>《蒙古西部及乌里雅苏台地区》*
（Западная Монголия и Урянхайский край）</td><td>1926~1930</td><td>三卷本</td></tr>
<tr><td>波兹德涅耶夫</td><td>《蒙古和蒙古人》
（Монголия и монголы）</td><td>1896，1898</td><td>共两卷，
1892~1893 年蒙古考察成果</td></tr>
<tr><td rowspan="2">奥博鲁切夫</td><td>《中央亚细亚、中国北部和南山》
（Центральная Азия, северный Китай и Нань-шань）</td><td>1900,1901</td><td>共两卷，
1892~1894 年中国之行的考察报告</td></tr>
<tr><td>《边疆准噶尔》
（Пограничная Джунгария）</td><td>1912~1914</td><td>共三卷</td></tr>
<tr><td>罗博罗夫斯基</td><td rowspan="2">《罗博罗夫斯基所率领 1893~1895 年中央亚细亚考察队的成果著作集》
（Труды экспедиции по Центральной Азии, совершенной в 1893-1895гг. под начальством В.И.Роборовского）</td><td>1900~1901</td><td>第一卷，分三册，为罗博罗夫斯基的考察报告</td></tr>
<tr><td rowspan="3">科兹洛夫</td><td>1899</td><td>第二、三卷，是科兹洛夫的考察报告及科学成果</td></tr>
<tr><td>《蒙古及喀木》
（Монголия и Кам）</td><td>1905~1907</td><td>共两卷，科兹洛夫 1899~1901 年考察成果集</td></tr>
<tr><td>《蒙古、安多及死城哈拉浩特》*
（Монголия и Амдо и мертвый город Хаара-хото）</td><td>1923</td><td>1907~1909 年考察</td></tr>
<tr><td>穆什科托夫</td><td>《图尔克斯坦》
（Туркестан）</td><td>1915</td><td>地质及地形概述</td></tr>
<tr><td>齐比科夫</td><td>《佛教香客西藏朝圣》[①]
（Буддист-паломник у святынь Тибета）</td><td>1919</td><td>1899~1902 年考察日记</td></tr>
</table>

①1993 年出版的中文译本将该书名翻译为“佛教香客在圣城西藏”。

续表

作者	书名	年份	备注
	《西伯利亚考茨成果集》 *Труды Сибирской экспедиции*	1864~1874	第 1~3 卷
	《1874~1875 年阿穆—达里亚河考察成果集》 （*Труды Аму-дарьинской экспедиции*）	1877~1878	第 1、3~5 册
	《地理学会年鉴》 （*Ежегодник Географического общества*）	1890~1899	Ⅰ—Ⅷ

注:带 * 为 1917 年后出版的著作

出于沙俄政府军事及经贸发展的需要,俄国地理学会历来将地图及路线图的绘制作为考察活动主要任务,其所组织的大部分科学考察也都担负绘制考察路线图的任务。除此之外,学会还聘请专家学者有针对性地绘制地图,像 1851 年的哈内科夫伊塞克湖地图,1864 年施瓦尔茨绘制的阿穆尔河(黑龙江)流域地图等都是由俄国地理学会组织绘制并出版。所以,地图也是俄国地理学会中的重要组成部分,不应被忽视。

总而言之,俄国地理学会的出版物形式多样、内容丰富,不仅是俄国地理学知识传播的重要平台,也是研究俄国地理学会中国边疆史地考察研究史的重要资料。

结语

俄国地理学会，作为俄国十九世纪中叶成立的半官方性质的科学机构，曾在十九世纪后期至二十世纪初这一特殊的历史时期里开展了一系列的中国边疆考察与研究活动，进而成为俄国当时重要的中国学研究阵地之一。顾名思义，“地理学会”应该是以开展地质勘测、地理研究为特色的专业学术组织。那为什么俄国地理学会这个本应属于自然学科范畴的研究机构会与属于社会人文学科的中国学研究发生交集呢？这还要从德国著名地理学家——卡尔·李特尔说起。李特尔在十九世纪早期首次将“人”的概念引入了地理研究，强调人类活动对自然地理变化的作用，并最早阐述了人地关系和地理学的综合性、统一性。同时，他还将历史学与地理学相结合，奠定了人文地理学的基础。李特尔的人文地理学理论在十九世纪中期被俄国地理学家谢苗诺夫带到了俄国，并结合俄国的实际情况提出了自己的广义地理学理论。在谢苗诺夫的广义地理学理论中，地理学研究的范畴进一步扩展，将民族学、人类学、考古学等学科的内容也囊括其中，使地理学成为一个跨自然和人文的综合性学科。同时，谢苗诺夫利用其在俄国地理学会中的地位和影响力，将自己的广义地理学概念植入了俄国地理学会的各项研究活动中，也因此俄国地理学会才能与汉学研究产生了交集。由于独特的条件和背景，俄国地理学会与俄罗斯馆、圣彼得堡大学东方系等传统意义上的汉学研究基地相比拥有了自己的特点。

1. 以实地考察和田野调研为主要研究形式

俄国地理学会在沙俄统治时期，特别是在二十世纪前，所派遣的多数中国考察队都是以地理勘测、地质勘探、地图测绘、收集动植物标本为主要任务。但是按照学会的规定，在完成自然地理学研究后，各考察队要在条件允许的情况下在当地完成人口调查、民族组成、风俗习惯记录等民族学和人类学的调研工作。也因此，俄国地理学会所派遣的多数考察队将中国学研究作为次要考察项目在考察过程中开展。但是，由于俄国地理学会所派遣的考察队员多数没有经过汉学研究方面的培训，也缺乏相关的知识储备，所以这就使得俄国地理学会的中国学研究成果多停留在旅途见闻、旅行日志或报告的研究水平上，深入的研究性成果数量很少。至于典籍文献和汉学著作，像波塔宁、波兹德涅耶夫等受过高等教育的“学者探险家”还会加以研读和参考；而像普尔热瓦尔斯基、科兹洛夫之流的“军人探险家”基本是置之不理，甚至是嗤之以鼻。

2. 以中国边疆史地研究为研究主线

俄国地理学会作为隶属于沙俄政府的半官方性学术研究机构，其考察研究方向和内容很大程度上取决于沙俄政府的需求。十九世纪中后期至二十世纪初正是沙俄侵华活动最活跃的时期。自克里米亚战争等战争失败后，俄国向西的领土侵略行动严重受挫，加之俄国国内社会矛盾日益突出，迫使沙俄政府不得不把目光投向了中国等东部邻国。沙俄政府借清政府羸弱，从割占乌苏里江流域土地开始，逐步将侵略的触角向西北的新疆、蒙古以及西南的四川、西藏等边区推进。正所谓知己知彼才能百战不殆，沙俄政府在制定侵略政策时需要大量的地理资料做参考，但是在当时有关这些地区的地理考察资料很少，而中国典籍中的相关记载也不全面。在这种情况下，为了满足沙俄政府的需要，俄国地理学会在这一时期派遣了数十支考察队前往中国边疆地区进行考察。服务于沙俄政府的领土扩张政策，事实上是俄国地理学会在沙皇统治时期的根本目的。正是因为这一根本目的，使得沙俄时期的俄国地理学会中国考察活动基本围绕着作为沙俄侵略重点的东北和西部边疆地区展开，对其他内陆和东部沿海地区的关注较少。

3. 起步晚，发展快

相比历史悠久的俄罗斯馆等老牌汉学研究机构，1845 年才成立的俄国地理学会在十九世纪五十年代才开始进行涉及中国的研究活动，直至 1870 年俄国地理学会才以自己的名义派遣了第一支中国考察队。虽然起步时间晚，但是发展却很迅速，在十九世纪末就已经成为中央亚细亚地区主要考察的组织者之一，完成了一系列的中国考察活动，考察的对象涵盖满洲、蒙古、准噶尔、青藏高原、安多、喀木等多个地区。俄国地理学会中国考察与研究事业之所以能够如此迅速地发展，一方面得益于沙俄政府的支持，另一方面则受益于俄国汉学的繁荣。经过十八世纪和十九世纪上半期的发展，俄国汉学在十九世纪下半期进入了繁荣时期，涌现出王西里、巴拉弟、施密特等汉学大家。通过与汉学大家们的交流与合作，俄国地理学会犹如站在巨人的肩膀上，拥有了一个更高的平台，得以快速地发展壮大，达到一个也许别人需要更长时间才能达到的水平。与此同时，由于俄国地理学会不是汉学研究的专业机构，自身缺乏深入开展中国研究的条件，所以当俄国中亚和东亚研究委员会这类专业的学术研究机构出现后，俄国地理学会的中国边疆史地研究日趋衰落。此外，沙俄政府在二十世纪初面临国内问题的困扰对海外考察的投入减少。加之世界政治局势日趋紧张也不利于实地考察活动的开展。所以，俄国地理学会的中国边疆史地考察活动在十九世纪末到二十世纪初的繁荣后迅速走向终结。

总而言之,虽然俄国地理学会不能算严格意义上的汉学研究机构,但是它在特定时期所进行的一系列中国边疆史地考察与研究活动却应该被认为俄国汉学研究的一个有机组成部分,因为正是这些考察使典籍文献中枯燥的叙述变得鲜活起来,并为进一步的研究提供了丰富的资料。虽然俄国地理学会的中国边疆史地考察因先天的不足而存在很多的问题,但是不能因此而否定它在一定时期内为俄国汉学研究的发展以及中俄文化交流所做出的贡献。因此,应对俄国地理学会在沙俄时期的中国边疆考察与研究活动予以重视,并对其进行客观的评述。

附录

俄国地理学会会刊所载中国研究文章目录（1845~1917 年，总会会刊部分）

Годовой отчет Русского Географического общества[①] (1845-1911гг., 1915г., СПб)

《俄国地理学会年报》（1845～1911 年，圣彼得堡）

（1）З.Ф.Леонтьевский: *Рассмотрение Китайского географического лексикона*, 1849г.

列昂季耶夫斯基:《中国地理词汇研究》,1849 年。

（2）*Разграничение на западной границе Китайской Империи*, 1860г.

《中华帝国西部边疆的划分》,1860 年。

（3）*Экспедиция Павлинова в западную Монголию*, 1869г.

《巴弗利诺夫的西蒙古考察》,1869 年。

（4）*Этнографическая экспедиция в Амурский и Уссурийский край*, 1869г.

《阿穆尔及乌苏里地区的民族学考察》,1869 年。

（5）*Этнографическая экспедиция Амурской и Уссурийского Края: Снабжение экспедиции – Путешествие архимандрита Палладия из Пекина через Китайскую*

① 《俄国地理学会年报》与《俄国（皇家）地理学会公报》中有部分内容重复，因此在目录中仅在公报中对重复部分进行编目，在年报中没有列出。

Маньчжурию в Благовещенск и далее по Амуру и Уссури до Владивостока – Общий характер страны – Исторические памятники – Этнографическая и археологические исследования – Маршрутная карта, 1870г.

《阿穆尔及乌苏里地区的民族学考察》:考察队的装备供应—修士大司祭巴拉第从北京过满洲前往布拉格维申斯克以及在沿阿穆尔河和乌苏里江抵达弗拉基沃斯托克之旅—地区的总体特征—历史遗迹—民族学和考古学研究—线路图,1870年。

(6) *Исследования в Китае и Японии: Русская комиссия в Пекине – А.Ф.Попов – Поездка Фритше и Вебер по северному Китаю – доктор Бретшнейдер – Пекинский корреспондент – Виды на будущее содействие ученным предприятиям стороны посланника нашего А.В.Варандяли – Экспедиция Н.М.Пржевальского в строну верхнего течения Желтой реки – Путешествие М.И.Венюкова в Китае и Японии*, 1870г.

《中国及日本研究》:俄国驻北京使团— 柏百福— 弗里特舍和韦伯的中国北部之旅—贝勒博士—北京通讯员—我国公使弗兰加利方面对未来促进科学事业开展因素的展望—普尔热瓦尔斯基的黄河上游考察—维纽科夫的中国和日本之旅,1870 年。

(7) *Исследование западной Монголии: Экспедиция Павлинова в Хобдо и Улясуйтай по верховьям Енисея – Торговые пути из Минусинского края в западную Монголию – Поездка доктора Радлова в Хобдо и отчет его о русской торговли*, 1870г.

《蒙古西部地区研究》:巴弗利诺夫沿叶尼塞河上游开展

的科布托和乌梁海考察——从米努辛斯克边区至西蒙古的贸易通道——拉德罗夫博士的科布多之旅及其俄国贸易报告，1870年。

(8) *Географические исследования на западной китайской границе: Сообщения И.В.Бабкова о работах на западной китайской границе – Исследование его и орныж проходов южного Алтая – Описание Цзайсанского края и Бухаринской долины*, 1870г.

《中国西部边疆的地理研究》:巴布科夫有关中国西部边疆著作的报告——它与南阿尔泰通道的研究——斋桑地区以及布哈林河谷概述,1870年。

(9) *Чтение Н.М.Пржевальского об Уссурийском крае*, 1870г.

普尔热瓦尔斯基关于乌苏里地区的演讲稿,1870年。

(10) *Чтение В.И.Кельшева о незначительности Чудско-Татарского влияния на русскую народность*, 1870г.

科里舍夫关于楚德鞑靼对俄国部族影响微不足道的演讲稿,1870年。

(11) *Торговая экспедиция братьев Бутиных в Китай*, 1870г.

《布宁兄弟的中国贸易考察》,1870年。

(12) *Исследование в Маньчжурии*, 1870г.

《满洲研究》,1870年。

(13) *Занятия М.Ф.Депрерадовича на Сахалине*, 1870г.

捷布列拉多维奇在萨哈林的工作,1870年。

(14) *Доклад Комиссии по отделению этнографии об ученных трудах д.чл. В.П.Васильева – Рецензия чл.-сотр.*

И.И.Захаров о Китайско-Русском словари В.П.Васильева, 1870г.

民族学部委员会有关王西里科学著作的报告—杂哈劳评王西里的《汉俄词典》,1870 年。

(15) *Этнографическая экспедиция в Амурский и Уссурийский край: Возвращение архимандрита Палладия в Пекин – Совершенные им в течение 1870-71гг. поездки – Обработка результатов экспедиции – Издание их – Дорожные заметки на пути из Пекина до Владивостока – Маршрутная карта – Уссурийские Маньцзы – Морской переезд от Владивостока д. Нагасаки*, 1871г.

《阿穆尔及乌苏里地区的民族学考察》:修士大司祭巴拉第返回北京—其在 1870~1871 年所完成的旅程—考察成果的整理—成果出版—从北京到弗拉基沃斯托克途中的旅行笔记—线路图—乌苏里蛮子—从弗拉迪沃斯托克渡海至长崎,1871 年。

(16) *Экспедиция Н.М.Пржевальского в страну Ордовсов и Кукэ-нор: Переезд через Монголию – Пребывание в Пекин и приготовления к дальнейшему путешествию – Поездка по юго-восточной Монголии – Экспедиция проникает за Куку-хото*, 1871г.

《普尔热瓦尔斯基在鄂尔多斯和青海湖地区的考察》:穿越蒙古—抵达北京并为进一步的考察做准备—东南蒙古之旅—考察队深入呼和浩特,1871 年。

(17) *Исследование в западной Монголии: Работы г.Матусовского – Новые топографические сведения – Карта западной Монголии М.И.Венюкова – Поездка купца*

Н.Ф.Веселкова в землю Урянхов, 1871г.

《蒙古西部地区研究》:马图索夫斯基的著作——新的地形测量信息——维纽科夫绘制的西蒙古地图——商人维谢尔科夫的乌梁海人领地之旅,1871 年。

(18) *Исследование в Туркестанском крае: Поездка А.П.Федченка в Кокан и на Алтай – Исследование Г.А.Колпаковского о занятии Кульджи – Исследования М.И.Венюкова о населении Чжунгарского пограничного пространства*, 1871г.

《图尔克斯坦地区研究》:菲德钦科的浩罕及阿尔泰之旅——科尔帕科夫斯基有关占领伊宁的研究——维纽科夫有关准噶尔边境地区居民的研究,1871 年。

(19) *Сообщение П.А.Пономарева о приготовлении кирпичного чая на русских фабриках в Китае*, 1871г.

珀诺玛列夫有关俄国在华工厂茶砖配制的报告,1871 年。

(20) *Чтение М.И.Венюкова о Китае и Японии*, 1871г.

维纽科夫有关中国和日本的演讲稿,1871 年。

(21) *Торговая экспедиция братьев Бутинных в Монголию и Китай*, 1871г.

《布宁兄弟的蒙古及中国贸易考察》,1871 年。

(22) *Отзыв барон. Ф.Р.Остен-Сакен о географических трудах М.И.Венюкова*, 1871г.

《奥斯杰恩 - 萨肯男爵评维纽科夫的地理著作》,1871 年。

(23) *Исследование на западной китайской границе*, 1872г.

《中国西部边疆地区研究》,1872 年。

(24) *Экспедиция д.чл.Н.М.Пржевальского к озеру Кукунор и в Тибет*, 1872г.

《普尔热瓦尔斯基的青海湖及西藏考察》,1872 年。

(25) *Этнографическая экспедиция в Амурский и Уссурийский Края.*,1872г.

《阿穆尔及乌苏里地区的民族学考察》,1872 年。

(26) *Аму-Дарьская экспедиция*, 1874г.

《阿穆—达里亚考察》,1874 年。

(27) *Рецензия М.И.Венюкова о присуждении Константиновской медали Н.М.Пржевальского. Извлечение из протокола Академии Наук о зоологических коллекциях Пржевальского. Отзыв академика Максимова о ботанических коллекциях Пржевальского*, 1874г.

《维纽科夫关于授予普尔热瓦尔斯基康斯坦丁金质奖章的评论》《科学院有关普尔热瓦尔斯基所收集动物标本记录摘要》《马克西莫夫院士评普尔热瓦尔斯基的植物标本收集》,1874 年。

(28) *Отзывы д.чл. В.П.Васильева и И.П.Минаева о труде чл.-с. Профессора Императорского С-Петербургского Университета И.И.Захарова « Полный Маньчжурско-Русский словарь»*, 1877г.

《王西里和米纳耶夫评皇家圣彼得堡大学教授杂哈劳的著作〈满俄大辞典〉》,1877 年。

(29) *Отзыв действ.чл. О.Ф.Штубендорфа о труде действ. Члена М.В.Певцова « Очерки Джунгарии»*, 1879г.

《什图登多尔夫评佩夫佐夫的著作〈准噶尔概况〉》,1879 年。

(30) *Отзыв д.чл.В.П.Васильева о трудах чл.-с. Г.Н.Потанина*, 1881г.

《王西里点评波塔宁的著作》,1881 年。

(31) *Отзыв Н.И.Веселовского о работах В.И. Роборовского*, 1882г.

《维谢罗夫斯基点评罗博罗夫斯基的工作》,1882 年。

(32) *Отзыв д.чл. И.В.Мушкетова о трудах чл.-сотр. Н.А.Северцова*, 1883г.

《穆什科托夫点评谢维尔措夫的著作》,1883 年。

(33) *Отзыва д.чл. К.В.Шарнгорста о трудах Памирской экспедиции*, 1884г.

《沙尔诺尔斯特点评帕米尔考察著作集》,1884 年。

(34) *Отзыв д.чл. К.В.Шарнгорста о заслугах полковника М.П.Певцова*, 1885г.

《沙尔诺尔斯特点评佩夫佐夫上校的功绩》,1885 年。

(35) *Отзыв д.чл. В.П.Васильева и чл.-сотр. А.М.Позднеева о труде П.А.Дмитревского « Записки переводчика»*, 1885г.

《王西里和波兹德涅耶夫评德米特列夫斯基的著作〈译者札记〉》,1885 年。

(36) Путешествие действ.чл. Э.Л.Гарнака на Хинган, 1887г.

《加尔纳克兴安岭之旅》,1887 年。

(37) *Отзыв д.чл. Н.И.Веселовского о книге А.М.Позднеева « Очерк быта буддийских монастырей»*, 1888г.

《维谢罗夫斯基评波兹德涅耶夫的〈佛教寺庙生活随笔〉》,1888 年。

(38) *Экспедиция Н.Ф.Катанова в Монголию*, 1889г.

《卡塔诺夫蒙古考察》,1889 年。

(39) *Отзыв чл.-сотр. А.А.Большева о трудах д.чл. А.И.Скасси*, 1889г.

《博利舍夫点评斯卡西的著作》,1889 年。

(40)*Отзыв д.чл. И.И.Стебницкого о трудах М.В.Певцова*, 1891г.

《斯杰伯尼茨基点评佩夫佐夫的著作》,1891 年。

(41) *Отзыв д.чл. П.П.Семенова о трудах Г.Е. и М.Е.Грумм-Гржимайло*, 1891г.

《谢苗诺夫点评格鲁姆-格尔日麦洛兄弟的著作》,1891 年。

(42) *Отзыв д.чл. Н.И.Веселовского о перев. П.С.Попова сочинения « Мэнъ-Гу-Ю-Му-Цзи»*, 1893г.

《维谢罗夫斯基评柏百福的译作〈蒙古游牧记〉》,1893 年。

(43) *Отзыв д.чл. Ф.Н.Чернышева о трудах Ф.Б.Шмидта*, 1903г.

《切尔内舍夫点评 Ф.Б.施密特的著作》,1903 年。

(44) *Отзыв Ю.М.Шокальского о трудах П.Ю.Шмидта*, 1906г.

《硕卡利斯基点评 П.Ю.施密特的著作》,1906 年。

(45) *Отзыв К.И.Богдановича о трудах Г.Е.Грумма-Гржимайло*, 1907г.

《博格达诺维奇点评格鲁姆-格尔日麦洛的著作》,1907 年。

Записки (Императорского) Русского Географического Общества (1846-1859гг, 1861-1864гг, СПб.)

《俄国(皇家)地理学会通讯》(1846～1859 年,1861～1864 年,圣彼得堡)

(1) Іак. Бичурин: *Замечание на статью об исследовании верх. Сыр и Аму-Дарьи*, книжка 3, 1849г.

亚金甫·比丘林:《有关萨拉及阿穆-达里亚河上游研究文章的评论》,第3册,1849年。

(2) Палладий Кафаров: *О торговых путях ко Китаю и подвл. ему владениям*, книжка 4, 1850г.

巴拉第·卡法罗夫:《通往中国的贸易路线及其所统辖的领地》,第4册,1850年。

(3) В.П.Васильев: *Описание Маньчжурии*, книжка 12, 1857г.

王西里:《满洲概述》,第12册,1857年。

(4) В.П.Васильев: *Записка о Нингуте*, книжка 12, 1857г.

王西里:《宁古塔纪略》,第12册,1857年。

(5) П.П.Семенов: *Землеведение Азии Карла Риттера* (перев. С доп.), книжка 1, 1861г.

谢苗诺夫:《卡尔·李特尔的亚洲地学(带补充的译本)》,第1册,1861年。

(6) *Сведения о путешествии г. Максимовича по Амурскому краю*, книжка 1, 1861г.

《关于马尔西莫维奇阿穆尔地区之旅的信息》,第1册,1861年。

(7) Ч.Валихонов: *Очерк Джунгарии (оконч.)*, книжка 2, 1861г.

瓦里霍诺夫:《准噶尔概况(结束)》,第2册,1861年。

(8) М.И.Венюков: *О Памире и верховьях Аму-Дарьи (с картой)*, книжка 2, 1861г.

维纽科夫:《帕米尔及阿穆-达里亚上游(带地图)》,第2册,1861年。

(9) Ч.Валихонов: *О состоянии Алтышара, или части*

восточных городов китайской провинции Нань-Лу (Малой Бухарии) в 1858-1859гг., книжка 3, 1861г.

瓦里霍诺夫:《1858~1859 年阿尔特沙尔或者中国南麓省东部(小布哈尔)部分城市的状况》,第 3 册,1861 年。

(10) А.Голубев: *Заилийский край*, книжка 3, 1861г.

戈卢别夫:《外伊犁地区》,第 3 册,1861 年。

(11) М.И.Венюков: *Краткий обзор внешней торговли через западную Сибирь в 1851-60гг.*, книжка 3, 1861г.

维纽科夫:《1851~1860 年经西西伯利亚的对外贸易情况概述》,第 3 册,1861 年。

(12) М.И Венюков: *Очерки Заилийского края и Причуйской страны*, книжка 4, 1861г.

维纽科夫:《外伊犁及楚河沿岸地区概况》,第 4 册,1861 年。

(13) Кап. Гамов: *Из путев. Заметок астронома, кап. Гамова, определявшего в 1859г. местность в рр. Амура и Уссури*, книжка 1-2, 1862г.

加莫夫上校:《曾于 1859 年在阿穆尔河和乌苏里江上确定地形的天文学家加莫夫上校的游记节选》,第 1~2 册,1862 年。

(14) А.Голубев: *Маршрут от г.Турфана до г. Кашгара в Малой Бухарии*, книжка 2, 1862г.

戈卢别夫:《从吐鲁番到喀什噶尔至小布哈拉的路线》,第 2 册,1862 年。

(15) Роберт Шлагинтвейт: *Расстояние между главнейшими городами западной части Гималайи, Тибета и Центральной Азии*, книжка 3, 1862г.

罗别尔特·施拉金特维特:《喜玛拉雅、西藏及中央亚细亚西部主要城市之间的距离》,第 3 册,1862 年。

(16) В.Безобразов: *Новый путешественник в Кашгар*, книжка 3, 1862г.

别佐博拉佐夫:《喀什的新旅行者》,第 3 册,1862 年。

(17) В.Безобразов: *Протестантские миссионеры в Китае*, книжка 3, 1862г.

别佐博拉佐夫:《在中国的新教传教士们》,第 3 册,1862 年。

(18) А.Голубев: *Термометрические наблюдения в г. Кульдже, в западном Китае*, книжка 1, 1864г.

戈卢别夫:《对中国西部城市伊宁的气温观测》,第 1 册,1864 年。

(19) С.Шашков: *Шаманство в Сибири*, книжка 2, 1864г.

沙什科夫:《西伯利亚的萨满教》,第 2 册,1864 年。

(20) Н. Аносов: *Озеро Ханкай и его климатические особенности*, книжка 2,1864г.

阿诺索夫:《兴凯湖及其气候特点》,第 2 册,1864 年。

(21) К.Н.Бестужев-Рюмин: *Путешествие Вамбери в Центральную Азию*, книжка 3, 1864г.

别斯图瑞夫 - 柳明:《瓦姆别里的中央亚细亚之旅》,第 3 册,1864 年。

(22) Г.Н.Потанин: *О рыбном промысле на Цзайсане и на Черном Иртыше*, книжка 4, 1864г.

波塔宁:《斋桑及黑额尔齐斯河的渔业》,第 4 册,1864 年。

Географические Известия, выдаваемые от РГО (1848-1851гг. СПб.)

《地理消息》，由俄国地理学会出版（1848～1851 年，圣彼得堡）

（1）Ученая экопь, Ост-Индиская компания внутрь верхней Азии, преимущественно в Тибет, 1849г.

《学术生态，亚洲上部，特别是西藏内的东印度公司》，1849 年。

（2）*Странствование по Маньчжурии отца Де-ла Блюньера*, 1849г.

《勃留尼耶尔神父的满洲漫游》，1849 年。

（3）*Путешествие по Монголии и Тибету католических миссионеров Гюка и Габе*, 1849г.

《天主教传教士秋克和卡皮耶的蒙古及西藏之旅》，1849 年。

（4）*Поездка др. Гукера из Сиккима в Тибет*, 1849г.

《古凯尔的从锡金至西藏之行》，1849 年。

（5）*Сказания мусульманского путешественника по Китайской Татарии*, 1849г.

《中国鞑靼穆斯林旅行家的传奇故事》，1849 年。

（6）*Настоящее состояние рим. католич. Миссией в Китае*, 1849г.

《罗马天主教传教团在中国的真实状况》，1849 年。

（7）*Важная для науки уступка европеизму со стороны китайцев*, 1849г.

《中国人为科学而向欧洲主义做出的重要让步》，1849 年。

（8）*Записки Гуцлава о Тибете*, 1849г.

《古茨拉夫的西藏札记》，1849 年。

（9）*Необыкновенная карта Китая*, 1849г.

《非同寻常的中国地图》，1849 年。

(10) *О картах Азии Берггауза и исторический атлас Ширунера*, 1849г.

《别尔克噶乌兹的亚洲地图及施鲁涅尔德历史图集》, 1849 年。

(11) *Поездка по западному Тибету поруч. Стрэчи*, 1850г.

《斯特雷奇中尉的西藏西部之行》, 1850 年。

(12) *Новое вторжение д-ра Гукера в южные пределы Тибета*, 1850г.

《古凯尔博士新近闯入西藏南部边境》, 1850 年。

Вестник Императорского Русского Географического Общества (1851-1860гг. СПб.)

《俄国皇家地理学会通报》(1851～1860 年, 圣彼得堡)

(1) г.Форчюн: Путешествие в тайные страны Китайской империи, 1852г.

福尔群:《中华帝国神秘地区之旅》, 1852 年。

(2) Г.И.Спасский: *Сведения русских о р.Амуре в XVII ст.*, 1853г.

斯帕斯基:《十七世纪俄国人有关阿穆尔河的资料》, 1853 年。

(3) П.И.Иванов: *Дополнительные сведения о распоряжениях Петра Великого для обучения русских восточными языкам,* 1853г.

伊万诺夫:《有关彼得大帝教授俄国人东方语言御令的补充信息》, 1853 年。

(4) К.Ф.Свеске: *Обзор главнейших путешествий и*

географических открытий в пятилетие с 1848 по 1853г. II Азия, 1854г.

思维斯科:《在 1848~1853 年这五年间最主要的旅行及地理发现综述》II 亚洲,1854 年。

(5) П.П.Семенов: *Обозрение Амура в физико-географическом отношении*, 1855г.

谢苗诺夫:《阿穆尔的自然地理条件评述》,1855 年。

(6) Карла Риттер: *Несколько сведений об успехах учен. Эксп. Предпринятой братьями Шлагинтвейт для исследования Гималайского хребта*, 1855г.

卡尔·李特尔:《有关施拉金特维特兄弟喜玛拉雅山脉科学考察成果的一些资料》,1855 年。

(7) В.П.Васильев: *О существовании огнедышащей горы в Маньчжурии*, 1855г.

王西里:《论满洲地区是否存在火山》,1855 年。

(8) Н.А.Абрамов: *Сведения о рр. Шиле и Аргуни с их притоками в гидрографических и минералогических отношениях (из бумаг покойного П.А.Словцова)*, 1855г.

阿伯拉莫夫:《有关希拉和额尔古纳河及其支流的水文和矿物含量方面的资料》(出自已逝世斯洛夫佐夫的手稿),1855 年。

(9) *Природа нижнего течения Амура – географическая и статическая хроника: результаты ревизии во Франции в 1851г.*, 1855г.

《阿穆尔河下游的自然环境——地理和统计年鉴:法国 1851 年审计结果》,1855 年。

(10) А.Бобровников: *Курс буддийского учения (перево. с*

монгол.), 1856г.

博布罗夫尼科夫:《佛学教程》(译自蒙语),1856 年。

(11) П.П.Семенов: *О вулканических явлениях внутренней Азии*, 1856г.

谢苗诺夫:《论亚洲腹地存在火山》,1856 年。

(12) Н.С.Щукин: *Географическая и этнографическая терминология Восточной Азии*, 1856г.

休金:《东亚的地理和民族学术语》,1856 年。

(13) Н.А.Абрамов: *Озеро Нор-Зайсан*, 1856г.

阿伯拉莫夫:《斋桑泊》,1856 年。

(14) Г.Радде: *Крымские татары*, 1856г.

拉德:《克里米亚鞑靼人》,1856 年。

(15) В.В.Дерикер: *Зоб и кретинизм в Нерчинском округе (разбор сочин. г. Кашина)*, 1857г.

杰里科尔:《尼布楚地区的农作物及克汀病》,1857 年。

(16) В.П.Васильев: *Описание больших рек, впадающих в Амур*, 1857г.

王西里:《流入阿穆尔河主要河流介绍》,1857 年。

(17) поруч. Усольцов: *Путешествие по долине реки Нерчи*, 1857г.

乌索利措夫中尉:《尼布楚河谷之旅》,1857 年。

(18) Герстфельд: *О прибрестенных жителях Амура*, 1857г.

格尔斯特菲李特:《论赢得的阿穆尔河居民》,1857 年。

(19) Г.Парческий: *Поездка иным путем, вверх по р.Амуру от Николаевского поста до Усть-стреночного караула, совершенная 1856-1857гг.*, 1857г.

帕尔切斯基:《1856~1857年完成的沿阿穆尔河而上从尼古拉港至乌斯季斯特列诺克岗哨的另线之旅》,1857年。

(20) Н.Н.Назимов: *О пути по р.Амуру в 1857г.*, 1857г.

纳兹莫夫:《1857年沿阿穆尔河的航行》,1857年。

(21) Г.Радде: *Дауро-монгольская граница Забайкалья*, 1858г.

拉德:《外贝加尔的达斡尔-蒙古界线》,1858年。

(22) *Новейшее путешествие Форчуна в Китай*, 1858г.

《福尔群最新的中国旅行》,1858年。

(23) *О народонаселении Китая*, 1858г.

《有关中国的人口》,1858年。

(24) *Письмо г. Радде с берегов Амура*, 1858г.

拉德从阿穆尔河岸边发来的书信,1858年。

(25) натулиста Г.Радде: *Донесение о ходе экспедиции его на Амур с 1 авг.1857г по 1 февр.1858г*, 1858г.

自然学家拉德:《自1857年8月1日至1858年2月1日期间阿穆尔考察行程报告》,1858年。

(26) П.П.Семенов: *Первая поездка на Тянь-шань, или небесный хребт*, 1858г.

谢苗诺夫:《第一次天山之行》,1858年。

(27) А.Антипов: *Описание больших впадающих в Амур (с картами)*, 1858г.

安吉波夫:《流入阿穆尔河主要河流概述》(带地图),1858年。

(28) *Императорский канал в Китае*, 1858г.

《中国的皇家运河》,1858年。

(29) *Некоторые указания и путешествия по Китаю,*

1858г.

《涉及中国的若干指令和旅行》,1858 年。

(30) *Экспедиция г. О.Эшена на Амур*, 1858г.

《埃申的阿穆尔考察》,1858 年。

(31) *О торговле с Китаем*, 1858г.

《论对华贸易》,1858 年。

(32) Д.Н.Романов: *Очерк местности между заливом де-Кастри и р.Амуром*, 1859г.

罗曼诺夫:《卡斯特勒海湾与阿穆尔河之间地区的概况》,1859 年。

(33) М.И.Венюков: *Обозрение р.Уссури и земель к востоку от ней до моря*, 1859г.

维纽科夫:《乌苏里江及其以东至海岸线地区评述》,1859 年。

(34) *Мнение Англичан и Американцев о Русском владычестве на Амуре*, 1859г.

《英国人和美国人对俄国统治阿穆尔河的看法》,1859 年。

(35) *О переселениях Китайцев*, 1859г.

《论中国人的迁居》,1859 年。

(36) *Английская торговля с Китаем*, 1859г.

《英国对华贸易》,1859 年。

(37) А.Голубев: *Краткий отчет о результатах Иссык-Кульской экспедиции*,1860г.

戈卢别夫:《伊塞克湖考察结果的简短报告》,1860 年。

(38) Ф.Б.Шмидт: *Отчет начальника экспедиции геологических исследований по Амуру*, 1860г.

施密特:《阿穆尔地质研究考察队队长报告》,1860 年。

（39）*Извлечение из письма Ф.Б. Шмидта из Благовещенска от 12.нояб.1859г.*, 1860г.

《施密特1859年11月12日从布拉戈维申斯克发来信函的摘要》,1860年。

（40）*Английские съемки в Восточной Азии*, 1860г.

《英国东亚测绘图》,1860年。

（41）Д.Пещуров: *Землетрясения, бывшие в Китае во время Минской династии (Извлечение из истории Минской династии Мин-ши)*, 1860г.

佩休罗夫:《中国明朝时发生的地震》(出自明史),1860年。

（42）*Замечания об оз.Иссык-Куле и р. Кошкар*, 1860г.

《有关伊塞克湖及喀什河的评论》,1860年。

（43）Н.Кашин: *Домашние средства, употребляемые жителям при-Аргунского края при лечении болезней и народные врачи при-Аргунцев*, 1860г.

卡申:《额尔古纳河沿岸地区居民用于治疗疾病的用具及额尔古纳河沿岸地区的民间医生》,1860年。

（44）И.Кашин: *Свадебные обычаи при-Аргунцев*, 1860г.

卡申:《额尔古纳河沿岸居民的婚俗》,1860年。

Известия Императорского Русского Географического Общества (1865-1917гг., СПб.)

《俄国皇家地理学会公报》(1865～1917年,圣彼得堡)

（1）А.Принтцев: *Торговля русских с китайцами на реке Амуре и поездка в г.Хобдо*, 1865г., Том 1.

普林特舍夫:《俄国人与中国人在阿穆尔河上的贸易及科

布多之行》,1865 年,第 1 卷。

(2) М.И.Венюков: *Описание вьючной дороги от пограничного караула Суок до г. Хобдо (с картами Заметка о торговых путях из Китая в Россию через Азиатскую границу)*, 1865г., Том 1.

维纽科夫:《从边境岗哨苏欧克到科布多的驮马道介绍》(带地图,从中国经亚洲边境到俄罗斯的贸易路线简评),1865 年,第 1 卷。

(3) Н.Северцов: *Следы ледяного периода в западных отрогах Тянь-шаня*, 1865г., Том 1.

谢维尔措夫:《天山西部支脉冰河时期遗迹》,1865 年,第 1 卷。

(4) *Рассказ китайцев о поездке на Жэ-хе, летнюю резиденцию китайских Богдаханов*, 1865г., Том1.

《中国人有关前往中国历代博格达汗夏季行宫热河的故事》,1865 年,第 1 卷。

(5) К.Скачков: *О заслугах венецианского Марко-Поло по распространению географических познаний в Азии*, 1865г., Том 1.

斯卡奇科夫:《论威尼斯人马可·波罗在亚洲传播地理知识的功绩》,1865 年,第 1 卷。

(6) *Международное право на китайском языке*, 1865г.,Том 1.

《汉语版国际法》,1865 年,第 1 卷。

(7) *Труды Пекинской Духовной Миссии*, 1865г., Том 1.

《北京传教士使团的著作集》,1865 年,第 1 卷。

(8) *Материалы для истории торговли Сибири*, 1865г., Том 1.

《西伯利亚贸易史资料》,1865 年,第 1 卷。

(9) К.Скачков: *О географических познаниях китайцев*, 1866г., Том 2.

斯卡奇科夫:《论中国人的地理知识》,1866 年,第 2 卷。

(10) М.Бекчурин: *Клевер, как растение кормовое и промышленное в Туркестанской области*, 1866г., Том 2.

别克秋林:《三叶草,图尔克斯坦地区的饲料和工业用植物》,1866 年,第 2 卷。

(11) Гольмстрем: *О путях из западной Сибири в Туркестанскую область*, 1866г., Том 2.

戈里姆斯特列姆:《论从西西伯利亚至图尔克斯坦州的路线》,1866 年,第 2 卷。

(12) *Обзор географических открытий в Азии*, 1866г., Том 2.

《亚洲地理发现综述》,1866 年,第 2 卷。

(13) *Шанхайское ученное общество и его новейшие труды*, 1866г., Том 2.

《上海科学学会及其最新著作》,1866 年,第 2 卷。

(14) *Торговля во южных портах Русской Манчжурии*, 1866г., Том 2.

《俄辖满洲地区南部各港口的贸易》,1866 年,第 2 卷。

(15) *Китайская эмиграция в Россию*, 1866г., Том 2.

《中国在俄侨民》,1866 年,第 2 卷。

(16) *Открытие соляного озера в Китае*, 1866г., Том 2.

《在华发现咸水湖》,1866 年,第 2 卷。

(17) *Китаец Пин-Чун*, 1867г., Том 3.

《中国人平春》,1867 年,第 3 卷。

(18) *Эмиграция из западного Китая*, 1867г., Том 3.

《来自中国西部的侨民》,1867 年,第 3 卷。

(19) *Китайский сборник о России*, 1867г., Том 3.

《中国有关俄国的文集》,1867 年,第 3 卷。

(20) *Об исследовании г. Северцова в Туркестанском крае в 1867г.*, 1868г., Том 4.

《谢维尔措夫 1867 年图尔克斯坦边区研究活动》,1868 年,第 4 卷。

(21) П.А.Гельмерсен:*Исследование в южной части Уссурийского края в 1865г.*, 1868г., Том 4.

格里梅尔先:《1865 年乌苏里南部地区研究》,1868 年,第 4 卷。

(22) *Письмо шт.-кап. Пржевальского о его исследовании на Уссури и оз. Ханки в 1867г.*, 1868г., Том 4.

《普尔热瓦尔斯基有关其 1867 年乌苏里江和兴凯湖研究的信件》,1868 年,第 4 卷。

(23) *Новости Китайской литературы по части географии*, 1868г., Том 4.

《中国文献在地理学方面的新发现》,1868 年,第 4 卷。

(24) *Письмо Э.Бретштендра из Пекина*, 1868г., Том 4.

《贝勒北京来信》,1868 年,第 4 卷。

(25) *Поездка Валиханова в кашгар*, 1868г., Том 4.

《瓦里哈诺夫的喀什之行》,1868 年,第 4 卷。

(26) *Поездка Радлова в Туркестанский край в 1868г.*, 1868г., Том 4.

《拉德罗夫 1868 年图尔克斯坦边区之行》,1868 年,第 4 卷。

(27) Кап. Рейнталь: *О поездке, совершенной им в Кашгар,*

1869г., Том 5.

列伊恩塔尔:《论其所完成的喀什之行》,1869 年,第 5 卷。

(28) Н.А.Северцов: *Об исследованиях, произведенных им в Тянь-шане в 1867г.*,1869г.,Том 5.

谢维尔措夫:《论其 1867 年所开展的天山研究》,1869 年,第 5 卷。

(29) П.А.Кропоткин: *О поездке Полякова в восточный Саян, 1869г.*, Том 5.

克罗博特金 :《论伯利亚科夫的东萨彦之行》,1869 年,第 5 卷。

(30) Я.И.Краевский: *О среднем Тянь-шане, 1869г.*, Том 5.

克拉耶夫斯基:《论天山中部》,第 1869 年,第 5 卷。

(31) Ф.Р.Остен-Сакен: *О географических исследованиях в Монголии, о путешествии Шишмарева в Улясутай и о смерти Ургинского Хутукты,* 1869 г ., Том 5.

奥斯杰恩 - 萨肯:《蒙古地理研究,释什马列夫乌梁海之旅以及库伦呼图克图之死》,1869 年,第 5 卷。

(32) П.А.Гельмерсен: *О путешествии англичанина Мэдоуса в Маньчжурии*, 1869г., Том 5.

格里梅尔先:《论英国人麦托乌斯的满洲之旅》,1869 年,第 5 卷。

(33) *Новости китайской литературы*, 1869г., Том 5.

《中国文献新发现》,1869 年,第 5 卷。

(34) Н.М.Прежевальский: *Инородческое население в южной части Приморской области*, 1869г., Том 5.

普尔热瓦尔斯基:《滨海边疆区南部的异族居民》,1869 年,第 5 卷。

(35) П.А.Лопатин: *Об исследованиях на Сахалине*, 1869г., Том 5.

罗帕金:《萨哈林研究》,1869 年,第 5 卷。

(36) Последние исследования в Тибете, 1869г., Том 5.

最近的西藏研究,1869 年,第 5 卷。

(i) Путешествие и съемка двух пундитов в 1865-1866г.

两个普尼特人在 *1865~1866* 年的旅行及测绘。

(ii) Торговые пути между Индией и Китаем.

中印之间的贸易路线。

(iii) Исследование Желтой реки.

黄河研究。

(iv) О торговых путях между Восточным Туркестаном и Индией.

新疆与印度间的贸易路线。

(v) Исследование пундитов в Тибете.

普尼特人在西藏的研究。

(vi) Европейцы в Восточном Туркестане.

欧洲人在新疆。

(37) *Поездка г. Павлинова в гг. Хобдо и Улясутай*, 1869г., Том 5.

《帕夫利诺夫的科布多和乌梁海之行》,1869 年,第 5 卷。

(38) *Разграничение между Россией и Китаем*, 1869г., Том 5.

《中俄之间的边界划分》,1869 年,第 5 卷。

(39) Н.М.Пржевальский: *Чтение о природе и жителях Уссурийского края*, 1870г., Том 6.

普尔热瓦尔斯基:《有关乌苏里地区自然环境及居民情况的演讲稿》,1870 年,第 6 卷。

(40) Э.Х.Ленц: *О прежнем течении Аму-дарьи*, 1870г., Том 5.

廉茨:《论阿姆 - 达里亚河原先的流向》,1870 年,第 5 卷。

(41) *О Маньцзах и Корейцах*, 1870г., Том 6.

《满人和朝鲜人》,1870 年,第 6 卷。

(42) *Новости в китайской литературе*, 1870г., Том 6.

《中国文献中的新发现》,1870 年,第 6 卷。

(43) *Сведения о географических работах, производившихся на границе западной Сибири с Китаем*, 1870г., Том 6.

《有关在西西伯利亚与中国边境地区进行的地理工作》,1870 年,第 6 卷。

(44) А.В.Буняковский: *Растительность Чирчикской долины и сведения о географических исследованиях в Тянь-шане, лет 1869г.*, 1870г., Том 6.

布尼亚科夫斯基:《尼布楚河谷的植被以及 1869 年天山地理研究报告》,1870 年,第 6 卷。

(45) В.Радлов: *Отчет о поездке в Семиреченскую область и на Иссык-Куль, лет 1869г.*, 1870г., Том 6.

拉德罗夫 :《1869 年七河州及伊塞克湖之行报告》,1870 年,第 6 卷。

(46) *Линь-цзе-сюй, виновник первой войны Англии с Китаем*, 1870г., Том 6.

《林则徐,中英第一次鸦片战争的肇事者》,1870 年,第 6 卷。

(47) *Сведения об экспедициях, снаряженных РГО и его*

отделом, 1870г., Том 6.

有关俄国地理学会及其分会所派遣考察队的报告,1870年,第6卷。

(i) Этнографическая экспедиция в южно-уссурийский край.

《南乌苏里地区民族学考察》。

(ii) Экспедиция в западную Монголию.

《蒙古西部地区考察》。

(48) *Путешествие Гэуорда из Индии в Яркенд и Кашгар и исследование верховьев р. Яркенда*, 1870г., Том 6.

《盖乌欧尔德从印度至叶尔羌和喀什之旅以及对叶尔羌河上游的研究》,1870年,第6卷。

(49) *Поездка английского купца Шоу в Восточный Туркестан*, 1870г., Том 6.

《英国商人硕伍的新疆之行》,1870年,第6卷。

(50) *Второе путешествие Гэуорда*, 1870г., Том 6.

《盖乌欧尔德的二次旅行》,1870年,第6卷。

(51) *Торговая экспедиция по р. Сунгари в 1869г.*, 1870г., Том 6.

《1869年松花江贸易考察》,1870年,第6卷。

(52) *Отправление Монгольского посольства Тибета за новым Хутуктой*, 1870г., Том 6.

《派遣蒙古使团前往西藏迎请新任呼图克图》,1870年,第6卷。

(53) *Торговая экспедиция из Восточной Сибири в Китай*,1870г., Том 6.

《东西伯利亚至中国的贸易考察》,1870年,第6卷。

（54）*Торговля с Маньчжурией в Благовещенске*, 1870г., Том 6.

《布拉戈维申斯克(海兰泡)的对满贸易》,1870 年,第 6 卷。

（55）*По вопросу о Кяхтинской торговле*, 1871г., Том 7.

《关于恰克图贸易的问题》,1871 年,第 7 卷。

（56）М.И.Венюков: *О торговле России с Китаем*, 1871г., Том 7.

维纽科夫:《论俄对华贸易》,1871 年,第 7 卷。

（57）*Этнографическая экспедиция в Южно-Уссурийский край*, 1871г., Том 7.

《南乌苏里地区民族学考察》,1871 年,第 7 卷。

（58）*Письма архимандрита Палладия*, 1871г., Том 7.

《修士大司祭巴拉第的来信》,1871 年,第 7 卷。

（59）И.Ф.Бабков: *Сведение о горных проходах в южный или пограничный Алтай*, 1871г., Том 7.

巴布科夫:《有关南阿尔泰或者边疆阿尔泰山口的报告》,1871 年,第 7 卷。

（60）Н.М.Пржевальский: *От Кяхты до Пекина*, 1871г., Том 7.

普尔热瓦尔斯基:《从恰克图到北京》,1871 年,第 7 卷。

（61）А.В.Каульбарс: *Сведение о двух поездках, совершенных бароном А.В.Каульбарсом в западной части Тянь-шаня и в Мусартский проход: 1) Поездка из Нарынского укрепления на запад к коканской границе в 1869г., 2) Поездка на Мусартский перевал в Тянь-шане в 1870г.*, 1871г., Том 7.

卡乌利巴尔斯:《有关卡乌利巴尔斯男爵所完成天山西部和穆萨尔特通道之行的报告》:1）1869 年从纳伦向西前往浩

罕汗国边境；2）1870年翻越穆萨尔特山口前往天山之行，1871年，第7卷。

（62）Н.М.Пржевальский: *Из юго-восточной Монголии*, 1871г., Том 7.

普尔热瓦尔斯基：《从蒙古东南部地区出发》，1871年，第7卷。

（63）М.И.Венюков: *Заметка о населении чжунгарского пограничного пространства*, 1871г., Том 7.

维纽科夫：《简论准噶尔边界地区的居民》，1871年，第7卷。

（64）М.И.Венюков: *Пояснительная записка к дорожной карте северо-западной Монголии*, 1871г., Том 7.

维纽科夫：《蒙古西北部地区地图的解释说明》，1871年，第7卷。

（65）Архимандрит Палладий: *Уссурийские маньцзы*, 1871г., Том 7.

修士大司祭巴拉第：《乌苏里满人》，1871年，第7卷。

（66）Каульбарс: О поездке в Кашгар, 1872г., Том 8.

卡乌利巴尔斯：《喀什之行》，1872年，第8卷。

（67）М.И.Венюков: *Состав населения Амурского края*, 1872г., Том 8.

维纽科夫：《阿穆尔地区的居民构成》，1872年，第8卷。

（68）Архимандрит Палладий: *Переезд из Владивостока в Нагасаки*, 1872г., Том 8.

修士大司祭巴拉第：《从符拉迪沃斯托克（海参崴）横渡至长崎》，1872年，第8卷。

（69）М.И.Венюков: *Таблица племенного состава населения кульжинского округа*, 1872г., Том8.

维纽科夫:《伊宁周边地区居民部落组成表》,1872 年,第 8 卷。

(70) А.Шепелев: *Рекогносцировка Мусартского прохода в Тянь-шань*, 1872г., Том 8.

舍佩廖夫:《勘察通往天山的穆萨尔特通道》,1872 年,第 8 卷。

(71) Н.М.Пржевальский: *Физико-географический очерк местностей, пройденных кап.ген.шт. Пржевальским*, 1872г., Том 8.

普尔热瓦尔斯基:《总参谋部上校普尔热瓦尔斯基所经地区的自然地理概况》,1872 年,第 8 卷。

(72) З.Матусовский: *Объяснительная записка к маршруту пути из Зайсанского Поста через долину Эмиль в г. Манас*, 1872г., Том 8.

马图索夫斯基:《有关从斋桑哨所经埃米尔谷地前往玛纳斯市的路线说明》,1872 年,第 8 卷。

(73) Пекинский корреспондент: *Урумци*, 1872г., Том 8.

北京通讯员:《乌鲁木齐》,1872 年,第 8 卷。

(74) Пекинский корреспондент: *Новости китайской литературы*, 1872г., Том 8.

北京通讯员:《中国文献中的新发现》,1872 年,第 8 卷。

(75) *Из дневника пионера торговли (переведено с английского при миссии в Пекине и сообщено А.Е.Влангали)*, 1872г., Том 8.

《来自贸易先锋的日记》(使团在京期间译自英语文稿并由弗兰加利报送),1872 年,第 8 卷。

(76) Пекинский корреспондент: *Бо-цзюнь, рассказ из*

китайской жизни, 1872г., Том8.

北京通讯员:《伯君,中国人生活的故事》,1872 年,第 8 卷。

(77) Г.И.Успенский: *Об округе Хами*, 1873г., Том 9.

乌斯片斯基:《哈密地区》,1873 年,第 9 卷。

(78) *Письмо Н.М.Пржевальского*, 1873г., Том 9.

《普尔热瓦尔斯基的来信》,1873 年,第 9 卷。

(79) П.Г.Полторацкий: *О торговом сношении с западного Китая*, 1873г., Том 9.

珀尔托拉茨基:《论中国西部的贸易关系》,1873 年,第 9 卷。

(80) К.Шарнхорст: *Астрономические определения в Тянь-шаня*, 1873г., Том 9.

沙尔恩霍尔斯特:《天山天文定位》,1873 年,第 9 卷。

(81) Г. Фричче: *Путешествие по Монголии*, 1873г., Том 9

弗里切:《蒙古游记》,1873 年,第 9 卷。

(82) Н.М.Пржевальский: *Путешествие к пределах Тибета*, 1873г., Том 9.

普尔热瓦尔斯基:《西藏边界之旅》,1873 年,第 9 卷。

(83) Ю.Федченко: *О верховьях Аму-дарьи*, 1873г., Том 9.

费德琴科:《阿姆 - 达里亚河上游》,1873 年,第 9 卷。

(84) Н.М.Пржевальский: *О путешествии в Монголию и в страну Тангустов*, 1874г., Том 10.

普尔热瓦尔斯基:《蒙古和唐古特人地区之旅》,1874 年,第 10 卷。

(85) Л.Н.Соболев: *Об этнографических материалах собранных Аму-дарьинской экспедицией*, 1874г., Том 10.

索博列夫:《论阿姆 - 达里亚考察队所收集的民族学资

料》,1874 年,第 10 卷。

(86) К.А.Скачков: *О состоянии астрономических наблюдений в Китае*, 1874г., Том 10.

斯卡奇科夫:《中国天文观测的情况》,1874 年,第 10 卷。

(87) Ю.А.Сеновский: *Пути между Булань-Тохоем, Хобдо, Улясутаем и Баркулем*, 1874г., Том 10.

谢诺夫斯基:《布伦托海、科布多、乌里雅苏台和巴里坤之间的道路》,1874 年,第 10 卷。

(88) В.Г.Пьянков: *Несколько статистических данных о южно-Уссурийском крае*, 1874г., Том 10.

皮扬科夫:《有关南乌苏里地区的统计数据》,1874 年,第 10 卷。

(89) Архимандрит Палладий: *Замечание о названии характайска и орде или резиденции характайска*, 1874г., Том 10.

修士大司祭巴拉第:《有关黑契丹名称及汗国或者黑契丹居留地的评论》,1874 年,第 10 卷。

(90) Ф.Б.Шмидт: *Химический анализ воды озера Кукунора*, 1874г., Том 10.

施密特:《青海湖湖水的化学分析》,1874 年,第 10 卷。

(91) М.И.Венюков: *Торговые пути в западный Китай*, 1874г., Том 10.

维纽科夫:《通往中国西部的商道》,1874 年,第 10 卷。

(92) М.И.Венюков: *Судоходство по Янь-Цзы-Цзяну*, 1874г., Том 10.

维纽科夫:《沿长江航行》,1874 年,第 10 卷。

(93) А.М.Ломоносов: *Об экспедиции Форсита в*

Восточный Туркестан, 1874г., Том 10.

罗曼诺索夫:《论弗尔西特的新疆考察》,1874 年,第 10 卷。

(94) Форсит: *в Кашгар*, 1874г., Том 10.

福赛斯:《前往喀什》,1874 年,第 10 卷。

(95) М.И.Венюков: *Экспедиция форсита*, 1874г., Том 10.

维纽科夫:《弗尔西特考察》,1874 年,第 10 卷。

(96) М.И.Венюков: *Исследование на Памире*, 1874г., Том 10.

维纽科夫:《帕米尔研究》,1874 年,第 10 卷。

(97) Н.М.Пржевальский: *Проект экспедиции на Лоб-нор и в Тибет*, 1876г., Том 12.

普尔热瓦尔斯基:《罗布泊和西藏考察方案》,1876 年,第 12 卷。

(98) Г.Н.Потанин: *Проект экспедиции в северо-западную Монголию*, 1876г., Том 12.

波塔宁:《蒙古西北地区考察方案》,1876 年,第 12 卷。

(99) *Программы экспедиции в северо-западную Монголию, снаряжаемой ИРГО под начальством чл.с. Г.Н.Потанина*, 1876г., Том 12.

《由俄国皇家地理学会派遣波塔宁领导的蒙古西北地区考察大纲》,1876 年,第 12 卷。

(100) Записка чл.с. *Г.Н.Потанина о предпринимаемом им путешествии в северо-западную Монголию (Этнографическая программа экспедиции)*, 1876г., Том 12.

《波塔宁有关其所开展蒙古西北地区考察的书面报告(民族学考察计划)》,1876 年,第 12 卷。

(101) Л.А.Большев: *О путешествии в Китай*, 1876г., Том 12.

博利舍夫:《论中国旅行》,1876 年,第 12 卷。

(102) И.В.Мушкетов: *Геологический очерк Тянь-шаня*, 1876г., Том 12.

穆什科托夫:《天山地质概况》,1876 年,第 12 卷。

(103) И.И.Захаров: *О материалах для изучения гольдского языка*, 1876г., Том 12.

杂哈劳:《果尔特语研究资料》,1876 年,第 12 卷。

(104) Ю.А.Сосновский: *Экспедиция в Китай в 1874-75гг.*, 1876г., Том 12.

索斯诺夫斯基:《1874~1875 年中国考察》,1876 年,第 12 卷。

(105) М.И.Венюков: *Путь из города Аксу, через Ярсент в Ладак*, 1876г., Том 12.

维纽科夫:《从阿克苏经叶尔羌至拉达克》,1876 年,第 12 卷。

(106) М.И.Венюков: *Барометрическая нивелировка в Монголии*, 1876г., Том 12.

维纽科夫:《蒙古气压水平测量》,1876 年,第 12 卷。

(107) М.И.Венюков: *Новая книга о Тибете*, 1876г., Том 12.

维纽科夫:《有关西藏的新书》,1876 年,第 12 卷。

(108) М.И.Венюков: *Язык и литература китайцев*, 1876г., Том 12.

维纽科夫:《中国人的语言及文学》,1876 年,第 12 卷。

(109) М.И.Венюков: *Путешествие Маргэри по Китаю*, 1876г., Том 12.

维纽科夫:《马哲的中国旅行》,1876 年,第 12 卷。

(110) М.И.Венюков: *Китайская библиография*, 1876г., Том 12.

维纽科夫:《中国图书编目》,1876 年,第 12 卷。

(111) М.И.Венюков: *Труды Бретшнейдера*, 1876г., Том 12.

维纽科夫:《贝勒著作集》,1876 年,第 12 卷。

(112) М.И.Венюков: *Путешествие по Тибету Наин-Синга*, 1876г., Том 12.

维纽科夫:《奈恩·辛格的西藏之旅》,1876 年,第 12 卷。

(113) *Путешествие д.чл. Н.М.Пржевальского*, 1876г., Том 12.

《普尔热瓦尔斯基之旅》,1876 年,第 12 卷。

(114) *Путешествие чл.с. Г.Н.Потанина*, 1876г., Том 12.

《波塔宁之旅》,1876 年,第 12 卷。

(115) *Путешествие на Памир*, 1876г., Том 12.

《帕米尔之旅》,1876 年,第 12 卷。

(116) д. Пясецкий: *Обратный путь учено-торговой экспедиции 1875 года от Хань-коу до Зайсана*, 1877г., Том 13.

皮亚谢茨基:《1875 年科学商贸考察从汉口至斋桑的返回旅程》,1877 年,第 13 卷。

(117) д.чл. Н.А.Северцов: *Заметка о ледниковом периоде на Тянь-шане*, 1877г., Том 13.

谢维尔措夫:《简评天山的冰河时期》,1877 年,第 13 卷。

(118) д.чл. Коростовцев: *Несколько слов о горной долине Алтай и о Памире*, 1877г., Том 13.

科罗斯托夫采夫:《一些关于阿尔泰山谷和帕米尔的言论》,1877 年,第 13 卷。

(119) Н.М.Пржевальский: *От Кульджи за Тянь-шань и на Лоб-нор*, 1877г., Том 13.

普尔热瓦尔斯基:《从伊宁过天山至罗布泊》,1877 年,第 12 卷。

(120) *Путешествие д.чл. Н.М.Пржевальского*, 1877г., Том 13.

《普尔热瓦尔斯基之旅》,1877 年,第 13 卷。

(121) *Путешествие чл.с. Г.Н.Потанина, 1877г., Том 13.*

《波塔宁之旅》,1877 年,第 13 卷。

(122) *Карта Лоб-нора по съемка д.чл. Н.М.Пржевальского*, 1877г., Том 13.

根据普尔热瓦尔斯基的勘测结果绘制的罗布泊地图,1877 年,第 13 卷。

(123) И.В.Мушкетов: *Географические исследования Тянь-шаня*, 1878г., Том 14.

穆什科托夫:《天山地理研究》,1878 年,第 14 卷。

(124) Г.Н.Потанин: *Очерк путешествия в северо-западную Монголию*, 1878г., Том 14.

波塔宁:《蒙古西北部地区之旅概况》,1878 年,第 14 卷。

(125) Г.Н.Потанин: *Этнографические заметки о населении северо-западной Монголии*, 1878г., Том 14.

波塔宁:《蒙古西北部地区居民民族学杂记》,1878 年,第 14 卷。

(126) А.А.Цагарель: *Очерк путешествия по Туркестану*, 1878г., Том 14.

察噶列里:《图尔克斯坦旅行概况》,1878 年,第 14 卷。

(127) чл.корр. Уйфальви: *Обзор сведений о местностей на верховьях Аму-дарьи*, 1878г., Том 14.

乌伊法利维:《阿姆 - 达里亚上游地区资料综述》,1878 年,

第 14 卷。

(128) *Экспедиция д.чл. Н.М.Пржевальского*, 1878г., Том 14.

《普尔热瓦尔斯基考察团》,1878 年,第 14 卷。

(129) *Геологическая экспедиция д.чл. И.В.Мушкетова*, 1878г., Том 14.

《穆什科托夫地质考察》,1878 年,第 14 卷。

(130) *Экспедиция чл.-сотр. Н.А.Северцова на Памир*, 1878г., Том 14.

《谢维尔措夫帕米尔考察》,1878 年,第 14 卷。

(131) Н.М.Пржевальский: *Очерк Лоб-норской экспедиции*, 1879г., Том 15.

普尔热瓦尔斯基:《罗布泊考察概况》,1879 年,第 15 卷。

(132) И.В.Мушкетов: *Геологическая экспедиция на Алтай*, 1879г., Том 15.

穆什科托夫:《阿尔泰地质考察》,1879 年,第 15 卷。

(133) В.Д.Аленицын: *Современное положение Аму-дарьинского вопроса*, 1879г., Том 15.

阿列尼岑:《当代阿姆 - 达里亚问题的情况》,1879 年,第 15 卷。

(134) Н.М.Пржевальский: *Несколько слов по поводу замечаний барона Рихтгофена*, 1879г., Том 15.

普尔热瓦尔斯基:《一些针对李希霍芬男爵所持意见的言论》,1879 年,第 15 卷。

(135) К.В.Шарнхорст: *Результат некоторых барометрических определений высот Н.М.Пржевальского в Центральной Азии*, 1879г., Том 15.

沙恩霍斯特:《普尔热瓦尔斯基中央亚细亚的若干高度气压测定结果》,1879 年,第 15 卷。

(136) Н.А.Северцов: *Краткий отчет Ферганской ученой экспедиции*, 1879г., Том 15.

谢维尔措夫:《费尔干纳科学考察的简要报告》,1879 年,第 15 卷。

(137) Н.А.Северцов: *Заметка о меридиональных подъемах Памира*, 1879г., Том 15.

谢维尔措夫:《帕米尔子午线上倾记录》,1879 年,第 15 卷。

(138) Д-р Г. Фрицше: *О дорогах, ведущих от Кяхты через Монголию в Ургу и Калган (с картой)*, 1879г., Том 15.

弗里切:《论从恰克图经蒙古通往库伦河张家口的道路》(带地图),1879 年,第 15 卷。

(139) А.И.Воейков: *Климат области муссонов Восточной Азии: Амурского края, Забайкалья, Маньчжурии, Восточной Монголии, Китая, Японии и т.д.*, 1879г., Том 15.

沃伊科夫:《东亚季风气候区:阿穆尔地区、外贝加尔、满洲、东蒙古、中国、日本等》,1879 年,第 15 卷。

(140) *Экспедиция д.чл. Н.М.Пржевальского в Тибет*, 1879г., Том 15.

《普尔热瓦尔斯基西藏考察》,1879 年,第 15 卷。

(141) *Экспедиция чл.с. Г.Н.Потанина в Северо-западную Монголию*, 1879г., Том 15.

《波塔宁西北蒙古考察》,1879 年,第 15 卷。

(142) *Поездка д.чл. С.Н.Алфераки в Кульджинский край*, 1879г., Том 15.

《阿尔费拉基伊宁地区之行》,1879 年,第 15 卷。

(143) *Поездка д.чл. М.В.Певцова в Куку-хото*, 1879г., Том 15.

《佩夫佐夫呼和浩特之行》,1879 年,第 15 卷。

(144) А.М.Позднеев: *Об ургинских хутухтах*, 1880г., Том 16.

波兹德内耶夫:《库伦呼图克图》,1880 年,第 16 卷。

(145) К.В.Шарнхорст: *Астрономические определения М.В.Певцова в Монголии*,1880г., Том 16.

沙尔恩霍尔斯特:《佩夫佐夫的蒙古天文定位》,1880 年,第 16 卷。

(146) М.В.Певцов: Краткий очерк путешествия по Монголии и внутреннему Китаю (с отчетной картой), 1880г., Том 16.

佩夫佐夫:《蒙古及中国腹地之旅概述》,1880 年,第 16 卷。

(147) *Экспедиция д.чл. Н.М.Пржевальского в Тибет*, 1880г., Том 16.

《普尔热瓦尔斯基西藏考察》,1880 年,第 16 卷。

(148) *Экспедиция чл.с. Г.Н.Потанина в северо-западную Монголию*, 1880г., Том 16.

《波塔宁蒙古西北部地区考察》,1880 年,第 16 卷。

(149) *Поездка д.чл. М.В.Певцова в Куку-хото*, 1880г., Том 16.

《佩夫佐夫呼和浩特之行》,1880 年,第 16 卷。

(150) *Этнографические материалы, добытые экспедицией чл.с. Г.Н.Потанина*, 1880г., Том 16.

《波塔宁考察队所获得的民族学资料》,1880 年,第 16 卷。

(151) Г.Н.Потанин: *Поездка в с-з. Монголию*, 1881г., Том 17.

波塔宁:《蒙古西北部地区之行》,1881 年,第 17 卷。

(152) А.Э.Регель: *Путешествие в Турфан в 1879г.*, 1881г., Том 17.

列格利:《1879 年吐鲁番之旅》,1881 年,第 17 卷。

(153) *Сахалинская экспедиция*, 1881г., Том 17.

《萨哈林考察》,1881 年,第 17 卷。

(154) *Экспедиция чл-сотр. Ядринцева на Алтай*, 1881г., Том 17.

《亚德连采夫的阿尔泰考察》,1881 年,第 17 卷。

(155) *Результаты барометрических определений высот Г.Н.Потанина в Монголии*, 1881г., Том 17.

《波塔宁的蒙古高度气压测定结果》,1881 年,第 17 卷。

(156) С.М.Смирнов: *Новая болезнь винограда в Туркестане*, 1881г., Том 17.

斯米尔诺夫:《图尔克斯坦的新葡萄病害》,1881 年,第 17 卷。

(157) Г.Н.Потанин: *Несколько вопросов по изучению поверий, сказаний, суеверных обычаев и обрядов у сибирских инородцев*, 1881г., Том 17.

波塔宁:《关于西伯利亚异族信仰、传说、迷信习俗及仪式研究的几个问题》,1881 年,第 17 卷。

(158) почет.чл. Н.М.Пржевальский: *Отрывки из разных глав 1-ого т. Тибетского путешествия*, 1882г., Том 18.

普尔热瓦尔斯基:《第一次西藏考察不同章节的摘录》,1882 年,第 18 卷。

(159) Н.М.Ядринцев: *О современном положении инородцев в Сибири*, 1882г., Том 18.

亚德林采夫:《论当今异族人在西伯利亚的地位》,1882年,第18卷。

(160) Ф.Ф.Шварц: *Астрономические наблюдения, магнитные и барометрические наблюдения, произведенные в 1880г. в Кульждинском районе (с картой)*, 1882г., Том 18.

施瓦尔茨:《1880年在伊宁地区进行的天文观测、磁力和气压测量》(带地图),1882年,第18卷。

(161) Ю.В.Арсеньев: *О происхождении сказания о реке Амуре*, 1882г., Том 18.

阿尔谢尼耶夫:《论阿穆尔河传说的起源》,1882年,第18卷。

(162) *Последние поездки д-ра Фритше по Китаю*, 1882г., Том 18.

《弗里特舍的最后一次中国之行》,1882年,第18卷。

(163) *Географические и гипсометрические определения д-ра Фритше в Китае*, 1882г., Том 18.

《弗里特舍在中国进行的地理和地形高度测定》,1882年,第18卷。

(164) *Съезд монголов в монастыре Чанджур*, 1882г., Том 18.

《昌珠寺蒙古人大会》,1882年,第18卷。

(165) *Путешествие д.чл. Буссе в Уссурийский край*, 1882г., Том 18.

《布谢乌苏里地区之旅》,1882年,第18卷。

(166) Л.Ф.Гриневецкий: *Результаты астрономических и барометрических определений Н.М.Пржевальского в Монголии и Тибете в 1879-1880 годах*, 1883г., Том 19.

格里涅维茨基:《普尔热瓦尔斯基 1879~1880 年蒙古和西藏考察的天文和气压测量成果》,1883 年,第 19 卷。

(167) Н.М.Ядринцев: *От Кобдо до Чугучак* (маршрут купеческого каравана), 1883г., Том 19.

亚德林采夫:《从科布多到楚古塔克(即塔城)》(商队路线),1883 年,第 19 卷。

(168) А.М.Коншин: *Маршрут атамана Волошанина в Кульджу в 1771г.*, 1883г., Том 19.

孔申:《1771 年沃罗沙宁长官至伊宁的路线》,1883 年,第 19 卷。

(169) А.А.Тилло: *Памирские экспедиции 1883г.*(с картой), 1883г., Том 19.

基洛:《1883 年帕米尔考察》,1883 年,第 19 卷。

(170) *Экспедиция Г.Н.Потанина в Ганьсу*, 1883г., Том 19.

《波塔宁甘肃考察》,1883 年,第 19 卷。

(171) *Экспедиция из Ханькоу в Чун-чинг*, 1883г., Том 19.

《汉口至重庆考察》,1883 年,第 19 卷。

(172) *Метеорология в Китае*, 1883г., Том 19.

《气象学在中国》,1883 年,第 19 卷。

(173) И.С.Поляков: *Путешествие на остров Сахалин* (с картой), 1883г., Том 19.

伯利亚科夫:《萨哈林岛之旅》(带地图),1883 年,第 19 卷。

(174) А.Э.Регель: *Путешествие на Памир – Орографический характер Памира*,1884г.,Том 20.

列格利:《帕米尔之旅——帕米尔的山岳形态学特征》,1884 年,第 20 卷。

(175) Д.Л.Иванов: *Остров Хайнанъ*, 1884г., Том 20.

伊万诺夫:《海南岛》,1884 年,第 20 卷。

(176) *Вести об экспедиции Н.М.Пржевальского в Тибет*, 1884г., Том 20.

有关普尔热瓦尔斯基西藏考察的消息,1884 年,第 20 卷。

(177) *Вести об экспедиции Г.Н.Потанина в Китай*, 1884г., Том 20.

有关波塔宁中国考察的消息,1884 年,第 20 卷。

(178) Д.Л.Иванов: *Путешествие по русскому Тянь-шаню в 1884г.*, 1885г., Том 21.

伊万诺夫:《1884 年俄辖天山地区之旅》,1885 年,第 21 卷。

(179) Д.Л.Иванов: *Что называть Памиром* (с картой), 1885г., Том 21.

伊万诺夫:《什么叫作帕米尔》(带地图,1885 年,第 21 卷。

(180) Ю.А.Трусман: *По поводу некоторых Туркестанских древностей* (с 3 таблицами рисунков), 1885г., Том 21.

特鲁斯曼:《关于几处图尔克斯坦古迹》(带 3 个图表),1885 年,第 21 卷。

(181) Г.Н.Потанин: *Экспедиция к устью реки Лены* (с картой и планом), 1885г., Том 21.

波塔宁:《勒拿河河口考察》(带地图和计划),1885 年,第 21 卷。

(182) А.В.Елисеев: *Поминки по Чингис-хану* (с рисунком), 1885г., Том 21.

叶利谢耶夫:《纪念成吉思汗》(带图片),1885 年,第 21 卷。

(183) А.Н.Краснов: *Предварительный отчет о геоботанических исследованиях в восточном Тянь-шане и его предгорьях.*, 1887г., Том 23.

克拉斯诺夫:《天山东部及其山麓地带地理植物学研究初步报告》,1887 年,第 23 卷。

(184) Г.Н.Потанин: *Предварительные отчет об экспедиции в Ганьсу* [с приложением: 1) Письмо М.М.Березовского; 2) Список стоянок экспедиции и пунктов, определенных астрономически г.Скасси], 1887г., Том 23.

波塔宁:《甘肃考察初步报告》[带两个附录:1)别列佐夫斯基的信;2)考察队宿营地及斯卡西采用天文所测定位置的统计单],1887 年,第 23 卷。

(185) Н.М.Пржевалький: *Объяснение к карте четвертого путешествия Н.М.Пржевальского в Центральной Азии*, 1887г., Том 23.

普尔热瓦尔斯基:《针对第四次中央亚细亚旅行地图的解释》,1887 年,第 23 卷。

(186) Н.М.Пржевальский: *Список пунктов определенных астрономически Н.М.Пржевальским во время IV его путешествия*, 1887г., Том 23.

普尔热瓦尔斯基:《普尔热瓦尔斯基在第四期考察期间采用天文法所测定位置的统计表》,1887 年,第 23 卷。

(187) В.В.Юнкер: *Барометрические определения высот во время IV путешествия Н.М.Пржевальского*, 1887г., Том 23.

容克:《普尔热瓦尔斯基第四次考察期间高度气压测定值》,1887 年,第 23 卷。

(188) Г.Н.Потанин: *Расспросные сведения о восточном Тибете*, 1887г., Том 23.

波塔宁:《打听到的关于西藏东部的信息》,1887 年,第 23 卷。

(189) Г.Н.Потанин: *Расспросные сведения о стране между Нань-шанем, Хангаем, Хами и Утайшанем*, 1887г., Том 23.

波塔宁:《打听到的关于南山、杭爱山、哈密和五台山之间地区的信息》,1887 年,第 23 卷。

(190) Н.М.Пржевальский: *Зимняя экспедиция из урочища Гас*, 1888г., Том 24.

普尔热瓦尔斯基:《嘎斯天然界的冬季考察》,1888 年,第 24 卷。

(191) А.Кери: *Путешествие вокруг Китайского Туркестана и вдоль северной границы Тибета*, 1888г., Том 24.

凯利:《围绕中国图尔克斯坦及沿西藏北部边界的旅行》1888 年,第 24 卷。

(192) П.П.Семенов: *Туркестан и Закаспийский край в 1888г.*, 1888г., Том 24.

谢苗诺夫:《1888 年的图尔克斯坦和外里海地区》,1888 年,第 24 卷。

(193) М.В.Певцов: *Результаты астрономических наблюдений для определения географического положения мест и измерений барометром высот в северо-западной Чжунгарии*, 1889г., Том 25.

佩夫佐夫:《西北准噶尔确定地理位置及采用气压计测量高度用的天文观测结果》,1889 年,第 25 卷。

(194) И.П.Надоров: *Южно-Уссурийский край в современном его состоянии*, 1889г., Том 25.

纳多罗夫:《南乌苏里地区的现状》,1889 年,第 25 卷。

(195) Г.Керберг: *Дневник путешествия сухим путем от*

Чинкьяна до Пекина, 1889г., Том 25.

科尔别尔克:《从沈阳到北京的陆路旅行日志》,1889 年,第 25 卷。

(196) Вести из экспедиции в Центральной Азии, 1889г., Том 25:

中央亚细亚考察的消息,1889 年,第 25 卷。

(i) Тибетская экспедиция: а. Письмо д.чл. В.И.Робороского; б. Письмо д.чл. *К.И.Богданович.*

西藏考察:a. 罗博罗夫斯基的来函;b. 博格达诺维奇的来函。

(ii) Экспедиция Б.Л.Громбчевского на Памир.

格罗姆波切夫斯基帕米尔考察。

(iii)Экспедиция братьев Грум-Гржимайло в Тяньшаньский оазис и на лоб-нор.

格鲁姆 - 格尔日麦洛天山绿洲及罗布泊考察。

(iv) Экспедиция чл.-сотр. Мартэна в Ганьсу.

马尔滕甘肃考察。

(197) Вести из Тибетской экспедиции, 1889г., Том 25:

西藏考察的消息,1889 年,第 25 卷。

(i) Сообщение Главного Штаба о ходе экспедиции.

总参部考察进程公告。

(ii)Второе письмо геолога экспедиции К.И.Богдановича.

考察队地质学家博格达诺维奇的第二封来信。

(198) Вести из Тибетской экспедиции,1890г., Том 26.

西藏考察的消息,1890 年,第 26 卷。

(i) 2-ое письмо В.И.Роборовкого.

罗博罗夫斯基的第二封来信。

(ii) Письмо П.А.Козлова.

科兹洛夫的来信。

(iii)Письмо К.И.Богдановича.

博格达诺维奇的来信。

(199) Вести из экспедиций в Центральной Азии: Вести из экспедиции братьев Грум-Гржимайло (с отчетной кратой), 1890г., Том 26.

中央亚细亚考察的信息：格鲁姆-格尔日麦洛兄弟考察的信息(带报告地图),1890年,第26卷。

(200) Н.М.Ядринцев: *Путешествие на верховья Орхона к развалинам Каракорума*, 1890г., Том 26.

亚德连采夫:《鄂嫩河上游至哈拉和林废墟之旅》,1890年,第26卷。

(201) А.В.Елисев: *Отчет о поездке на дальний Восток*, 1890г., Том 26.

叶利谢耶夫:《远东之行的报告》,1890年,第26卷。

(202) Г.Е.Грумм-Гржимайло: *Доклад о путешествии в 1889г.и 1890гг (с картой)*, 1891г., Том 27.

格鲁姆-格尔日麦洛:《1889年及1890年旅行报告》(带地图),1891年,第27卷。

(203) А.А.Тилло: *Абсолютные высоты, определенные братьями Грум-Гржимайло во время путешестия в 1889 и 1890 годах на Тянь-шань и в Нань-шаньские горы* (с картой), 1891г., Том 26.

基洛:《格罗姆-格尔日麦洛于1889和1890年在天山和南山山脉所测定的绝对高度》,1891年,第26卷。

(204) Дегоден Аббат: *Заметки о Тибете (перевод с*

французского), 1891г., Том 26.

杰格基恩·阿巴特:《西藏札记》(译自法语),1891 年,第 26 卷。

(205) М.В.Певцов: *Предварительные отчет о путешествии через Кашгарию и в северо-западный Тибет* (с картой), 1891г., Том 26.

佩夫佐夫:《过喀什噶尔前往西藏西北地区之旅的初步报告》,1891 年,第 26 卷。

(206) К.И.Богданович: *Северо-западный Тибет, Куэн-Лунь и Кашгария* (с картой и таблицей чертежей), 1891г., Том 26.

博格达诺维奇:《西藏西北地区、昆仑和喀什噶尔》(地图和图纸表),1891 年,第 26 卷。

(207) А.И.Макшеев: *Исторический обзор Туркестана и наступательного движения на него русских*, 1891г. Том 26.

马克舍耶夫:《图尔克斯坦及俄国人在此地的侵略活动》,1891 年,第 26 卷。

(208) А.А.Тилло: *Абсолютные высоты, определенные Б.Л.Громбчевским во время путешествия на Памиры, в Раскем, Кашгарию и северо-западный Тибет в 1889 и 1890гг.*, 1892г., Том 27.

基洛:《格罗姆波切夫斯基在帕米尔、拉斯科姆、喀什噶尔和西藏西北部旅行期间所测定的绝对高度》,1892 年,第 27 卷。

(209) Д.В.Путят: *Предварительный отчет об экспедиции на Хинган в 1891г* (с картой), 1892г., Том 27.

布吉亚特:《1891 年兴安岭考察的初步报告》(带地图),1892 年,第 27 卷。

(210) Н.И.Кузнецов: *Ботанические результаты Хинганской экспедиции*, 1892г., Том 28.

库兹涅佐夫:《兴安岭考察的植物学成果》,1892 年,第 28 卷。

(211) В.И.Роборовкий: *Экспедиция по Тибету и Кашгарии*, 1892г., Том 28.

罗博罗夫斯基:《西藏和喀什噶尔考察》,1892 年,第 28 卷。

(212) А.А.Тилло: *Дополнение к списку абсолютных высот, определенных братьев Грумм-Гржимайло во время путешествия в 1889 и 1890гг. на Тянь-шань и в Нань-шаньские горы*, 1892г., Том 28.

基洛:《对格鲁姆 - 格尔日麦洛在 1889~1890 年天山和南山旅行考察过程中所测定的绝对高度表的补充》,1892 年,第 28 卷。

(213) М.М.Березовский: *Вести из путешествии по Китаю*, 1892г., Том 28.

别列佐夫斯基:《中国旅行的消息》,1892 年,第 28 卷。

(214) Н.И.Кузнецов: *Путешествие капитана Бауэра по Тибету*, 1892г., Том 28.

库兹涅佐夫:《巴乌艾尔大尉的西藏之旅》,1892 年,第 28 卷。

(215) М.Н.Раевский: *Историческо-статистический сборник по вопросам экономического и гражданского развития Алтайского горного округа*, 1892г., Том 28.

拉耶夫斯基:《有关阿尔泰山区经济和民用发展问题的历史统计丛书》,1892 年,第 28 卷。

(216) П.Н.Крылов: *Путешествие в Урянхайскую земл*,

1893г., Том 29.

克雷洛夫:《乌梁海地区之旅》,1893 年,第 29 卷。

(217) А.А.Тилло: *Абсолютные высот, определенные П.Н.Крыловым в 1892г. в Урянхайской земле*, 1893г., Том 29.

基洛:《1892 年克雷洛夫在乌梁海地区测定的绝对高度》,1893 年,第 29 卷。

(218) В.А.Обручев: *Краткий геологический очерк караванного пути от Кяхты до Калгана (с геол. профилем)*, 1893г., Том 29.

奥博鲁切夫:《从恰克图到张家口间商道地质情况概述》(带地质剖面图),1893 年,第 29 卷。

(219) В.А.Обручев: *Краткий геологический очерк пути от Фынь-Чжоу-Фу до Лань-Чжоу*, 1893г., Том 29.

奥博鲁切夫:《从汾州府到兰州间道路地质情况概述》,1893 年,第 29 卷。

(220) Н.Ф.Катанов: *Среди тюрских племен*,1893г., Том 29.

卡塔诺夫:《突厥部落之间》,1893 年,第 29 卷。

(221) *Новая экспедиция в Азии*,1893г., Том 29.

《新亚洲考察》,1893 年,第 29 卷。

(222) *Французская экспедиция в центральной Азии*,1893г.,Том 29.

《法国中央亚细亚考察》,1893 年,第 29 卷。

(223) П.Драганов: *От Курля до Лоб-нор*, 1893г., Том 29.

德拉加诺夫:《从库尔勒到罗布泊》,1893 年,第 29 卷。

(224) *Памяти А.В.Потаниной*, 1893г., Том 29.

《追悼波塔宁娜》,1893 年,第 29 卷。

(225) В.А.Обручев: *Орографический очерк Нань-шаня*,

1894г., Том 30.

奥博鲁切夫:《南山山志学概要》,1894 年,第 30 卷。

(226) А.М.Позднеев: *Поездка по Монголии в 1892-1893гг.*, 1894г., Том 30.

波兹德内耶夫:《1892~1893 年蒙古之行》,1894 年,第 20 卷。

(227) В.А.Обручев: *Орографический и геологический очерк центральной Монголии, Ордоса, Восточной Ганьсу и северной Шеньси*, 1894г., Том 30.

奥博鲁切夫:《蒙古中部、鄂尔多斯、甘肃东部以及陕西北部的山志和地质学概要》,1894 年,第 30 卷。

(228) К.И.Богданович: *Заметки о Куэнь-Лунь*, 1894г., Том 30.

博格达诺维奇:《库伦札记》,1894 年,第 30 卷。

(229) В.А.Обручев: *Очерк среднего Нань-шаня*, 1894г., Том 30.

奥博鲁切夫:《南山中部概况》,1894 年,第 30 卷。

(230) Вести из экспедиции В.И.Роборовского, 1894г., Том 30.

罗博罗夫斯基考察队的消息,1894 年,第 30 卷。

(231) Вести из экспедиции В.А.Обручева, 1894г., Том 30.

奥博鲁切夫考察队的消息,1894 年,第 30 卷。

(232) Ф.П.Петровский: *Землетрясение в Санджу*, 1894г., Том 30.

彼得罗夫斯基:《尚州地震》,1894 年,第 30 卷。

(233) *В.А.Обручев: Очерк работ от Сучжоу до Кульджи*, 1894г., Том 30.

奥博鲁切夫:《肃州至伊宁工作概况》,1894 年,第 30 卷。

（234）*Краткая программа Ботанико-географических исследований в Амурской области*, 1895г., Том 31.

《阿穆尔州植物地理研究简要规划》，1895 年，第 31 卷。

（235）З.И.Баженов: *Заявление о желании А.М.Сибирякова, чтобы на пожерствованный им капитал была снаряжена экспедиция в Китай*, 1895г., Том 31.

巴日诺夫：《关于西比利亚科夫希望捐助资金派遣中国考察队的申请》，1895 年，第 31 卷。

（236）М.В.Певцов: *Список пунктов внутренней Азии, высоты которых определены неоднократно посредством барометров различными путешествиями*, 1895г., Том 31.

佩夫佐夫：《不同旅行团反复用气压计测量其高度的亚洲腹地测量点统计表》，1895 年，第 31 卷。

（237）В.Н.Смонин: *Экономическое положение инородцев северо-восточной Сибири*, 1895г., Том 31.

斯莫宁：《异族人在东北西伯利亚中的经济地位》，1895 年，第 31 卷。

（238）В.А.Обручев: *Орография Центральной Азии и её юго-восточной страны. Краткий отчет об экспедиции 1892-1893гг., исполненной по поручению И.Р.Г. общества*, 1895г., Том 31.

奥博鲁切夫：《中央亚细亚及其东南部地区的山志学 根据俄国皇家地理学会的委托所完成 1892~1893 年考察的简要报告》，1895 年，第 31 卷。

（239）В.И.Роборовкий: *Вести из экспедиции*, 1895г., Том 31.

罗博罗夫斯基：《考察队消息》，1895 年，第 31 卷。

(240) О.Ф.Штубендорф: *Астрономические определения подполковника Б.Л.Громбчевского во время путешествия на Памир, в Дарваз, Раскен, Кашгарию и северо-западный Тибет в 1889-1890 гг.*, 1895г., Том 31.

施图本多夫:《格罗姆波切夫斯基中校于1889~1890年在帕米尔、达尔瓦兹、拉斯科姆、喀什葛尔以及西藏西北部旅行期间的天文测定》,1895年,第31卷。

(241) А.А.Тилло и К.И.Богданович: *Гипсометрические материалы К.И.Богдановича, собранные им во время Тибетской экспедиции в 1889-1890гг.*, 1895г., Том 31.

基洛和博格达诺维奇:《博格达诺维奇在1889~1890年西藏考察期间所收集的地形高度资料》,1895年,第31卷。

(242) П.К.Козлов: *Вести из экспедиции В.И.Роборовского*, 1895г., Том 31.

科兹洛夫:《罗博罗夫斯基考察队的消息》,1895年,第31卷。

(243) *Итоги экспедиции В.И.Роборовского*, 1895г., Том 31.

《罗博罗夫斯基考察总数》,1895年,第31卷。

(244) *Экспедиция Дютрейль-де-Рэнса в Нагорную Азию (с франц.)*, 1895г., Том 31.

《迪特勒伊·德·莱恩斯的亚洲高原考察》(译自法语),1895年,第31卷。

(245) *Землетрясение в Кульдже и Кашгарии летом 1895г.*, 1895г., Том 31.

《1895年伊宁及喀什噶尔地震》,1895年,第31卷。

(246) В.А.Обручев: *Китай Д.В.Путята*, 1895г., Том 31.

奥博鲁切夫:《布加特的中国》,1895年,第31卷。

(247) В.А.Обручев:*О форме и объеме отчета о путешествии в Нагорную Азию*,1896г.,Том 32.

奥博鲁切夫:《亚洲高原考察报告的形式和内容》,1896年,第32卷。

(248) Б.Л.Громбчевский: *Письмо с препровождением всех собранных им материалов*, 1896г., Том 32.

格罗姆波切夫斯基:《随附所收集材料的信件》,1896年,第32卷。

(249) В.Л.Комаров: *О результатах работ по изучению Маньчжурии*, 1896г., Том 32.

科马洛夫:《论满洲研究工作的成果》,1896年,第32卷。

(250) П.С.Попов: *Движение населения в Китае*, 1896г., Том 32.

柏百福:《中国居民运动》,1896年,第32卷。

(251) П.К.Козлов: *От Са-чжоу до Зайсана. Последние шаги экспедиции В.И.Роборовского*, 1896г., Том 32.

科兹洛夫:《从沙洲到斋桑 罗博罗夫斯基考察的最后行程》,1896年,第32卷。

(252) В.Л.Комаров: *Условия дальнейшей колонизации Амура*, 1896г., Том 32.

科马洛夫:《阿穆尔进一步殖民地化的条件》,1896年,第32卷。

(253) Э.Анерт и В.Комаров: *Записка о плане работ Маньчжурской экспедиции на 1897 год*, 1897г., Том 33.

阿涅尔特及科马洛夫:《1897年满洲考察工作计划报告》,1897年,第33卷。

(254) В.И.Роборовский: *О древностях Люкчюнской*

котловины, 1897г., Том 33.

罗博罗夫斯基:《吐鲁番盆地的古迹》,1897 年,第 33 卷。

(255)П.К.Козлов: *Предварительный отчет о трехлетнем путешествии по центральной Азии В.И.Роборовского и П.К.Козлова*, 1897г., Том 33.

科兹洛夫:《罗博罗夫斯基和科兹洛夫三年中央亚细亚考察的初步报告》,1897 年,第 33 卷。

(256)Э.Э.Анерт: *Предварительный отчет Маньчжурской экспедиции ИРГО*, 1897г., Том 33.

阿涅尔特:《俄国皇家地理学满洲考察的初步报告》,1897 年,第 33 卷。

(257) В.В.Сапожников: *Алтайские ледники*, 1897г., Том 33.

萨博日尼科夫:《阿尔泰冰山》,1897 年,第 33 卷。

(258) В.И.Масальский: *О сантонинной промышленности в Туркестане*, 1897г., Том 33.

马萨尔斯基:《论图尔克斯坦的山道工业》,1897 年,第 33 卷。

(259) П.Преображенский: *Ходатайство о субсидии для поездки в Тяшь-шаньские сырты*, 1898г., Том 34.

博列奥波烈日恩斯基:《天山山地牧场之行的资金申请》,1898 年,第 34 卷。

(260) Д.Клеменц: *О снабжении его инструментами при поездке в Лукчунскую котловину*, 1898г., Том 34.

克列缅茨:《有关在吐鲁番考察期间为其配备工具》,1898 年,第 34 卷。

(261) С.Духовской: *Письмо с изложением план*

исследования Туркестана профессором Н.В.Сорокиным, 1898г., Том 34.

杜霍夫斯阔耶:《带索罗金教授所做图尔克斯坦研究计划的书信》,1898 年,第 34 卷。

(262) В.И.Роборовский: *Предварительный отчет об экспедиции в центральную Азию в 1893-1895гг.*, 1898г., Том 34.

罗博罗夫斯基:《1892~1893 年中央亚细亚考察的初步报告》,1898 年,第 34 卷。

(263) П.К.Козлов: *Лоб-нор*, 1898г., Том 34.

科兹洛夫:《罗布泊》,1898 年,第 34 卷。

(264) В.Л.Комаров: *Маньчжурская экспедиция 1896г.*, 1898г., Том 34.

科马罗夫:《1896 年满洲考察》,1898 年,第 34 卷。

(265) В.М.Успенский: *От Суйдина до Урумци (отрывки из писем Русского Генерального Консула в Урумци)*, 1898г., Том 34.

乌斯片斯基:《从遂宁到乌鲁木齐》(摘录俄驻乌鲁木齐总领事的书信),1898 年,第 34 卷。

(266) Н.Ф.Петровский: *Землетрясение в Кашгаре*, 1898г., Том 34.

彼得罗夫斯基:《喀什地震》,1898 年,第 34 卷。

(267) Б.А.Федченко: *Поездка в Западный Тянь-шань для изучения ледников Таласского Алатау (предварительный отчет)*, 1898г., Том 34.

费德琴科:《为研究塔拉斯阿拉陶而进行的天山西部之行》(初步报告),1898 年,第 34 卷。

(268) П.Е.Островский: *Краткий отчет о поездке в*

Тоджинский хошун Урянхайской земли, 1898г., Том 34.

奥斯特洛夫斯基:《乌梁海托贾旗之行的简要报告》,1898年,第34卷。

(269) В.М.Сергеев: *Исследование болот по линии Амурской железной дороги*, 1898г., Том 34.

谢尔盖耶夫:《阿穆尔铁路沿线的沼泽研究》,1898年,第34卷。

(270) Н.Петровский: *Заметка по гидрографии Туркестанского края*, 1898г., Том 34.

彼得罗夫斯基:《简评图尔克斯坦边区的水文地理情况》,1898年,第34卷。

(271) Е.Шмурло: *Горные проходы в южно-алтайском хребте*, 1898г., Том 34.

施穆尔洛:《南阿尔泰山脉的山口》,1898年,第34卷。

(272) А.Краснов: *Несколько замечаний по поводу разбора книги « Чайные округа Азии», составленного проф. Воейковым*, 1898г., Том 34.

克拉斯诺夫:《关于沃伊科夫所编著〈亚洲茶叶产区〉一书评论的几点意见》,1898年,第34卷。

(273) А.А.Тилло: *Главнейшие результаты метеорологических наблюдений на станции устроенной Императорского Русского Географического Общества в притянь-шаньской центральноазиатской впадине в город Люкчуне*, 1899г., Том 35.

基洛:《俄国皇家地理学会建于吐鲁番市天山附近中央亚细亚盆地试验站最重要的气象观测成果》,1899年,第35卷。

(274) *Вести из экспедиции д-ра Футтерера в Тибетскую*

окраину Китая, 1899г., Том 35.

《来自福特杰列尔教授中国西藏边陲考察队的消息》,1899年,第35卷。

(275) П.Е.Островский: *Значение Урянхайской земли для Южной Сибири*, 1899г., Том 35.

奥斯特洛夫斯基:《乌梁海地区对于南西伯利亚的意义》,1899年,第35卷。

(276) Г.Н.Потанин: *Очерк путешествия в Сы-чуань и на восточную окраину Тибета в 1892г-1893гг.*, 1899г., Том 35.

波塔宁:《1892~1893年四川、西藏东部边缘之旅概况》,1899年,第35卷。

(277) Вести из экспедиции д-р. Футтерера в Тибетскую окраину Китая, 1899г.,Том 35.

《来自福特杰列尔教授中国西藏边陲考察队的消息》,1899年,第35卷。

(278) Г.Н.Потание: *Ходатайство о денежном вознаграждении его путников по поездке в Средний Хинган, 1900г.*, Том 36.

波塔宁:《关于兴安岭中部地区之行同伴的现金报酬的申请》,1900年,第36卷。

(279) М.Вильборг: *Ходатайство о пособии на предполагаемую экспедицию в Алтайскую долину и Тянь-шань*, 1900г., Том 36.

维尔博格:《关于已拟定阿尔泰谷地和天山之行的资金申请》,1900年,第36卷。

(280) Э.Бретшнейдер: *По поводу статьи подполковника Илинского о Гуан-дунском полуостров*, 1900г., Том 36.

贝勒:《关于伊林斯基中校有关辽东半岛的文章》,1900年,第36卷。

(281) Э.Бретшнейдер: *По поводу наименования недавно возникшей в южной Маньчжурии русской области*, 1900г., Том 36.

贝勒:《关于不久前出现在南满洲俄辖地区的番号》,1900年,第36卷。

(282) П.К.Козлов: *Вести из экспедиции*, 1900г., Том 36.

科兹洛夫:《来自考察队的消息》,1900年,第36卷。

(283) К.И.Богданович: *Памир и Лоб-нор. По поводу статей Свен Гедина*, 1900г., Том 36.

波格丹诺维奇:《帕米尔和罗布泊关于斯文·赫定的文章》,1900年,第36卷。

(284) Н.И.Дамаскин и В.О.Палибин: *Поездка в юго-восточную Монголию (предварительная заметка)*, 1900г., Том 36.

达马斯金和帕里宾:《蒙古东南部地区之行》(初步札记),1900年,第36卷。

(285) С.Илинский: *О новой пограничной линии России с Китаем и об островах, отошедших во владение России на Корейском и Ляодунском заливах*, 1900г., Том 36.

伊林斯基:《论俄中新的边界线以及朝鲜和辽东湾俄控各岛屿》,1900年,第36卷。

(286) П.Ф.Лобза: *Краткое резюме доклада Хунхузы в Маньчжурии*, 1901г., Том 37.

罗布扎:《报告〈满洲红胡子〉的概要》,1901年,第37卷。

(287) И.В.Палибин: *Предварительный отчет о поездке в*

восточную Монголию и застенный Китай, 1901г., Том 37.

帕里宾:《蒙古东部及中国长城以外地区之行的初步报告》,1901 年,第 37 卷。

(288) Я.Корольсков: *Отчет по осмотру некоторых Тяньшаньских ледников летом 1899г.*, 1901г., Том 37.

克洛尔斯科夫:《1899 年视察数座天山冰川的报告》,1901 年,第 37 卷。

(289) П.К.Козлов: *Вести из экспедиции*, 1901г., Том 37.

科兹洛夫:《来自考察队的消息》,1901 年,第 37 卷。

(290) Г.Н.Потанин: *Поездка в среднюю часть Большого Хингана летом 1899г.*,1901г., Том 37.

波塔宁:《1899 年大兴安岭中部之行》,1901 年,第 37 卷。

(291) В.И.Роборовский: *Путешествие Пржевальского, составил по подлинным сочинениям А.В.Зеренин*, 1901г., Том 37.

罗博罗夫斯基:《普热瓦尔斯基的旅行》(泽列宁根据原文编写),1901 年,第 37 卷。

(292) А.Клеменц: *Из впечатлений во время летней поездки в Алтай в 1904г.*, 1905г., Том 41.

克列缅茨:《1904 年阿尔泰夏季之旅的感受》,1905 年,第 41 卷。

(293) В.Дорогостайский : *Поездка в северо-западную Монголию*, 1908г., Том 44.

多罗格斯泰斯基:《蒙古西北部地区之行》,1908 年,第 44 卷。

(294) *Вести из Монголо-Сычуаньской экспедиции под начательством П.К.Козлова*, 1908г., Том 44.

《来自科兹洛夫所领导的蒙古四川考察队的消息》,1908年,第 44 卷。

(295) *Туркестанская экспедиция для наблюдения полного солнечная затмения 1(14) января 1907г.,состоявшая под покровительством Императорского Русского Географического Общества. Отчет Ф.И.Блумбаха и Б.В.Станкевича*, 1908г., Том 44.

《1907 年 1 月 14 日在俄国皇家地理学会庇护下所组织的图尔克斯坦日食观测考察队》,布鲁姆巴赫和斯坦科维奇的报告,1908 年,第 44 卷。

(296) Б.Б.Барадийн: *Путешествие в Лавран (Буддийский монастырь на северо-восточной окраине Тибета) 1905-1907гг.*, 1909г., Том 45.

巴拉津:《1905~1907 年拉卜楞寺之旅(西藏东北边区的佛教寺庙)》,1909 年,第 45 卷。

(297) *Памяти Александра Васильевича Григорьева*, 1909г., Том 45.

《悼念亚历山大·瓦西里耶维奇·格里戈里耶夫》,1909 年,第 45 卷。

参考文献

一、中文文献

[1][匈]G. 卡拉. 敖特根，译. 东方学研究所圣彼得堡分所收藏哈喇浩特及西域出土中世纪蒙古文文献研究. 北京：民族出版社，2006.

[2][俄]阿列克谢耶夫. 阎国栋，译. 1907年中国纪行. 昆明：云南人民出版社，2001.

[3][俄]阿·马·波兹德涅那夫. 张梦玲等，译. 蒙古及蒙古人. 呼和浩特：内蒙古人民出版社，1983.

[4][俄]崔比科夫著. 王献军，译. 佛教香客在圣城西藏. 拉萨：西藏人民出版社，1993.

[5]陈复光. 有清一代之中俄关系. 上海：上海书店，1990.

[6][俄]尼·费·杜勃罗文. 吉林大学外语系俄语专业翻译组，译. 普尔热瓦尔斯基传. 北京：商务印书馆，1978.

[7][俄]科兹洛夫. 陈贵星，译. 死城之旅. 乌鲁木齐：新疆人民出版社，2000.

[8][俄]普尔热瓦尔斯基. 黄健民，译. 走向罗布泊. 乌鲁木齐：新疆人民出版社，1999.

[9][俄]普尔热瓦尔斯基. 王嘎、张友华，译. 荒原的召唤. 乌鲁木齐：新疆人民出版社，2000.

[10][苏]约·彼·马吉多维奇. 屈瑞、云海，译. 世界探险史. 海口：海南出版社，2006.

[11][英]约. 弗. 巴德利. 吴持哲、吴有刚，译. 俄国·蒙

古·中国．北京：商务印书馆，1981．

[12]丁笃本．中亚探险史．乌鲁木齐：新疆人民出版社，2009．

[13]房建昌．西藏学研究在俄国和苏联．北京：中国社会科学院中国边疆史地研究中心，1987．

[14]冯蒸．国外西藏研究概况．北京：中国社会科学出版社，1979．

[15]郭蕴深．中俄茶叶贸易史．哈尔滨：黑龙江教育出版社，1995．

[16]何汉文．中俄外交史．北京：中华书局，1935．

[17]黄定天．中俄经贸与文化交流史研究．哈尔滨：黑龙江教育出版社，1999．

[18]李明滨．中国与俄苏文化交流志．上海：上海人民出版社，1998．

[19]《沙俄侵略中国西北边疆史》编写组．沙俄侵略中国西北边疆史．北京：人民出版社，1979．

[20]马大正、王嵘、杨镰．西域考察与研究．乌鲁木齐：新疆人民出版社，1994．

[21]佟冬．沙俄与东北．长春：吉林文史出版社，1985．

[22]王远大．近代俄国与中国西藏．北京：生活·读书·新知三联书店，1993．

[23]王彦威纂辑，王亮编，王敬立校．清季外交史料．北京：书目文献出版社，1987．

[24]忻剑飞．世界的中国观．上海：学林出版社，1991．

[25]肖玉秋．俄国传教团与清代中俄文化交流．天津：天津人民出版社，2009．

[26]徐光华．国外汉学史．上海：上海外语教育出版社，

2002.

[27]阎纯德．汉学研究．北京：中华书局，2006.

[28]阎国栋．俄国汉学史（迄于1917年）．北京：人民出版社，2006.

[29]阎国栋．俄罗斯汉学三百年．北京：学苑出版社，2007.

[30]杨建新、马曼丽．外国考察家在我国西北．郑州：河南人民出版社，1983.

[31]中国社会科学院文献情报中心．俄苏中国学手册（上、下）．北京：中国社会科学出版社，1983~1986.

[32]中国社会科学院近代史研究所．沙俄侵华史（第1~4卷）．北京：人民出版社，1978~1990.

[33]周伟洲．英国、俄国与中国西藏．北京：中国藏学出版社，2000.

[34][俄]Е.И. 鲁勃·列斯尼切钦科，Т.К. 沙弗拉诺夫斯卡娅．崔红芬、文志勇，译．黑水死城（上）．西北第二民族学院学报，2005（1）：35~43.

[35][苏]Л.С. 贝尔格．杨郁华，译．苏联地理学会．地理学报，1954，20（3）：367~370.

[36][俄]彼·彼·谢苗诺夫．李步月，译．天山游记．西部，2010（16）：10~19.

[37][俄]彼·库·柯孜洛夫．杨自福，译．定远营的考察．西北史地，1997年第1期：87~90.

[38][俄]彼·库·柯孜洛夫．杨自福，译．从哈喇浩特到定远营的考察．西北史地，1997（2）：91~94.

[39][俄]彼·库·科兹洛夫．王希隆，译．吴吉康校．从西宁到库库淖尔．西北史地，1994（3）：80~86.

[40][俄]彼·库·科兹洛夫．王希隆，译．库库淖尔考察

记．西北史地，1995（3）：91~96.

[41][俄]戈尔卡文科．吕景昌，译．俄国学者对考察和开发中国东北的贡献．西伯利亚研究，1997，24（3）：38~39.

[42][俄]吉拉·萨玛秋克．崔红芬，译．俄罗斯国立爱尔米塔什博物馆东方部馆藏黑城文物记述．宁夏社会科学，2002（6）：92~95.

[43][俄]维纽科夫．马曼丽，译．准噶尔边区居民考．新疆大学学报（哲学人文社会科学版），1980（3）：103~111.

[44]白滨．黑水城文献的考证与还原．河北学刊，2007（4）：85~91.

[45]曹景文．中国学在俄国．燕山大学学报（哲学社会科学版），2007（3）：137~141.

[46]曹文学．沙俄领土扩张政策的走卒——评普尔热瓦尔斯基的"考察"．吉林大学学报（社会科学版），1979（3）：81~86.

[47]柴松霞．晚清政府关于外国人内地游历政策的特点与评价．大庆师范学院学报，2007（6）：71~75.

[48]陈开科．俄国汉学家巴拉第的佛教研究．湖南文理学院学报（社会科学版），2006（5）：63~70.

[49]陈开科．19世纪俄国汉学大师巴拉第的生平及学术．汉学研究通讯，2006，25（3）：27~36.

[50]丁淑琴．从波塔宁考察资料看土族族源．民族研究，2006（4）：95~100.

[51]房建昌．沙俄及苏联人士入藏考．西藏民族大学学报，1986（2）：70~87.

[52]噶桑固丹嘉措．杨士宏，译．察罕呼图克图棍噶扎勒参在西藏和内地活动的足迹——《喇嘛噶绕传略》．西北民

族大学学报，1993（2）：66~72.

[53]郭双林．晚清外国“探险家”在华活动述论．北京社会科学，1999（4）：111~117.

[54]韩春鲜、吕光辉．清代以来塔里木盆地东部罗布人的生活及其环境变化．中国历史地理论丛，2006（2）：60~66.

[55]红霞．清代喀尔喀蒙古王公的朝觐制度述略．内蒙古民族大学学报（社会科学版），2010（2）：22~24.

[56]李春华．略论外国探险考察家有关西域著作的翻译和出版．新疆大学学报（哲学社会科学版），1998，26（3）：63~66.

[57]李建宗．文化边界与族群互动：“内亚”视角下的河西走廊．青海民族研究，2015（1）：29~39.

[58]李明滨．中国文化在俄罗斯传播三百年（中篇）——俄国对中国古代文物的收藏与研究．中国文化研究，1996（14）：136~139.

[59]李文彦．苏联地理学会的组织和活动．地理学报，1951（18）：97~102.

[60]林丽．普尔热瓦尔斯基和他的《走向罗布泊》．新疆大学学报（哲学·人文社会科学版），1999，27（4）：53~58.

[61]刘存宽．十九世纪和二十世纪初俄国对新疆的地理考察．社会科学战线，1993（2）：210~218.

[62]刘建丽．20世纪国内外西夏学研究综述．甘肃社会科学，2005（1）：224~229.

[63]刘淑杰．《瑷珲条约》签订前沙俄武装侵占黑龙江地区述论．北方文物，1994（2）：84~88.

[64]刘文锁．尼雅考古一百年．考古，2005（11）：85~92.

[65]牛海桢．简论清代蒙古族地区的盟旗制度．甘肃联

合大学学报（社会科学版），2005（2）：1~5.

[66]王希隆、丁淑琴．科兹洛夫的探险生涯及其第六次考察．西北师大学报(社会科学版)，2001，38（6）：48~53.

[67]吴凤鸣．1840至1911年外国地质学家在华调查与研究工作．中国科技史料，1992，13：37~51.

[68]吴凤鸣．1911至1949年来华的外国地质学家．中国科技史料，1992，1：37~51.

[69]王志善．十九世纪中叶至二十世纪初外国探险家在我国西部的考察及其有关文献．青海师范大学学报(哲学社会科学版)，1989（3）：113~120.

[70]乌云格日勒．清代边城多伦诺尔的地位及其兴衰．中国边疆史地研究，2000（2）：79~86.

[71]肖杰．俄罗斯主要涉藏研究机构和人员概况．中国藏学，2010（3）：192~200.

[72]阎小骏．论近代的沙俄对我国西藏的侵略．西藏研究，2000（3）：88~96.

[73]阎国栋．帝俄藏学的历史与成就．中国边疆史地研究，2004（1）：110~117.

[74]杨丽梅、张明华．回顾早期的中俄文化交流．俄语学习，2006（3）：62~65.

[75]张惠明．1896至1915年俄国人在中国丝路探险与中国佛教艺术品的流失——圣彼得堡中国敦煌、新疆、黑城佛教艺术藏品考察综述．敦煌研究，1993（1）：76~79.

[76]贡去乎才让．俄罗斯《格萨尔》分章研究．兰州：西北民族大学，2018.

[77]何卫．H.Φ.彼得罗夫斯基在新疆的活动研究．兰州：兰州大学，2018.

[78]李塔那．从近代中外旅行见闻看蒙古地区社会风貌——以行纪、考察记为中心．兰州：兰州大学，2018.

[79]马琴．19世纪中期至20世纪初俄国在甘肃的考察．兰州：兰州大学，2019.

[80]妥超群．汉藏交界地带的徘徊者．兰州：兰州大学，2012.

[81]张晓梅．俄罗斯对藏文史籍的翻译及其藏学研究．北京：中央民族大学，2012.

[82]高距．近代西方人在中国川滇藏地区的探险考察与旅行．北京：中国地质大学，2010.

[83]李响．近代西方人在中国东北考察活动研究(1861~1904)．长春：东北师范大学，2008.

[84]刘小影．沙皇俄国对中国西藏政策探析(1894~1917)．长春：东北师范大学，2011.

[85]江平．近代外国来华人员对新疆社会的认识．乌鲁木齐：新疆大学，2009.

[86]施杨．论十九世纪末二十世纪初期的西域探险．贵阳：贵州师范大学，2003.

[87]依明江·塔吉．近代外国人士在喀什噶尔科学考察活动及影响研究以19世纪中叶至20世纪中叶为例．乌鲁木齐：新疆师范大学，2012.

[88]伍光和、唐少卿．论普尔热瓦尔斯基在亚洲中部地理研究中的地位和作用．兰州大学学报(社会科学版)，1986(1)：69~75.

[89][俄]普尔热瓦尔斯基．柴达木探险游记选之二——唐古特人．柴达木开发研究，2003(2)：73~75.

[90]周艳琼．《格萨尔王传》：世界最长的史诗．华夏文化，

2006（2）:30~32.

[91]阎国栋．罗蒙诺索夫的中国观．俄罗斯文艺，2011(2)：90~94.

[92]景永时．俄国西夏学研究评述．西北第二民族大学学报，2003（4）:12~17.

[93]白滨．寻找被遗忘的王朝．济南：山东画报出版社，1997.

二、俄语文献

[1]Акрамов Н.М., Вопросы истории, археологии и этнографии народов Памиров и Припамирья в трудах Б.Л.Громбчевского. Душанбе.: Издательство «ИРФОН»1974.

[2]Алексеев В.М., В старом Китае: Дневники путешествия 1907г.. М.: 1958.

[3]Алексеев В.М.,Заметки об изучении Китая в Англии, Франции и Германии. М.:ЖМНП, 1906.

[4]Аперт Э.Э., Путешествие по Манчжурии. СПб.: 1904.

[5]Артемьев А.И., Обозрение трудов Императорского общества по исторической географии. СПб.: 1873.

[6]Банников А.Г., Первые русские путешествия в Монголию и северный Китай. М.: 1954.

[7]Барадийн Б.Б., Путешествие в Лавран (Буддийский монастрыль на северо-восточной окраине Тибета 1905-1907г. См. Известия РГО. Т.45.СПб.: 1909.

[8]Барадийн Б.Б, Статуя майтрем в золотом храме в Лавране. Л.: 1924.

[9]Берг Л.С., Всесоюзное географическое общество за сто лет. М.: РИСО АН СССР,1946.

[10]Бережков В.М., Госполитиздат. От Сунгари до тропика Рака. М.: 1958.

[11]Березовский М, Бианки В., Птицы Гансуйского путешествия Г.Н.Потанина в 1884-87 гг.. СПб.: 1891.

[12]Богданович К.И., Геологические исследования в восточном Туркестане. СПб.: 1892.

[13]Бурбулон. Записки о Китае. СПб.: 1895.

[14]Вальская Б.А., Путешествие Егора Петровича Ковалевкого. М.: 1956.

[15]Вальская Б.А., Вклад Русского Географического общество в изучение стран Востока. // XXV Межународнодный конгресс востоковедов.М.: 1960.

[16]Васильев В.П., Отзыв о труде П.Я.Пясецкого " Путешествие в Китай ". СПб.:1880.

[17]Венюков М.И., Путешествия по Приамурью. Китаю и Японии. Хабаровск.: Хабаровское книжное издательство, 1970.

[18]Верещагин А., В Китае воспоминания и рассказы 1901-1902 гг. СПб.: 1903.

[19]Вестник Императорского русского географического обществана. СПб.

[20]Восточно-Сибирское отделение РГО и общественно-политическая жизнь Сибири (1877-1907). см. Социально-политическое развитие Сибири XIX-XX вв. Новосибирск: 1992.

[21]Вэй-Бо. Русский в Китае и Китаец в России. Пособие для русск. Путешествий в Китае и Китайцев в России. Пекин: 1911.

[22]Географические Известия РГО. СПб.

[23]Гоечаренко С.Н., О русских путешественниках в Китае во второй половине XIX в.—в кн. Документы опровергают. М.: Мысль, 1982.

[24]Головнина Ю.Д.,На Памире. Записки русской путешественницы. М.: 1902.

[25]Громбчевский Б.Л.,Наши интересы на Памире. СПб..: 1891.

[26]Грумм-Гружимайло Г.Е., Описание путешествия в западный Китай. М.: ОГИЗ, 1947.

[27]Грумм-гржимайло А.Г., Дела и дни Г.Е.Грумм-гржимайло. М.: ИМОИП, 1947.

[28]Двадцатипятилетие Императорского русского географического общества 13 января 1871. СПб.: 1872.

[29]Денежные средства Кавказского отдела Императорского русского географического общества. Тифлис, 1883.

[30]Дневник поездки в Пань-Шань (Воскресностях Пекина). СПб.: 1874.

[31]Добровидов Н.Н., Спутник по Маньчжурии в двух частях. Хабаровск: 1898.

[32]Доржиев Ж.Д., Кондратов А.М., Путь в Тибет. М.: Издательство «Мысль», 1973.

[33]Дубровин Н.О. Николай Михайлович Пржевальский

– Биографический очерк. СПб.: 1890.

[34]Загоскин Н.В., Очерк о двадцатипятилетии деятельности Сибирского отдела Императорского русского географического общества. Иркутск: 1876.

[35]Записки сибирского отдела Императорского географического общества. Иркутск.

[36]Записки Императорского русского географического общества. СПб.

[37]Зеленин А.К., Описание рукописей ученого архива Русского Географического Общества. СПб.: 1914-1916.

[38]Зерины В. и Е., Путешествия А.В.Потаниной. М.: ГИГЛ,1950.

[39]Иванов А, Ольденбург С.Ф., Из находок П.К.Козлова в г. Хара-Хото. СПб.: 1909.

[40]Известия Восточно-сибирского отдела Императорского русского географического общества.. Иркутск.

[41]Известия Императорского русского географического общества. СПб.

[42]Исторический очерк деятельности Восточно-сибирского отдела Императотрского русского географического общества за 50 лет. см. Известия Восточно-сибирского отдела Императорского русского географического общества, Козьмин. Н.Н., Иркутск, 1905.

[43]История отечественного востоковедения с середины XIX века до 1917 года. М.: изд. «Восточная литература» РАН, 1997.

[44]Кавказский отдел Императорского русского

географического общества с 1851 по 1876 годы. Тифлис: 1876.

[45]Карла Риттера, перевод П.П.Семенова. Землеведение Азии– География стран находящихся в непосредственных сношениях с Россией. СПб.: 1859.

[46]Каррутерс А.. Неведомая Монголия. Пг.: 1914.

[47]Касинес Е. Путеводитель по научным обществам России. М.: Наука, 2000.

[48]Керберг Г., Дневник путешествия сухим путем от Чинкьяма до Пекина.СПб.: 1886.

[49]Клеченц Д.А. Заметки к маршруту Чан-Чуня. СПб.: 1909.

[50]Козлов.И.В, Козлова.А.В., Петр Петрович Семенов-Тян-Шанский 1827-1914. М.: 1991.

[51]Козлов П.К., Путешествие в Монголию. М.: ГИГЛ, 1949.

[52]Козлова П.К., Монголия и Кам – Труды экспедиции ИРГО, совершенной в 1899-1901 гг. СПб.: 1907.

[53]Козлова П.К., Тибет и Далай-лама. Пг.: 1920.

[54]Козлова П.К., Монголия и Амдо и мертвый город Хара-Хото. М.-Л.: Государственное издеательство, 1923.

[55]Козлов П.К., Русский путешественник в центральной Азии. М.: Издательство Академии наук СССР, 1963.

[56]Козлова Е.В, Птицы зональных степей и пустынь центральной Азии. Л.: «Наука» 1975.

[57]Краткая история Приамурского отдела ИРГО за 20 лет его деятельности 1893-1913. Хабаровск.: 1913.

[58]Кудинов И.Ф., В мужских краях -- Путешествие по

Монголии и Китаю. М.: 1887.

[59]Куропаткин А.П. Кашгария Историко-географический очерк страны, её военные силы, промышленность и торговля. СПб.: 1879.

[60]Лукина Т.А.. К истории создания Русского Географического общества.// Известия РГО. Т.97. СПб.: 1965, №6 стр. 507-512.

[61]Лядина М.А., Путешествия Г.Н.Потанина по Китаю, Тибету и Монголии. СПб.: 1898.

[62]Маак Р., Путешествие по долине Реки Уссури, которое совершил по поучению сибирского отдела ИРГО.СПб.: 1861.

[63]Матвеева Т.П.,Филонович Т.С.,Ярукова Л.И., Русские географы и путешественники: Фонды Архива географического общества. Л.: Наука, 1971.

[64]Массон В.М., Культурогенез древней Центральной Азии. СПб.: Издательство Санкт-Петербургского государственного университета, 2006.

[65]Мураев Э.М., Обручев.В.В., Рябухин.Г.Е., Владимир Афанасьевич Обручев. М.: 1986.

[66]Обручев В.А., Краткий обзор экспедиций, снаряженных Русским Географическим обществом для исследования материка Азии с 1846 по 1896г.// Изв. Вост.-Сибир. Отд. РГО за 1896г. Т.27. вып. 1. Иркутск.: 1897, стр.1-40.

[67]Обручев В.А.,Григорий Николаевич Потанин. М.: Издавательство Академии Наук СССР, 1947.

[68]Обручев В.А., От Кяхты до Кульджи: Путешествие в Центральную Азию и Китай. М.: Издавательство Академии Наук СССР, 1950.

[69]Обручев В.А., Памяти трех замечательных русских путешественников.//Вопросы географии. Сб.35. Физическая география Азии М.:1950, стр. 23-28.

[70]Оглезнева Татьяна Николаевна. Русское географическое общество: изучение народов северо-востока Азии, 1845-1917гг. М.: 1994.

[71]Ольденбург С.Ф., Материалы по буддийской иконографии Хара-хото. СПб.: 1914.

[72]Описание Тибета Ч.1-2. СПб.: 1907-1908.

[73]Отчет Императорского русского географического общества. СПб.

[74]Певцов М.В., Очерк путешествия по Монголию и северным провинциям внутреннего Китая. Омск.: 1883.

[75]Певцов М.В.,Труды Тибетской экспедиции 1889-1890 гг. СПб.: 1895.

[76]Певцов М.В.,Путешествие в Кашгарию и Кунь-лунь. М.: ГИГЛ, 1949.

[77]Певцов М.В., Путешествие по Китаю и Монголии. М.: ГИГЛ,1951.

[78]Письмо Николая Михайловича Ядринцева к Г.Н.Потанину. Красноярк.: 1918.

[79]Позднеев А.М., Монголия и монголы. т.1,т.2. СПб.: 1896, 1898.

[80]Позднеев Д., Описание Маньчжурии. Том 1-2. СПб.:

1897.

[81]Покотилов,Корея и японо-китайское столкновение. СПб.: 1895.

[82]Попова И.Ф. Российские экспедиции в Центральную Азию в конце XIX – начале XX века. СПб: 2008.

[83]Потанин Г.Н., Очерк Северо-западной Монголии.т.1-4. СПб.: 1881,1883.

[84]Потанин Г.Н., Тангутско-тибетская окраина Китая и центральная Монголия. СПб.: 1893.

[85]Потанин Г.Н., Восточные мотивы в средневековом европейском эпосе. М.: 1899.

[86]Пржевальский Н.М., Путешествие в Уссурийском крае 1867-1869г. СПб.: 1870.

[87]Пржевальский Н.М., Монголия и страна тангутов. Трехлетнее путешествие в восточной Нагорной Азии Т.1-2. СПб.: 1875-1876.

[88]Пржевальский Н.М., Из Зайсана через Хами в Тибет и на верховья Желтой реки. СПб.: 1883.

[89]Пржевальский Н.М., От Кяхты на истоки Желтой реки, исследование северной окраины Тибета и путь через Лоб-Нор по бассейну Тарима. СПб.: 1888.

[90]Пржевальский Н.М., От Кульджи за Тянь-Шань и на Лоб-нор. СПб.:1896.

[91]Прохоренко А.В., Санкт-Петербург—Китай Три века контактов СПб.: Европейский Дом, 2006.

[92]Радлов В.В., Мелиорнский П.М., Сборник трудов орхонской экспедиции. Вып. 1-2, 4. СПб.: 1892, 1893 1897.

[93]Рерих Ю., Тибет и центральная Азия, Самара и центральная Азия. СПб.: 1893.

[94]Роборовский В.И., Путешествие в Восточный Тянь-Шань и Нань-Шань. М.: Издательский дом «АГИН», 1999.

[95]Россия и Тибет. Сборник русских архивных документов 1900-1914. М.: Издательская фирма «Восточная литература» РАН, 2005.

[96]Русское географическое общество за 150 лет. М.: АО Издательская группа《Прогресс》, 1995.

[97]Русское географическое общество и краведы Западной Сибири в 40-50-х гг. XIX в. см. Культурная жизнь Сибири XVII--XX вв. Новосибирск: 1981.

[98]Свенске К.Ф., Обзор главнейших путешествий и географических открытий в пятилетие с 1848 по 1853 г. СПб.: 1855-1857.

[99]Северцов Н.А., Путешествие по Туркестанскому Краю и исследование горной страны Тянь-Шаня. СПб.: 1873.

[100]Семенов В.Ф., Очерк пятидесятилетней деятельности Западно-сибирского отдела Государственного русского географического общества 1877-1927. Омск.: 1927.

[101]Семенов П.П., История Полувековой деятельности Русского географического общества1845-1895 т1-3. СПб.: 1896.

[102]Семенов-Тянь-Шаньский П.П., Путешествие в Тянь-Шань в 1856-1867гг. М.:ОГИЗ,1947.

[103]Скалабан И.А., Западно-сибирский отдел Императорского русского географического общества в последней четверти XIX – начале XX вв.(1877-1919). Омск:

1995.

[104]Скачков П.Е., Очерки истории русского китаеведения. М.: Наука, 1977.

[105]Скрайн.Китайская центральная Азия (Синь-Цзян), перевод. с агнлийского. М.: Молодая гвардия, 1935.

[106]Состав Императорского русского географического общества. СПб.: 1851,1856-1913.

[107]Тарапытин Ф.А., Знаменитый русский путешественник – Николай Михайлович Пржевальский. СПб.: 1911.

[108]Труды Тибетской Экспедиции. Часть 1-3. СПб.: 1895, 1892, 1896.

[109]Указатель статей и заметок помещенных в изданиях Кавказского отдела Императорского русского географического общества за время с 1852г. по 1906г.. Тифлис: 1908.

[110]Указатель к изданиям Императорского Русского Географического общества и его отделов с 1846 по 1875 год. СПб.: 1886.

[111]Указатель к изданиям Императорского Русского Географического общества и его отделов с 1876 по 1885 год. СПб.: 1887.

[112]Указатель к изданиям Императорского Русского Географического общества и его отделов с 1886 по 1895 год. СПб.: 1896.

[113]Устав Императорского русского географического общества. СПб.: 28 декабря 1849г.

[114]Устав Императорского русского географического

общества и положения об отделах Кавказском, Сибирском, Северо-западном, Оренбургском и Юго-западном. СПб.: 1875.

[115]Цыбиков Г.Ц., Избранный труды.Т.1 Буддист-паломник у святынь Тибета; Т.2. О тибете, Монголии и Бурятии. Новосибирск.: 1991.

[116]Шаманские поверия инородцев восточной Сибири. // Записки Восточно-Сибирского отдела ИРГО. Том II, вып. 2. Иртутск.: 1890.

[117]Ширяев Ф.Г., Восточно-Сибирский отдел Русского географического общества. Иркутск: 1912.

[118]Этнографический сборник Императорского русского географического общества. СПб.: 1853, 1864.

[119]Юбидейный сборник Западно-сибирского отдела Императорского русского географического общества 1877-1902. Омск: 1902.

《东方文化集成》已出版丛书目录

季羡林主编

书　　名	作　者
《文化交流的轨迹——中华蔗糖史》	季羡林
《东西文化议论集》(上、下册)	季羡林、张光璘
《新诗格律与语言的诗化》	林　庚
《古犹太文化史》	朱维之、韩可胜
《现代伊斯兰主义》	陈嘉厚　等
《阿拉伯史纲》	郭应德
《中阿关系史》	江淳、郭应德
《当代中国伦理与道德》	魏英敏
《阿拉伯伊斯兰文化史纲》	孙承熙
《中国评书艺术论》	汪景寿、曾惠杰　等
《当代中国经济学》	宋光华
《世界四大文化与东南亚文学》	梁立基、李谋
《战后东南亚华人社会变化研究》	梁英明
《日本文学思潮史》	叶渭渠
《伊朗通史》(上、下册)	叶奕良(译)

《印度古代史纲》	林承节
《蒙古国现代文学》	史习成
《佛法与宇宙》	池田大作〔日本〕
《诸神流窜——论日本古事记》	梅原猛〔日本〕
《日本文化论》	加藤周一〔日本〕 叶渭渠　等(译)
《汉代丝绸之路的咽喉——河西路》	王宗维
《中国—朝鲜·韩国关系史》(上、下册)	杨昭全、何彤梅
《东方文学交流史》	孟昭毅
《东方戏剧美学》	孟昭毅
《同根生的民族——壮泰各族渊源与文化》	范宏贵
《中缅关系史》	余定邦
《敦煌文化》	颜廷亮
《亚洲汉文学》	王晓平
《日本天皇制及其精神结构》	王金林
《古代波斯医学与中国》	宋　岘
《印度神话》	孙士海、王镛(译)
《布哈里圣训实录全集》①②③	康有玺(译)
《现代日本政治》	王新生
《中亚五国概论》	赵常庆　等
《简明伊斯兰史》	马明良
《新兴宗教与日本近现代社会》	张大柘
《印度苏非派及其历史作用》	唐孟生

《满汉全席源流考述》	赵荣光
《印度独立后的政治经济社会发展史》	林承节
《中印文学比较研究》	薛克翘
《唐代前期军事史略论稿》	王永兴
《儒释道背景下的唐代诗歌》	陈炎、李红春
《日本文学史》(近代卷、现代卷)	叶渭渠、唐月梅
《印度尼西亚文学史》(上、下册)	梁立基
《五四文学思想主流与基督教文化》	喻天舒
《波斯文学史》	张鸿年
《泰戈尔文学作品研究》	唐仁虎　等
《中国—朝鲜·韩国文化交流史》(1—4卷)	杨昭全
《日本文学史》(古代卷上、下)	叶渭渠、唐月梅
《日本文学史》(近古卷上、下)	叶渭渠、唐月梅
《道安评传》	方广锠
《朝鲜—韩国当代文学史》	金柄珉　等
《文史探真》	汪春泓
《日本起源考》	沈仁安
《阿拉伯现代文学史》	仲跻昆
《中亚五国与中国西部大开发》	赵常庆　等
《易学哲学史》(1—4卷)	朱伯崑
《近代中国与日本——互动与影响》	王晓秋
《吐火罗人起源研究》	徐文堪
《东南亚近现代史》(上、下册)	梁英明、梁志明　等

《印度的罗摩故事与东南亚文学》	张玉安、裴晓睿
《斯里兰卡的民族宗教与文化》	王　兰
《早期道教史》	汤一介
《蒙元驿站交通研究》	党宝海
《佛教与中国文化》	薛克翘
《印象：东方戏剧叙事》	孟昭毅　等
《从唐音到宋调——以北宋前期诗歌为中心》	曾祥波
《唐五代北宋前期词之研究——以诗词互动为中心》	董希平
《汉魏两晋南北朝佛教史》（增订本）	汤用彤
《佛经文学与古代小说母题比较研究》	王　立
《日本近现代经济简史》	周启乾
《赫梯条约研究》	李　政
《“升起来吧！像太阳一样”——解析苏美尔史诗〈恩美卡与阿拉塔之王〉》	拱玉书
《希伯来语圣经——来自考古和文本资料的信息（至公元前586年）》	陈贻绎
《尼泊尔——人民和文化》	王宏纬
《中国印度诗学比较》	郁龙余　等
《阿富汗文化和社会》	张　敏
《波斯拉施特〈史集·中国史〉研究与文本翻译》	王一丹
《新时代的日本经济》	张舒英
《古代东南亚历史与文化研究》	梁志明、李谋　等

《中国知识分子的形与神》	乐黛云
《东方民间文学概论》(1—4卷)	张玉安、陈岗龙　等
《中国楹联学概论》	谷向阳
《中国印度文化交流史》	薛克翘
《陶渊明集译注及研究》	孟二冬
《日本戏剧史》	唐月梅
《梵语诗学论著汇编》(上、下册)	黄宝生
《现代汉语话语情态研究》	徐晶凝
《缅甸语与汉藏语系比较研究》	汪大年
《厨川白村文艺思想研究》	李　强
《中国建筑与城市文化》	吴良镛
《隋唐审计史略》	李锦绣
《中国新诗格律问题》	丁　鲁
《战后日本出版文化研究》	诸葛蔚东
《中国哲学大纲》(上、下卷)	张岱年
《〈聊斋志异〉——中印文学溯源比较研究》	王立、刘卫英
《中世纪印度宗教文学》(上、下卷)	薛克翘、唐孟生　等
《日本近现代佛教史》	杨曾文　等
《马来古典文学史》(上、下卷)	廖裕芳〔新加坡〕 张玉安　等(译)
《中国文学与阿拉伯文学比较研究》	林丰民　等
《海洋文化影响下的中国神话与小说》	王　青
《阿拉伯电影史》	陆孝修、陈冬云

《〈西游补〉校注》	李前程(校著)
《波斯古典诗学研究》	穆宏燕
《中国古代绘画理论要旨》	杨　铸
《东方文学史论》	黎跃进
《大帆船贸易与跨太平洋文化交流》	吴杰伟
《日本古代史》	王海燕
《日本中世史》(上、下卷)	王金林
《中日经济关系史》(上、下卷)	郭蕴静、周启乾
《东方现代民族主义思潮研究》(上、下卷)	黎跃进　等
《波斯帝国史》	张鸿年
《"同文"的现代转换——日语借词中的思想与文学》	董炳月
《中亚五国新论》	赵常庆
《中国东方文学翻译史》(上、下卷)	孟昭毅　等
《日本古代诗学汇译》(上、下卷)	王向远(译)
《华夷译语》研究	黄宗鑑
《中庸与调和——儒家和阿拉伯伊斯兰思想的比较研究》	吴旻燕
《阿拉伯古代文学史》(上、下卷)	仲跻昆
《近代中日文化交流史人物研究》	王晓秋
《世界文明起源研究——历史与现状》	拱玉书　等
《古代近东教谕文学》(上、下卷)	李　政　等
《东方文艺思潮研究》	孟昭毅

《蒙汉目连救母故事比较研究》	陈岗龙
《日本近世史》	李　卓　等
《日本近现代文论》(上、下卷)	李　强　等
《赫梯文明研究》	李　政
《占婆文化史》	刘志强
《喀尔喀历史地理研究》	那顺达来
《蒙古文〈索勒哈尔奈故事〉的文化背景研究》	宝　花
《〈山海经〉在日本的传播和研究》	张西艳
《叙事学视域中的〈平家物语〉研究》	邵艳平
《宫崎市定史学方法论》	王广生
《俄国地理学会的中国边疆史地考察与研究(迄于1917年)》	张艳璐
《印度古典诗学》	黄宝生

《东方文化集成》拟出版丛书目录

《东南亚古代史史料汇编》	李谋
《东南亚古代文化：整体、多样与发展》	贺圣达
《菲律宾阿拉安芒扬人的神话、巫术和仪式研究》	史阳
《中国典籍中南亚史料汇编》	北京大学南亚研究所
《印度政治发展新格局——从国大党长期执政到联合政府》	林承节
《印度作家阿格叶耶小说创作研究》	郭童
《凤凰再生——伊朗现代新诗研究》	穆宏燕
《理想与现实之间——论纳吉布·马哈福兹的〈我们街区的孩子们〉》	蒋和平
《撒哈拉以南非洲文学》	魏丽明
《诺贝尔文学奖东方获奖作家研究》	孟昭毅
《中华饮食文化》	赵荣光
《佛学概论》	姚卫群
《南海寄归内法传校注》	王邦维

第二届
《东方文化集成》编辑委员会

日本文化编

主编 叶渭渠 **编委** 潘金生 王家烨 卞崇道 王新生

朝鲜、韩国、蒙古文化编

主编 陶炳蔚 **编委** 金柄珉 金景一 史习成 陈岗龙

东南亚文化编

主编 梁立基 **编委** 梁英明 梁志明 李 谋 裴晓睿

南亚文化编

主编 黄宝生 **编委** 王邦维 王 镛 刘曙雄 葛维均

伊朗、阿富汗文化编

主编 叶奕良 **编委** 张鸿年 张 敏

西亚、北非文化编

主编 郭应德 赵国忠 **编委** 杨灏城 孙承熙

中亚文化编

主编 赵常庆 **编委** 余太山 王小甫

古代东方文化编

主编 林志纯 **编委** 拱玉书

《东方文化集成》编辑部

主任 张殿英 **副主任** 卢蔚秋 张玉安 马克承 张光璘

编辑 李 强 姚秉彦 唐孟生 傅增有

《东方文化集成》书籍设计 朱 虹

丛书编辑出版监制 张良村

第三届

《东方文化集成》编辑委员会

总主编　季羡林

名誉顾问　谢慧如　泰国泰华文化教育基金会主席

北京大学东方文化研究所名誉所长

名誉顾问

纳吉布·迈哈福兹　埃及著名作家　诺贝尔文学奖获得者

柳存仁　澳大利亚国立大学　教授

杜德桥　英国牛津大学汉语研究所所长　教授

韩素音　英籍著名华人女作家

冉云华　加拿大麦克马斯特大学　教授

谢和耐　法国法兰西学院　院士　法国著名汉学家　教授

马汉茂　德国波鸿大学东亚研究系主任　教授

饶宗颐　香港中文大学　教授

郑子瑜　香港中文大学中国文化研究所　高级研究员　北京大学客座教授

夏希迪　伊朗德黑兰大学　教授　伊朗德胡达大百科全书编纂委员会主席

谭　中　印度尼赫鲁大学院原汉语系主任　教授

池田大作　日本创价学会名誉会长　北京大学名誉教授

平山郁夫　日本东京艺术大学校长　教授　日中友好协会会长

中村元　日本东京大学名誉教授　日本比较思想学会名誉会长

梁披云　澳门归侨总会会长　福州华侨大学董事长

捷达连科　俄罗斯科学院远东研究所所长　教授

编委 潘金生 卞崇道 王新生

朝鲜、韩国、蒙国文化编

主编 陶炳蔚 **编委** 金柄珉 金景一 陈岗龙

东南亚文化编

主编 梁立基 **副主编** 裴晓睿

编委 梁英明 梁志明 李 谋

南亚文化编

主编 黄宝生 **副主编** 薛克翘

编委 王 镛 刘曙雄 姜景奎

伊朗、阿富汗文化编

主编 叶奕良 **编委** 张鸿年 张 敏 王一丹

西亚、北非文化编

主编 赵国忠 **编委** 孙承熙 仲跻昆 葛铁鹰 吴冰冰

中亚文化编

主编 赵常庆 **编委** 余太山 王小甫

古代东方文化编

主编 拱玉书 **编委** 李 政

《东方文化集成》编辑部

主任 张殿英 **副主任** 卢蔚秋 张玉安

编辑 李 强 姚秉彦 唐孟生 樊津芳

丛书书籍设计 朱 虹

丛书编辑出版监制 张良村

作者简介

张艳璐　1982年生于天津，历史学博士，政治学博士后，助理研究员。2005年毕业于南开大学俄语专业；2007年毕业于南开大学俄语语言文学专业；2009年考入南开大学历史学院，师从阎国栋教授攻读专门史专业中俄文化交流史方向博士，2011年3~8月赴俄罗斯圣彼得堡大学东方系交流进修，2013年6月取得博士学位；2014年进入复旦大学国际关系与公共事务学院政治学博士后流动站，随苏长和教授从事国际政治、中俄关系等方向的研究，2016年出站。现为中国社会科学院俄罗斯东欧中亚研究所助理研究员，目前主要从事乌克兰、白俄罗斯和波罗的海三国问题研究以及俄罗斯汉学（中国学）研究，在《北方民族大学学报（哲学社会科学版）》、《黑龙江史志》、《青海民族大学学报（社会科学版）》、《西域研究》、《国际展望》、《欧亚经济》、《宗教与美国社会》、《战略决策研究》、《俄罗斯东欧中亚研究》、《俄罗斯学刊》等期刊发表多篇论文。

内容简介

创建于1845年的俄国地理学会是世界上历史最悠久的四家专业地理学研究机构之一，在十九世纪中后期至二十世纪初期曾派遣数十支考察队前往中国东北、西北及西南等边疆地区进行考察研究，收集了当地大量的地理、历史、民俗等方面的数据资料，为世界揭开了中国边疆地区的神秘面纱。本书依据俄罗斯自十九世纪以来出版的有关俄国地理学会中国科考队的考察报告和旅行日记，对1917年前该学会的中国边疆史地考察与研究活动进行全面梳理，总结俄国地理学会各时期中国边疆史地考察与研究活动的特点。本书共分五章：第一章介绍俄国地理学会的创建过程及其初期活动。第二至四章中，按照俄国地理学会中国边疆史地考察与研究活动的发展特点分三个时期叙述1917年前学会相关活动的情况，总结各时期的考察与研究特点。在第五章和附录中，对俄国地理学会所刊发的中国研究著作进行了编目整理。最后，在结语中则对俄国地理学会中国边疆史地考察与研究的发展特点进行了分析。